职业院校"十四五"规划教材
"业财融合"系列教材

U0781110

成本核算与管理

石磊 陈晓明／主编
邓玉兰／副主编

立信会计 出版社
LIXIN ACCOUNTING PUBLISHING HOUSE

图书在版编目(CIP)数据

成本核算与管理 / 石磊，陈晓明主编. —上海：
立信会计出版社，2022.2(2025.7重印)
ISBN 978 - 7 - 5429 - 6992 - 7

Ⅰ.①成… Ⅱ.①石… ②陈… Ⅲ.①成本计算
Ⅳ.①F231.2

中国版本图书馆 CIP 数据核字(2022)第 027694 号

策划编辑　　王悠然　张忠秀
责任编辑　　张忠秀

成本核算与管理
CHENGBEN HESUAN YU GUANLI

出版发行	立信会计出版社				
地　　址	上海市中山西路 2230 号		邮政编码	200235	
电　　话	(021)64411389		传　　真	(021)64411325	
网　　址	www.lixinaph.com		电子邮箱	lixinaph2019@126.com	
网上书店	http：//lixin.jd.com			http：//lxkjcbs.tmall.com	
经　　销	各地新华书店				
印　　刷	苏州市古得堡数码印刷有限公司				
开　　本	787 毫米×1092 毫米		1/16		
印　　张	16				
字　　数	355 千字				
版　　次	2022 年 2 月第 1 版				
印　　次	2025 年 7 月第 4 次				
书　　号	ISBN 978 - 7 - 5429 - 6992 - 7/F				
定　　价	42.00 元				

如有印订差错，请与本社联系调换

前　　言

　　《成本核算与管理》是为满足当下高职院校会计专业培养技能型、应用型人才的需要而组织编写的,是贵州省"兴黔富民"行动建设项目省级精品开放课程的配套教材。本书通过系统阐述成本核算的基本理论、基本方法和基本技能,帮助学生了解成本核算概念,熟悉成本管理内容,掌握成本管理方法,精通成本核算与管理的技能,培养学生的生产管理能力,为今后从事相关工作打下坚实的基础。

　　本书具有以下几个特点:

　　1. "理论＋实务",理实一体

　　培养职业能力是高职院校的重要目标之一。本书以初级会计考试的要求为指导标准,按照高职院校教学理论注重实用性、开放性和职业性的原则,为学生职业生涯的发展奠定基础。本书体系上具有系统性、方法上强调逻辑性、内容上侧重应用性,充分考虑高职院校学生的特点,深入浅出,循序渐进。

　　2. "完整＋实用",能力本位

　　本书系统地介绍了制造业企业的成本核算与管理的基本原理和核算方法。随着经济的快速发展,企业对成本管理的需求不断提高,成本会计正发挥着越来越重要的作用,成本会计已成为企业管理人员必备的知识。因此,不论是高职院校财经类专业学生的学习,还是企业会计人员的实务操作,都需要一本内容体系完整、表述通俗易懂、理论联系实际的成本核算与管理教材。

　　3. "案例＋习题",易教利学

　　本书在编写体例上,突破了同类教材叙述单一理论知识的框架。例如,本书在每个模块中配合学习内容设置"模块小结"等提示归纳性专栏;在每一个模块最后设置"技能训练"等实操性专栏,引导学生养成"学而思、思而练"的思维模式。本书力求内容丰富、形式活泼,以增强学生的学习兴趣。

　　另外,本书还配有配套实训教材《成本核算与管理实训》,它模拟了制造业企业真实的成本核算业务流程,涵盖了单项业务和综合业务处理实训,并对相关业务涉及的主要知识点给予提示,以情景再现的形式培养学生的实际操作能力、业务判断能力和综合处理问题的能力,为学生的职业发展奠定坚实的基础。

　　本书由黔东南民族职业技术学院石磊老师和陈晓明老师主编,邓玉兰老师为本书副主编。本书共四个模块,模块一、模块二和模块三由石磊老师负责编写,模块四由陈晓明老师负责编写。本书编写大纲由石磊老师拟定。

　　本书在编写过程中得到有关院校领导和老师的大力支持,在此一并表示感谢。编者水平有限,书中如有疏漏之处,恳请大家批评指正,以便我们做进一步的修订与完善。

编　者

2022 年 2 月

目　录

成本核算与
管理课程介绍

模块一　成本会计的工作内容

 **知识目标：**

　　1. 理解成本的含义、作用，区分广义成本和狭义成本，以及成本的构成和分类。

　　2. 熟悉成本、费用与支出的区别及联系。

　　3. 了解成本会计的含义及成本会计的核算对象。

　　4. 熟悉成本核算的账户体系和成本核算的一般程序。

 **能力目标：**

　　1. 能够正确表述成本的含义、作用、构成及分类。

　　2. 能够掌握对实际工作中的各种费用的划分界限以及生产费用按经济内容和经济用途的分类。

　　3. 能够初步掌握成本核算的账户设置和成本核算的一般程序。

　　4. 能够遵循成本会计核算的基本原则和要求。

 **素质目标：**

　　1. 培养学生遵守国家的法律、法规、统一会计制度和各项会计准则，能够正确进行成本核算并实施成本监督。

　　2. 培养学生能准确表达成本核算相关的工作要求，能与相关人员进行良好沟通和团队合作，提出成本核算工作的合理化建议。

成本的含义
及分类

项目一　成本及成本会计的认知

任务一　成 本 认 知

一、成本的含义、作用及分类

(一) 成本的含义

现代社会,企业间竞争异常激烈,优胜劣汰成为了必然。作为企业来说,企业竞争实质上是产品竞争。在技术都趋同的形势下,企业达到一定的经营管理水平后,产品竞争就是价格竞争。价格取决于成本。正确核算并加强成本管理成为企业内部管理追求的重要目标。成本是商品经济的产物,是商品经济中的一个经济范畴,是商品价值的主要组成部分。成本的内容往往要服从于管理的需要。此外,由于从事经济活动的内容不同,成本的含义也不同。随着社会经济的发展、企业管理要求的提高,成本的概念和内涵都在不断地发展、变化,人们所能感受到的成本的范围也在逐渐扩大。

成本是指特定的会计主体为了实现一定目的而支付或应支付的可以用货币计量的代价。成本的含义有广义与狭义之分。从广义上说,成本是指所有耗费,是经济活动中发生的价值牺牲,即为了消费、存储、交换、生产等所放弃的资源。这个定义是成本非常宽泛、广义的界定,泛指为了达到一定目的而发生的资源耗费,甚至包括投资活动。狭义成本专指对象化的耗费,即明确了成本计算对象的消耗。本书中的成本是指产品成本(狭义的成本),即企业为生产一定种类、一定数量的产品而发生的各项生产费用的总和。2014 年开始执行的《企业产品成本核算制度(试行)》规定:"产品成本,是指企业在生产产品过程中所发生的材料费用、职工薪酬等,以及不能直接计入而按一定标准分配计入的各种间接费用。"

制造业在生产经营过程中的资金耗费,有的直接发生于产品的制造过程,直接与产品的生产相联系,有的间接用于产品生产,它们都属于生产费用,最终构成产品成本。还有些耗费与产品生产没有直接的关联,如用于企业组织经营管理的管理费用、用于产品销售的销售费用以及用于企业筹集生产经营所需要资金的财务费用,它们都是为了取得某一会计期间的收入而发生的,应当作为期间费用计入当期损益。会计制度改革以后,我国的成本核算采用制造成本法。制造成本法是指企业在计算产品成本时,只将与产品制造有直接联系的费用计入成本核算对象,不向成本核算对象分配企业管理费用等耗费的方法。按照制造成本法,需要将企业的生产经营费用划分为生产费用和期间费用两部分,将生产费用(包括直接材料、燃料和动力、直接人工、制造费用等)计入产品成本,将期间费用(销售费用、管理费用、财务费用)计入当期损益。产品成本是企业制定产品价格的基础,一般具有以下四个特征:①产品成本是原材料、固定资产、职工薪酬等经济资源的耗费。②产品成本是以货币计量的耗费,无法用货币计量的耗费不能作为产品成本。③产品成本是特定对象的耗费,是转嫁到一定产出物的耗费。④产品成本是正常生产经营活动的耗费。

（二）成本的作用

成本的内涵决定了它在企业内部管理中的重要作用，具体包括以下四个方面。

1. 成本是补偿生产经营耗费的尺度

为了保证生产经营的不断进行，企业必须对生产经营耗费进行补偿。企业是自负盈亏的商品生产者和经营者，其生产经营耗费是用自身的生产成果，即销售收入来补偿的。而成本就是衡量这一补偿份额大小的尺度。企业在取得营业收入后，必须把相当于成本的数额划分出来，用以补偿生产经营中的资金耗费。否则企业正常生产所需资金就会短缺，正常运转就会受到威胁。而且，企业不仅要用商品销售的收入补偿生产耗费，还必须有盈余，这样才能满足企业扩大再生产的需要，使企业不断发展壮大。如果企业不能按照成本来补偿生产经营耗费，企业资金就会短缺，生产经营就不能按原有的规模进行。成本也是划分生产经营耗费和企业利润的依据，在一定的销售收入中，成本越低，企业利润就越多。因此，成本作为补偿劳动耗费的尺度，对于促进企业加强成本管理，降低劳动消耗取得最大经济效益有重要意义。

2. 成本是制定产品销售价格的重要依据

产品价格是产品价值的货币表现。产品价格应大体上符合其价值。在市场经济条件下，产品价格往往是由各个部门的平均成本再加上社会的平均利润构成的。无论是国家还是企业，在制定产品价格时都应遵循价值规律的基本要求。但在现阶段人们还不能直接计算产品的价值，而只能计算成本，通过成本间接地、相对地掌握产品的价值。因此，成本就成了制定产品价格的重要因素。产品的定价是一项复杂的工作，要考虑的因素很多，如国家的价格政策及其他经济政策、各种产品的比价关系、产品在市场上的供求关系及市场竞争的态势等，同时，必须考虑企业的实际承受能力，即产品的实际成本，成本是产品价格制定的最低经济界限。如果商品的价格低于其成本，则生产过程中的耗费难以得到补偿，企业必然发生亏损，难以进行再生产。只有商品价格高于产品成本，企业才有获利的可能，商品价格越高，企业获利空间越大。此外，产品的定价还受国家价格政策、产品比价关系、企业占有的市场份额、是否有定价自主权、产品质量、服务质量等多方面因素的影响，它们共同左右着产品的定价策略。

3. 成本是考核企业工作质量的重要综合指标

成本是综合反映企业工作质量的指标，它同企业生产经营各个方面的工作质量和效果有着内在的联系。企业经营管理中各方面工作的业绩，都可以直接或间接地反映在成本上。例如，生产设备是否充分利用、产品设计的好坏、生产工艺的合理程度、固定资产的利用情况、原材料消耗是否节约、劳动生产率的高低、产品质量的高低，以及供、产、销各环节的工作是否协调等，都可以通过成本直接或间接地反映。既然成本是综合反映企业工作质量的指标，那么可以通过对成本的计划、控制、监督、考核和分析等来促使企业以及企业内各单位加强经济核算，努力改进管理，降低成本，提高经济效益。例如，通过正确确定和认真执行企业以及企业内部各单位的成本计划指标，可以事先控制成本水平和监督各项费用的日常开支，促使企业及企业内部各单位努力降低各种耗费；又如，通过成本的对比和分析，可以及时发现在物化劳动和活劳动消耗上的节约或浪费情况，总结经验，找出工作中的薄弱环节，采取措施挖掘潜力，合理地使用人力、物力和财力，从而降低成本，提高经济效益。

4. 成本是企业做出生产经营决策的重要依据

市场经济条件下,企业能否在激烈的市场竞争中立于不败之地,主要取决于企业管理者能否做出正确的生产经营决策。努力提高在市场上的竞争能力和经济效益,是对企业的客观要求。在诸多的考虑因素中,成本是一项重要因素。在市场价格一定的情况下,企业在市场上的竞争实质上是成本费用的竞争。这是因为价格等因素一旦确定,成本的高低直接影响企业盈利的多少,而较低的成本,可以使企业在市场竞争中处于有利地位。企业的很多决策都需要用到不同的成本数据,如生产何种新产品的决策、亏损产品是否停产的决策、自制还是外购的决策、特殊订单决策、产品组合决策、最优生产批量决策、生产工艺决策、赶工决策以及供应商选择决策等。因此,任何企业在进行重大经营决策时,都要运用有关成本数据来分析和比较决策方案的经济效益,以便选择最优方案。没有过去的准确的成本信息,是无法进行正确决策的。企业为了提高获利能力,必然要对生产经营各方面不断进行及时的决策和调整,依据成本资料,分析成本数据,选择扩大产量或增加品种、改进加工方式、创新工艺流程等,实现成本最优、效益最高,以不断提升企业的竞争能力。

(三) 成本的分类

企业产品成本核算,是将企业发生的各项生产成本分配计入产品成本,从而计算出产品的总成本和单位成本的过程。由于企业在核算上、管理上的要求不同,因此,成本应根据核算与管理的要求,按一定标准进行分类,主要分类如下。

1. 成本按其与产品之间的关系分类

成本按其与产品之间的关系可分为生产成本和期间费用。其中,生产成本是指企业生产经营过程中实际消耗的直接材料、直接人工、制造费用、燃料和动力及其他直接支出;期间费用是指企业在生产经营过程中发生的管理费用、销售费用和财务费用,为了明确经济责任,期间费用不计入产品的生产成本,直接计入当期损益。下面对生产成本中的几个项目做介绍。

(1) 直接材料。直接材料是指企业生产经营过程中实际消耗的原材料、辅助材料、设备配件、外购半成品、燃料、动力、包装物、低值易耗品以及其他直接材料。

(2) 直接人工。直接人工是指企业直接从事产品生产人员的工资、奖金、津贴和补贴等。

(3) 制造费用。制造费用是指企业为生产产品和提供劳务而发生的间接费用和部分直接费用。例如,生产单位管理人员工资、职工福利费,生产单位房屋、建筑物、机器设备等的折旧费,设备租赁费(不包括融资租费),机物料消耗,低值易耗品摊销,取暖费,水电费,办公费,差旅费,运输费,保险费,设计制图费,试验检验费,劳动保护费,季节性修理期间的停工损失及其他制造费用等各项间接费用。再如,一部分不便于直接计入产品成本而没有专设成本项目的直接费用,如生产部发生的水电费、固定资产折旧、无形资产摊销、管理人员的职工薪酬、机物料消耗、低值易耗品摊销、取暖费、办公费、劳动保护费、国家规定的有关环保费用、季节性和修理期间的停工损失、废品损失、运输费、保险费等。成本项目的具体设置,企业可以在制度规定的基础上,根据自身特点,适当增减,以便于加强成本的管理和控制。

（4）燃料和动力。燃料和动力是指直接用于产品生产的燃料和动力。制造企业生产用燃料和动力耗用额不大时,可以将该项目与"直接材料"或者"制造费用"合并。

2.成本按其计入产品成本的方法分类

成本按其计入产品成本的方法可分为直接费用和间接费用。

（1）直接费用。直接费用是指产品生产过程中,直接用于产品生产的材料、生产工人的工资和福利费、机器设备折旧费及其他费用等,它直接计入产品的生产成本。

（2）间接费用。间接费用是指制造企业各生产单位(分厂、车间)为组织和管理生产所发生的各种费用,包括生产单位管理人员的工资和福利费、办公费、水电费、机物料消耗、劳动保护费、机器设备的折旧费、修理费、低值易耗品摊销等。会计通常是先通过"制造费用"科目对这些费用进行归集,在每个会计期间终了时,再按一定的标准(如生产各种产品所耗的工时)将所归集的制造费用分配计入相关产品的生产成本中。

3.成本按其性态分类

成本性态是指成本总额与业务量(产量或销量)变化的依存关系,是成本的固有性质形态。成本按其性态分类可分为固定成本、变动成本与混合成本。由于有些成本项目同时兼有固定成本与变动成本的两种不同性质,故将这类成本称为混合成本。

（1）固定成本。固定成本是指成本总额在一定期间的相关产量范围内不随业务量(产量、作业量或销量等)的变动而变动,单位成本随产量增减变化而呈反比例变动的成本。以生产企业来看,固定成本(费用)是指与产品产量增减没有直接联系的成本(费用),如企业管理人员工资、机器设备的折旧费等。固定成本的主要特点是其发生额不受产量变动的影响,产量在一定范围内变动,其总额仍保持不变。从单位产品来看,随着产品产量的增加,每单位产品分摊的费用相应地减少。因此,固定成本也可以说是一种期间成本,它在一定期间内是固定的,但是从长期的观点来看,固定成本是不存在的。

（2）变动成本。变动成本是指成本总额随着产品产量(产量、作业量或销量等)的变动而呈正比例变动但单位成本不变的成本。以生产企业为例,如直接材料、计件工资等。劳动成本的主要特点是其发生额受产量变动的影响,即产品产量增加,变动成本随之增加;产品产量减少,而变动成本随之减少,但从单位产品来看,却相对不变。因此,变动成本和固定成本是相对于总成本而言的。

（3）混合成本。混合成本是指随产品业务量(产量、作业量或销量等)的增加或减少,其成本总额也随之发生增加或减少,但其变动幅度不与业务量的变动保持严格的比例关系。它兼有固定成本和变动成本两种性态。根据具体情况不同,混合成本又进一步分为半变动成本和半固定成本。半变动成本通常有一个成本初始量,类似于固定成本;在这个基础上,业务量增加了,成本便相应增加,类似于变动成本。半固定成本是指成本在一定业务量范围内,其发生额是固定的,但业务量超过一定限度,其发生额就会上升,然后固定又再上升,以此反复。

4.成本按其发生的时间分类

成本按其发生的时间,可分为实际成本和预计成本。

（1）实际成本。实际成本是指企业根据产品生产和销售中（或提供劳务、作业等）的实际支出计算确定的成本，是反映生产经营工作质量的综合性指标。它包含材料采购成本（包括提供劳务、作业）、生产的实际成本、产品销售的实际成本以及达到目前场所和状态所发生的其他成本。

（2）预计成本。预计成本是指在年度（季、月）或工作开始前或成本计算对象的费用发生之前，根据各项有关的定额、计划、预算等资料计算的成本。它包括定额成本、计划成本、估计成本、标准成本等。预计成本也称目标成本，它反映估计能达到的成本水平，为降低成本树立了目标。计算预计成本，可以促使有关部门和职工采取降低成本的措施，为完成预定的目标而努力。把预计成本与实际成本相比较，可以揭示降低成本方面的成绩和缺点，便于进一步挖掘降低成本的潜力。

5. 成本按其可控性分类

成本按其可控性，可分为可控制成本与不可控制成本。

（1）可控制成本。可控制成本是指成本的发生属于某一部门、单位（包括生产车间、工段、班组等）或个人权责范围内，受其工作好坏影响且是能够加以控制的。

（2）不可控制成本。不可控制成本是指成本的发生不属于某一部门、单位或个人的权责范围之内，不受其工作好坏影响且是不能加以控制的。应当指出，成本的可控与不可控是相对的，对某一部门来说属于可控的，而对另一部门来说则属于不可控的；在一定时期看似属于不可控的，但从长远看又属于可控的。成本是否可控，应从权责上加以划分。严格来说成本都是可控的，没有真正意义上的不可控成本。不可控制成本，只是从权责划分上不属于某一责任单位所能控制的成本。例如，从生产车间看，机器设备的保险费是不可控制成本；而对于负责企业保险业务的责任单位来说，则是可控的。另外，可从发生的时间上加以确定成本的可控程度。例如，在产品的预想阶段，成本处于预测、决策和计划阶段，实际成本尚未发生，因此基本上都是可控的；在产品生产过程中，实际成本逐步形成，故只能对成本未形成的部分加以控制；而产品完工后，成本已然形成，也就无所谓可控与否了，这个阶段的工作主要是对形成的成本进行分析和考核，查明成本升降原因，确定责任归属，寻求成本降低的途径。将成本分为可控与不可控的目的主要在于明确成本责任，评价或考核责任单位的工作业绩，使其增强成本意识，积极采取有效措施，消除不利因素的影响，促使其可控成本不断下降。

6. 成本按其与生产决策的相关程度分类

成本按其与生产决策的相关程度，可分为相关成本和非相关成本。

（1）相关成本。相关成本是指对企业经营管理有影响或在经营管理决策分析时必须加以考虑的各种形式的成本，以及对所有可行方案进行最优决策时，所应考虑的各种形式的未来成本。例如，差量成本，亦称差别成本或差额成本，是指两个备选方案的预期成本之间的差异数，一般可通过差量成本的计算明显地反映不同方案的经济效益。机会成本，是指放弃另一个方案提供收益的机会，实行本方案时，失去所放弃方案的潜在收益是实行本方案的代价。边际成本，是指业务量变动一个单位时成本的变动部分，在实际的计量中，产量的无限小的变化也只能小到一个单位。可延缓成本，是指同已经选定、但可以延期实施而不会影响大局的某方案相关联的成本。专属成本，是指可以明确归属于某种、某批或某个部门的固定成本,如专门生产某种零件或某批产品而专用的厂房、机器的折旧费、某种物资的商品保险费等。"相关"是指与某特定的经营决策有关系。企业在决策过程中,往往面对各种可行方案以及与之相对应的未来成本,从而形成错综复杂的成本关系,因此,企业必须对每一种可行方案的各个相关成本逐一地进行检验,对未来成本进行预测和估计,从而有效地进行比较和选择。

(2)非相关成本。非相关成本,是针对"相关成本"而言的,是指已经发生,但对现在或未来的决策没有影响,在对所有可行性方案进行最优选择时,可以舍去、不加考虑的成本。常见的非相关成本有历史成本、沉没成本、不可避免成本、不可延缓成本等。它们有的是历史成本,有的虽然是未来成本但同特定方案的选择并无联系。固定成本和变动成本可以是非相关成本,也可以是相关成本。此外,在进行决策时,在各个可行的方案中,项目一致、成本金额相等的未来成本,也是非相关成本的一种类型。

二、成本与支出、费用的关系

在了解了成本的含义、作用及分类之后,还需要进一步明确成本与支出、费用的关系。

(一)支出

支出是指企业在日常生产经营过程中所耗费的经济利益的总流出。支出按其性质划分,可分为生产经营支出和非生产经营支出。

1. 生产经营支出

生产经营支出主要是资本性支出和收益性支出。

(1)资本性支出是指取得的财产或劳务的效益可以基于多个会计期间所发生的那些支出,这类支出在发生时予以资本化计入资产的初始成本,在资产的使用寿命内分期按所取得的效益,分摊转入受益期间的适当的费用科目。例如,企业购买固定资产、无形资产等都要作为资本性支出,即先将其资本化,形成固定资产、无形资产等。而后随着它们为企业提供的效益,在各个会计期间转化为费用,如固定资产的折旧、无形资产的摊销等。

(2)收益性支出是指支出的效益仅与本会计年度相关的支出,如企业生产经营所发生的材料、工人薪酬等,这种支出直接计入当期有关成本费用,并与当期的收入相配比。

2. 非生产经营支出

非生产经营支出主要包括投资性支出、所得税支出、营业外支出和利润分配性支出。

(1)投资性支出是指让渡本企业资产的使用权形成的支出。它一般形成的是对外投资,如股票投资、债券投资等。

(2)所得税支出是指企业按照国家税法的规定,对从事工商经营的企业和应纳税的个人,就其经营所得或高于计税收入所得而缴纳的税额,其实质不是费用,只是表现为费用。

(3)营业外支出是指企业发生的与其生产经营无直接关系的各项支出,如固定资产盘亏、处置固定资产净损失、出售无形资产净损失、罚款支出、非常损失等,这种支出不作为费用,直接计入当期损益。

（4）利润分配性支出是指在利润分配环节发生的支出，如股利分配支出等，这种支出也不作为费用，直接参与税后利润分配。

综上所述，企业所有支出中的营业性支出最终转化形成了费用，资本性支出逐期分摊转化为费用，收益性支出当期就计入费用。

（二）费用

费用是指企业在日常活动中发生的、会导致所有者权益减少、与所有者分配利润无关的经济利益的总流出。企业在日常活动中所发生的费用可分为生产费用和期间费用两类，主要包括：消耗材料、支付薪酬、机器运转发生的磨损费用和维修费用；与销售相关的销售费用；企业发生的利息费用；组织和管理生产经营活动发生的公司经费、办公费、差旅费等。

（1）生产费用是指企业在一定时期内为生产产品而发生的各项支出。它是与产品生产相关的劳动耗费，如生产产品而消耗的材料、支付的生产工人的薪酬和产品生产的费用。

（2）期间费用，也称期间成本，是企业一定时期内为生产经营的正常进行而发生的各项支出。与企业的销售、经营和管理活动相关的劳动耗费，包括管理费用、销售费用和财务费用等。期间费用在发生的当期与当期收入进行配比，直接冲减当期损益。

（三）支出、费用和成本的关系

支出、费用与成本是企业耗费的三个概念，具有一定的层次性和交叉性。支出是企业在经济活动中所发生的所有开支与耗费；费用是支出的主要组成部分，是企业支出中与生产经营相关的部分；成本是指企业为生产产品、提供劳务而发生的各种耗费。费用和成本是两个既互相联系又相互区别的概念。制造业企业的费用是制造业企业在生产经营管理活动中所发生的用货币表现的各种耗费，与一定的会计期间相联系。它的发生是形成产品成本的基础，而产品成本则是对象化的生产费用。但是，生产费用通常是指某一时期内实际发生的生产费用，而产品成本反映的是某一时期某种完工产品所应负担的费用。企业某一时期实际发生的各产品生产费用总和，不一定等于该期产品成本的总和。某一时期完工产品的成本可能包括几个时期的生产费用，某一时期的生产费用也可能分期计入各期完工产品成本。制造业企业生产经营过程中的耗费是多种多样的，为了科学地进行成本管理，正确计算产品成本和期间费用，需要对各类繁多的费用进行合理分类。

三、成本开支范围

生产企业应将成本开支范围规范如下：

（1）存货、燃料等，包括为生产产品而消耗的各种原材料、辅助材料、修理用备件、外购半成品、燃料、动力、包装物、低值易耗品的价值和运输、装卸等费用。

（2）折旧等，包括生产用固定资产的折旧、租赁费用（不包括融资租赁费）。

（3）薪酬等，包括企业生产部门应支付的职工薪酬及各种社会保险等。

（4）各种损失，包括企业生产部门因生产原因发生的废品损失以及季节性、修理期间的停工损失。

（5）期间费用，包括企业生产部门为管理和组织生产而支付的办公费、差旅费、会议费、取暖费、劳动保护费等。

任务二 成本会计认知

一、成本会计的含义及对象

成本会计是现代会计的一个重要分支，既是会计学的基础，也是管理会计的基础。它是以成本、费用为对象的一种专业会计，以会计资料和计划、统计、业务核算资料等为依据，遵循会计有关准则，运用一定的技术方法对生产费用进行归集计算，求得产品总成本和单位成本，对成本进行分析控制和决策，对企业生产经营过程中的费用和成本，进行连续、全面、系统、综合的核算和监督的管理活动。成本会计属于会计专业，具备会计的基本特征，即以货币为主要计量单位；对其对象的核算和监督具有连续性、系统性、全面性和综合性。

二、成本会计的职能与任务

（一）成本会计的职能

成本会计的职能，是指成本会计在经济管理中的功能。成本会计作为会计的一个重要分支，其基本职能同会计一样，具有反映和监督两项基本职能。但从成本会计产生和发展的历史看，随着生产过程的日趋复杂，生产和经营管理对成本会计不断提出新的要求，成本会计反映和监督的内涵也在不断发展。企业应当充分利用现代信息技术，编制、执行企业产品成本预算，对执行情况进行分析、考核，落实成本管理责任制，加强对产品生产事前、事中、事后的全过程控制，加强产品成本核算与管理各项基础工作。

1. 反映职能

从成本会计产生和发展的历史来考察，反映职能是成本会计的首要职能。成本会计的反映职能，就是从价值补偿的角度出发，对企业生产经营过程中发生的各种耗费，运用专门的会计方法进行计量、记录、归集、分配、汇总，从而计算出各成本对象的总成本和单位成本，为经营管理提供各种成本信息。通俗地讲，这项职能就是进行实际成本的计算，如实地反映生产经营过程的实际耗费，达到积聚成本的目的，并用积累的成本资料反映企业的实际生产耗费和价值补偿情况，从而判断企业经营效果的好坏。随着社会生产的不断发展，企业经营规模的不断扩大，经济活动情况的日趋复杂化，在成本管理上就需要加强计划性和预见性。因此，财务信息使用者对成本会计提出了更高的要求，需要成本会计为经营管理提供更多的信息，即除了提供能反映成本现状的核算资料，还要提供有关预测未来经济活动的成本信息资料，以便做出正确的决策和采取相应的措施，达到预期的目的。由此可见，成本会计的反映职能，从事后反映发展到了分析预测未来。只有这样，才能满足经营管理的需要，才能更好地发挥其在经营管理中的作用。值得一提的是，反映过去同预测未来是密不可分的。要进行成本预测，首先必须了解能够反映成本水平现状和历史的各项指标以及它们之间的内在联系，这样才能据以分析未来的成本状况，以及为实现预期的成本管理目标应具备的条件和应采取的措施。因此,反映实际发生的生产经营耗费、提供实际的成本资料,是成本会计提供成本信息的基础。

2. 监督职能

成本会计的监督职能是指按照一定的目的和要求,通过控制、分析、评价、考核等手段,监督企业各项生产经营耗费发生的合理性、合法性和有效性,以达到预期的成本管理目标的功能。在社会主义市场经济中,企业为了达到预期的经营目标,不仅要制定计划、分配资源和组织计划的实施,而且必须进行有效的监督,以使各项经济活动符合有关规定的要求。

成本会计的监督是会计监督的重要内容,是对经济活动进行监督的一个重要方面。成本会计的监督职能包括事前监督、事中监督和事后监督。首先,要进行事前监督,它从经济管理对降低成本、提高经济效益的要求出发,对企业未来的经济活动的方案或计划进行审查,并提出各种合理化建议,从而发挥对经济活动的指导作用,即在反映企业各种生产经营耗费的同时,以国家的有关方针政策、制度、规定和企业的计划、预算等为依据,对企业有关经济活动的合理性、合法性和有效性进行审查,限制或制止违反政策、制度、规定和计划、预算等经济活动,支持和促进增产节约、增收节支等经济活动,以实现提高企业经济效益的目的。其次,要进行事中监督和事后监督,即通过对所提供的成本信息资料的检查分析,控制和考核有关经济活动,及时从中总结经验,发现问题,提出建议,促使有关方面采取措施,调整经济活动,使其按照规定的要求和预期的目标进行。

成本会计的反映和监督这两项基本职能是辩证统一、相辅相成的。没有正确、全面、及时的反映,监督就失去了存在的基础,成本会计就无法在成本管理工作中发挥控制、分析、评价和考核等作用;反过来,没有有效、及时的监督,反映职能就得不到充分的发挥,也就无法使成本会计为管理提供真实可靠的信息资料。由此可见,只有把反映和监督这两项基本职能有机结合起来,才能更好地发挥成本会计在管理工作中的作用。

(二) 成本会计的任务

成本会计是会计的一个重要分支,是企业经营管理的一个重要组成部分。成本会计的任务由企业经营管理的要求所决定,也是成本会计职能的具体化。但是,成本会计不可能全面地满足企业经营管理各个方面的要求,而只能在成本会计对象的范围内,为企业经营管理提供所需的数据和信息,并参与经营管理,以达到降低成本、费用,提高经济效益的目的。因此,成本会计的任务还受成本会计的对象制约。在我国市场经济现阶段,成本会计的根本任务是促进企业尽可能节约产品生产经营过程中活劳动和物化劳动的消耗,以此来不断提高经济效益。具体来说,成本会计的任务主要包括以下四个方面。

1. 进行成本预测和决策,编制成本计划和费用预算

在社会主义市场经济中,企业应在遵守国家的有关政策、法令和制度的前提下,按照市场经济规律的要求,正确地组织自己的生产经营活动。企业的成本会计工作必须实施事前的成本控制,即根据企业生产技术、财务状况和产品成本的历史资料,结合市场调查,运用科学的方法预测未来的产品成本水平,拟订各种预测方案,通过比较分析作出决策并根据确定的目标成本或预测成本资料编制年度、季度、月份的成本计划和生产费用预算。

简单来说就是面对市场,企业应在分析过去的基础上,科学地预测未来,周密地对各项经济活动实行计划管理。就企业的成本管理工作来说,它是一项综合性很强、涉及面很广的管理工作,仅靠财会部门和成本会计是难以完成的。但成本会计应充分发挥自己的优势,在成本的管理中,发挥主导作用。为了使企业成本管理工作有计划地进行和对费用开支有效地进行控制,成本会计工作应在企业各有关部门的配合下,根据历史成本资料、市场调研情况,采用科学的方法来预测成本水平及其发展趋势,拟定各种降低成本的方案,进而进行成本决策,选出最优方案,确定成本目标然后再根据成本目标编制成本计划,制定成本费用的控制标准以及降低成本应采取的主要措施,以作为对成本实行计划管理、建立成本管理的责任制、开展经济核算和控制费用支出的基础。

2. 及时、正确地进行产品成本核算,为企业的经营管理及时提供有用的信息

成本核算是成本会计的基本职能,也是成本会计的核心工作。正因为如此,成本核算资料的真实性就显得特别重要。按照国家有关法律法规的要求和企业经营管理的需要,成本会计的基本任务是及时、正确地进行成本核算,提供真实、有用的成本信息。所以成本会计首先必须要正确核算产品的总成本与单位成本,提供准确的数字资料以满足管理的需要。成本核算所提供的信息,不仅是企业正确地进行存货计价、正确地确定利润和制定产品价格的依据,同时也是企业进行成本管理的基本依据。在成本管理中,对各项费用的监督与控制主要是在成本核算过程中,利用有关核算资料进行的。如果实际成本资料不正确,不能反映产品成本的实际水平,不仅难以考核成本化的完成情况,不能据以进行成本决策,还会影响利润的正确计算和有关资产的正确估价,从而歪曲企业财务状况。因此,正确的成本信息可使企业的职工、决策者及有关部门及时了解成本变化情况及动态,便于进行正确的产销决策和成本管理工作的考核。此外,成本会计工作在平时还可根据管理的需要编制必要的内部成本报表,如成本日报表、成本周报表等,为企业内部提供有关成本管理的日常信息。

3. 严格成本控制,审核各项费用支出,定期进行成本分析,考核企业的经营成果

严格成本控制,首先是进行目标成本控制,其次要严格按照成本开支范围和成本管理条例,审核各项费用的发生。企业作为自主经营、自负盈亏的商品生产者和经营者,应贯彻增产节约的原则,加强经济核算,不断提高自身的经济效益。为此,成本会计必须以国家有关成本费用开支范围和开支标准,以及企业的有关计划、预算、规定、定额等为依据,严格控制各项费用的开支,监督企业内部各部门严格按照计划、预算和规定办事,并积极探求节约开支、降低成本的途径和方法,以促进企业经济效益的不断提高。同时,企业还要及时了解经营成果,在成本核算提供的资料的基础上进行成本分析,针对存在的问题提出改进的措施,进一步完善成本管理工作。企业的经营活动是部门有组织的相互配合的活动,因而整个计划的完成情况是受多种因素综合作用的结果,这其中既有数量的、质量的、实物量的因素,也有主观的、客观的因素;既有有利的因素,也有不利的因素。企业应通过分析影响成本升降的各种因素及其影响程度,作出相应的对策,力求以尽可能少的人力、物力、财力生产出更优质的产品,进一步提高企业的经济效益。

4. 建立和发展成本责任制,考核成本计划的完成情况,开展成本分析

当今企业的竞争是产品的竞争、人力的竞争、成本的竞争。成本责任制是对企业各部

门、管理人员和生产人员在成本方面的职责所作的规定,是加强职工责任心并发挥他们在成本管理中的主动性、积极性和创造性的有效方法。在企业的经营管理中,成本是一个极为重要的经济指标,它可以综合反映企业以及企业内部有关人员的工作业绩。建立成本责任制,要把成本责任指标分解落实,使企业生产经营各部门、每个人都承担一定的责任成本,并把责权利相结合,以增强企业活力。因此,企业应该进行成本考核,肯定成绩,找出差距,鼓励先进,鞭策落后。最后,企业还必须认真、全面地开展成本分析工作,通过成本分析,揭示影响成本升降的各种因素及其影响程度,以便正确评价企业以及企业内部各有关单位在成本管理工作中的业绩和揭示企业成本管理工作中的问题,从而促进成本管理工作的改善,提高企业的经济效益。

总之,成本会计的任务包括成本的预测、决策、计划、控制、核算、考核和分析等。其中,进行成本核算,提供真实、有用的核算资料,是成本会计的基本任务和中心环节。

三、成本会计工作的组织

为了完成成本会计工作的任务,充分发挥成本会计在经营管理中的作用,企业应当合理组织成本会计工作。成本会计工作的组织主要包括成本会计工作的组织原则、成本会计机构设置、成本会计工作人员及成本会计法规及制度等。

（一）成本会计工作的组织原则

1. 成本会计工作必须与技术相结合

成本是一项综合性的经济指标,它受多种因素的影响。其中,产品的设计、加工工艺等技术是否先进、在经济上是否合理,对产品成本的高低有着决定性的影响。在产品生产及成本核算工作中,会计部门注重的是产品加工中的耗费,而对产品的设计、工艺、质量、性能等因素考虑较少,不少会计人员并不懂产品的技术问题。同样的,工程技术人员在技术和工艺方面考虑的问题较多,而对产品的成本问题则较少考虑。这种成本会计工作与技术工作之间的脱节,使得企业在降低产品成本方面受到很大限制,成本会计工作的职能很多时候往往限于事后核算和监督,达不到事前监督的职责。因此,为了在提高产品质量的同时不断地降低成本,提高企业经济效益,企业在成本会计工作的组织上应贯彻与技术相结合的原则。不仅要求工程技术人员要懂得相关的成本知识,树立成本意识,成本会计人员也必须具备与正确进行成本预测、参与经营决策相适应的生产技术方面的知识。只有这样,才能在成本管理中实现经济与技术的结合,才能使成本会计工作真正发挥其应有的作用。

2. 成本会计工作必须建立在员工基础之上

努力降低成本是成本会计工作的根本目标。各种耗费在生产经营的各环节中发生,成本的高低取决于各部门、车间和员工的工作质量。同时,各级各部门的员工也最熟悉生产经营情况,最了解哪里会浪费,哪里可以节约。因此,要加强成本管理,实现降低成本的目标,不仅要靠专业技术人员,更加要充分调动广大员工在成本管理上的积极性和创造性。为此,成本会计人员还必须做好成本管理方面的宣传工作,深入了解生产经营过程中的具体情况,与员工建立起经常性的联系,加强所有成员的成本意识和参与意识,以便互通信息,掌握第一手资料,从而把成本会计工作建立在广泛的职工群众基础之上。

3. 成本会计工作必须与经济责任制相结合

为了降低成本,实行经济责任制是一条重要的途径。由于成本会计工作是一项综合性的价值管理工作,涉及面广、信息变化较快,因此,企业应摆脱传统意义上成本会计只注重事后核算和监督的片面性作用,充分发挥成本会计的优势,将其与经济责任制有机地结合起来,这样可以使成本管理工作得到更好的效果。

(二) 成本会计机构设置

企业的成本会计机构,是在企业中直接从事成本会计工作的部门。一般而言,大中型企业应在专设的会计部门单独设置成本会计机构,专门从事成本核算工作;在规模较小、会计人员不多的企业,可在会计部门指定专人负责成本会计核算工作。另外,企业的有关职能部门和生产车间,也应根据工作需要设置成本会计组织或者配备专业的成本会计人员。

成本会计机构内部的组织分工,既可以按成本会计的职能分工,也可以按成本会计的对象分工,企业内部各级成本会计机构之间的组织分工(称为成本会计工作的组织形式),可以集中工作也可以分散工作。集中工作方式,是指企业的成本会计工作主要由厂部成本会计机构集中进行,车间等其他单位的成本会计机构或人员只负责原始记录和原始凭证的填制,并对他们进行初步的审核、整理和汇总,为厂部成本会计机构进一步提供基础资料。这种工作方式的优点包括:便于成本会计机构集中使用财务软件进行成本核算,以及时地掌握整个企业与成本有关的全面信息;便于成本会计机构集中使用财务软件进行数据处理;可以减少企业内部成本会计机构的分级和成本会计人员的数量。这种工作方式的缺点包括:不便于直接从事生产经营活动的各单位、部门和员工及时掌握本单位的成本信息,从而不便于及时控制成本和推行成本责任制。分散工作方式,是指成本会计工作中的计划、控制、核算和分析由车间等其他单位的成本会计机构或人员分别进行。成本考核工作由上一级成本会计机构对下一级成本会计机构逐级进行。厂部成本会计机构除对全厂成本进行综合的计划、控制、汇总核算以及分析和考核外,还应负责对各下级成本会计机构或人员进行业务上的指导和监督。成本的预测和决策工作一般仍由厂部成本会计机构集中进行。分散工作方式的优缺点与集中工作方式的优缺点是相反的。

总结起来,大中型企业规模较大、组织结构复杂、会计人员数量较多,为了调动各级、各部门控制成本费用、提高经济效益的积极性,大中型企业应采用分散工作方式;小型企业为了提高成本会计工作的效率和降低成本管理的费用,可采用集中工作方式。

(三) 成本会计工作人员

成本会计工作人员是指在会计机构或专设成本会计机构中所配备的成本工作人员。成本会计工作人员应根据成本会计的要求,做好成本核算、成本预测、成本决策、成本计划、成本控制、成本分析和成本考核等工作。企业的成本会计机构中,配备足够数量、能够胜任工作的成本会计工作人员,是做好成本会计工作的关键。就思想品德而言,成本会计工作人员应具备脚踏实地、实事求是、坚持原则的作风和高度敬业的精神;就业务素质而言,成本会计工作人员不仅要具备较为全面的会计知识,而且要掌握一定的生产技术和经营管理方面的知识。成本核算是企业核算工作的中心内容,成本指标是企业各项工作质量的综合表现。

为了充分调动和保护会计工作人员的工作积极性,国家在有关的会计法规中对会计人员的职责、权限、任免、奖惩以及会计人员的技术职称等都作了明确的规定。这些规定对于成本会计工作人员也是完全适用的。同时,为了保证成本信息质量,成本会计工作人员应该认真履行职责、遵守职业道德,坚持原则,遵纪守法,正确行使自己的职权;努力学习会计专业知识,掌握成本会计理论,提高自身业务素质,练就扎实的成本会计基本功;深入实际,调查研究,熟悉企业生产经营的流程和工艺过程,为降低消耗、节约开支出谋划策,为企业管理当局决策服务。根据成本会计人员的职责,应赋予他们相应的权限。这些权限主要包括:成本会计工作人员有权要求企业有关部门和人员认真执行成本计划,严格遵守国家的有关法规、制度和财经规范;有权督促检查企业各单位对成本计划和有关法规、制度、财经纪律的执行情况;有权参与制定企业生产经营计划和各项定额、参加与成本管理有关的生产经营管理会议。

随着市场经济体制的不断发展和完善、科学技术的不断进步,按照市场经济的要求,靠技术进步降低成本,增强企业的竞争能力,提高企业的经济效益,已经成为成本会计工作的重要内容。因此,企业应该任命那些业务熟练,并熟知管理的会计人员负责成本核算工作,并且严格规范成本会计工作人员的职责、权限、任免和奖惩,以适应新形势的要求。

(四)成本会计法规及制度

成本会计法规及制度是组织和从事成本会计工作必须遵守的规范,是会计法规和制度的重要组成部分。企业成本会计机构和会计工作人员应该严格按照有关法律、行政法规和规章制度的规定组织成本核算,实施会计监督。与成本会计工作有关的法律、行政法规和规章制度可以分为以下两个方面。

1. 中华人民共和国会计法

《中华人民共和国会计法》(以下简称《会计法》)是会计工作应遵循的基本法律,是会计人员工作的规范,是制定会计其他法律、行政法规和规章制度等的依据。企业成本会计机构和人员,必须依据《会计法》办理会计事务。例如,《会计法》第二十五条规定,"公司、企业必须根据实际发生的经济业务事项,按照国家统一的会计制度的规定确认、计量和记录资产、负债、所有者权益、收入、费用、成本和利润。"所有这些,都是企业在开展成本核算时应当严格遵守的。

2. 企业会计准则、企业财务通则、企业会计制度

2006年2月15日,财政部发布了39项会计准则,包括修订的1992年发布的基本准则和38项具体准则。新准则自2007年1月1日起在上市公司中实施,同时鼓励其他企业执行。新的企业会计准则体系包括:居于第一层次、统领驾驭的基本准则;位于第二层次、针对性强的具体准则;处于第三层次、操作性强的应用指南。2006年12月4日,财政部颁发了新的《企业财务通则》,并于2007年1月1日起正式实施。该通则第五章《成本控制》明确了成本控制的政策和方法、项目经费控制和薪酬控制等内容。企业会计制度主要是指以营利为目的进行生产、经营、服务业务的企业法人进行的会计核算规范。为贯彻《中华人民共和国会计法》和《企业财务会计报告条例》,2000年12月29日财政部发布了适用于不同行业和不同经济成分的《企业会计制度》,自2001年1月1日起暂在股份有限公司范围内执行;2001年11月27日,颁布了《金融企业会计制度》,自2002年1月1日起暂在上市的金融企业范围内实施(目前已废止);2004年4月27日颁布了《小企业会

计制度》,自 2005 年 1 月 1 日起在小企业范围内执行(目前已废止)。除此之外,2004 年,财政部还发布了《民间非营利组织会计制度》《村集体经济组织会计制度》等。随着会计准则体系的不断完善,会计准则可操作性不断增强,我国的会计制度将逐渐被会计准则所取代。

就生产企业来说,成本会计制度具体应包含成本预测和决策的制度、成本定额和成本计划的编制方法、成本计划和控制制度、存货的收、发、领、退和盘存制度、成本核算的原始记录和凭证传递流程、企业内部结算价格和内部结算办法的制度、成本分析的制度、成本报表的制度、责任成本的制度和其他有关成本会计的制度。成本会计制度的制定是一项复杂而细致的工作,既要保持相对的稳定性,但又不能一成不变。有关人员应当深入实际工作进行调查研究,在反复试点、研究的基础上制定科学、完整的成本会计制度。随着经济的发展及有关会计法律、法规的不断完善,成本会计制度应适时进行修订,保证其科学性、先进性、可行性。

综上所述,《企业会计准则》《企业财务通则》和《企业会计制度》等都是指导企业会计核算的统一规范。企业开展成本核算、成本控制、成本监督、成本会计机构设置和成本会计工作人员配备等工作,均应当遵循《企业会计准则》《企业财务通则》和《企业会计制度》等法律法规和成本会计制度的相关规定。

四、成本会计的演进过程

成本会计是随着社会经济的发展和管理水平的提高而逐步形成、发展和完善起来的。学术界多数学者认为,20 世纪 20 年代以前时期,是成本会计初创阶段;20 世纪 20 年代至 20 世纪 80 年代,是成本会计发展阶段;20 世纪 80 年代中期至今,是成本会计信息化阶段。

(一)成本会计初创阶段(20 世纪 20 年代以前时期)

有关史料显示,成本会计起源于英国,后来传入美国及其他国家。这个时期是成本会计的初创阶段,当时的成本会计仅限于对生产过程中的生产消耗进行系统的汇总和计算,用来确定产品生产成本和销售成本,属于记录型成本会计。当时大多数手工工场都采用自己独创的成本计量方法来控制和降低成本消耗量,成本计量主要借助统计方法来实现,成本记录大都是在会计账户之外进行的。到了 17、18 世纪,手工业发展相对迟缓,在手工业中依旧采用传统的商业会计账户体系和簿记方法,成本会计没有受到重视,成本会计学科发展缓慢。到了 19 世纪,随着英国工业革命的完成,机器化生产代替了手工劳动,工厂制代替了手工工场,企业规模不断扩张,需要大量资金购买昂贵的生产设备,致使折旧费用大幅增长,加之生产工艺的日益复杂以及产品品种日趋多样化,使得间接费用的分配成为企业成本计算的一大难题。同时,由于企业间竞争日益加剧,企业管理中需要提供比较准确的成本数据。为了满足有关各方对成本信息资料的需求和企业管理上的需要,重视成本、提高成本的准确性已成为必然趋势。成本计算由统计核算逐步纳入复式账簿系统,成本核算与会计核算逐步结合起来,成本记录与会计记录开始一体化,至此,形成了真正意义上的成本会计。虽然它还局限于对生产过程中的生产消耗进行系统的汇集和计算,以确定存货成本和销货成本,采用的主要是比较传统的分批法和分步法,实质上还属于以记录为主的成本会计。

（二）成本会计发展阶段(20 世纪 20 年代至 20 世纪 80 年代)

资本主义工业革命的完成,使企业有了自由、迅速发展的社会条件和物质技术条件。同时,由于工人运动的兴起,企业家再也不能像以往那样无限制地延长工人的劳动时间、提高工人的劳动强度。另外,企业外部环境日趋复杂多变,竞争也越来越激烈,单纯的事后核算型成本会计已满足不了企业管理和社会的需要。同时,由于重工业的发展和劳动分工的细化,企业预算编制问题也日益复杂化,传统的经验估计方法已不适用。科学管理运动对预算的完善也起到了促进作用。当标准成本制度完全确立之后,预算编制也随之逐渐完善和系统化。由此,成本计算方法和管理方法都有了明显的突破,成本会计不仅在事后计算成本,还向事中、事前发展。这种全方位的管理扩展了成本会计的职能。成本会计从此进入了黄金发展阶段,即近代成本会计阶段。到了 20 世纪 30 年代,新技术得到了广泛的应用和发展,极大地推动了整个社会经济的发展。社会资本开始高度集中,跨国公司日渐增多,企业规模不断扩大,生产经营日趋多元化。在这种新形势下,过分强调生产管理和以提高生产效率为目的的管理方法已显现出诸多方面的不足。同时各种新的管理理论和方法层出不穷,为成本会计的发展提供了理论上的帮助,使成本会计在内涵和外延上有了很大的发展:①由过去只重视满足外部财务报表使用者的需要,转为开始重视内部管理决策和控制的需要。②由只对实际成本的计量,扩展为对实际成本和未来预期成本的计量。③由只建立单一成本计量模式,扩展为建立多元成本计量模式,满足多用户和多目标的需要。为加强对企业内部各级、各单位的考核,责任制思想出现了。责任制主张在企业内部建立成本中心、利润中心和投资中心,强化对责任中心的业绩考核,从而使成本目标进一步转化为各级、各单位的责任成本,使成本的控制更为有效。20 世纪 50 年代,目标成本的管理方法受到重视。目标管理与全面预算的结合,使得成本管理朝目标化方向迈进。虽然这个阶段成本会计发展蓬勃,但其理论还不成熟,在信息化到来之前,发展相对缓慢。

（三）成本会计信息化阶段(20 世纪 80 年代中期至今)

20 世纪 80 年代中期至今,整个社会发生了急剧的变革,信息化社会代替工业化社会,极大地改变了人们的生活方式、交流方式,随即影响到市场运作模式以及组织机构的经营方式、管理模式等。这一系列变革影响了现有企业的管理理论和管理方法以及现行成本会计的管理模式和计量模式,随之而来的是成本会计在新时代的新挑战和新机遇。

近年来,新的管理技术不断涌现,相继出现了如全面质量管理、企业资源计划和供应链管理等新方法。新的技术和管理方法不同于之前批量生产标准产品的相对稳定的管理模式。在新的管理环境下,原有的成本会计理论和计量模式暴露出以下突出问题:①成本重心前移,使传统的成本信息出现时间滞后的现象。研究表明,制造业产品 75% 以上的成本数据在研发阶段已经确定,只注重生产过程核算和控制的成本计量模式容易导致信息失真。②传统的成本会计过分追求量而忽略了质,与现代管理思想不符。③传统的成本管理基准点是短期,反映企业短期的成本信息,将固定成本进行短期的期间化处理,淹没了大量战略信息,企业绩效难以真正体现。④传统的成本会计将间接费用简单化处理,没有揭示出业务活动背后真正的成本动因。因此,成本会计必须进行变革,以适应现代管理和信息化的需要,协助管理者在新环境下进行有效的管理控制。需要注意的是,虽然近年来许多新的成本会计方法和思想不断涌现,但迄今为止仍未能形成一套行之有效的成本会计核算与管理体系。因此,建立一个立足于信息化社会,满足不断发展的现代管理要求的新成本会计理论体系,是目前和今后很长一段时间学者需要面对的紧迫课题。

项目二　成本核算的原则和要求

成本核算的
原则和要求

任务一　成本核算的原则

成本核算的原则是在长期工作实践中形成的,它根据会计实务提出并被会计人员普遍接受和实际应用。成本核算的原则,虽不像法律法规具有强制执行的特性,但却在成本会计工作中被会计人员所认同。为了正确核算生产企业产品生产的耗费,成本会计工作人员在实务中应遵循以下原则。

一、基础性原则

基础性原则要求成本的分配标准必须以完整、准确的原始记录为依据,不能主观臆断,更不能人为地干预成本的归集与分配。因此,费用的分配必须以统计数据为基础。

二、权责发生制原则

权责发生制原则要求在确认本期收入和费用时,应以权利和责任的发生与转移作为记账的基础。凡是本期已经实现的收入和已经发生的费用,不论款项是否收付,都应作为本期的收入和费用入账;凡是不属于本期的收入和费用,即使款项已在本期收付,也不应作为本期的收入和费用处理。

三、管理性原则

成本指标是一个综合性指标,是企业进行经济预测和经济决策的重要参考资料,因此,管理性原则要求成本费用的归集、分配、结转应当力求科学,以便为管理服务。

四、成本分期原则

成本分期原则为了充分发挥会计对生产经营活动过程的控制作用,满足决策者对短期信息的需求,需要人为地把持续不断的企业生产经营活动划分成多个首尾相接、间隔相等的会计期间。会计期间的假设,是在持续经营假设的基础上人为地规定提供会计信息的期限。成本核算的分期与会计上月、季、年期间的划分是一致的,有利于经营成果的确定。需要指出的是,产品成本的分期核算,与产品成本计算期是有区别的,产品成本计算是对产品负担生产费用所规定的起讫期,它受产品生产类型的影响,可以与会计期间一致,也可以与各批或各件产品的生产周期一致。产品成本的分期核算原则与产品的生产类型无具体联系,它是指成本的具体核算工作,包括费用的归集、分配、计算和报告产品成本,都必须按会计期间进行,并于期末对成本计算账户的发生额进行加计,及时计算完工产品成本。

五、及时性原则

及时性原则要求成本会计应及时将各项成本费用分配给受益对象,不应将上期或下期费用计入本期,以保证成本计算的准确性。例如,要将生产费用于期末在完工产品与在产品之间采用适当的方法进行分配。

六、一贯性原则

一贯性原则要求企业在不同会计期间所使用的会计方法和程序应当相同,即会计工作所采用的方法、计价标准、其他会计实务应当保持一致。这是因为在会计核算中有多种方法和程序可供选择,如存货的计价方法、折旧方法、成本计算的方法和程序等。假如会计人员所使用的会计方法和程序各期不同,则必然会影响会计数据的客观性,使会计报表中的有关数据前后不一致,缺乏可比性,这样就会使会计信息的使用者产生误解,错将会计方法改变的影响当作企业情况或经营成果的实际变动,导致决策失误。若企业的经济环节发生了变化,为了提供正确、有用的信息,确实需要调整会计方法和程序时,成本核算应按规定的程序进行,并将变动情况在会计报告中加以说明。《企业会计准则》中规定:"会计处理方法前后各期应当一致,不得随意变更。如确有必要变更,应当将变更的情况、变更的原因及其对企业财务状况和经营成果的影响,在财务报告中说明。"

七、重要性原则

重要性原则要求在成本核算和成本报表中既要全面完整地记录和反映全部会计事项,同时又要突出重点。就是说,重要的经济业务必须严格确认、计量、记录和报告,不能遗漏,次要的经济业务可适当简化归并处理。这样做可以大大简化成本核算手续而又不影响会计报表的质量,既保证会计信息的效用,又可节约会计核算费用。应注意的是,确定主要还是次要的依据并不是会计处理的难易程度,而是对信息使用者决策影响的大小。一方面,数量金额的大小是判断其重要与否的直接因素,不过它又有相对性。例如,相同金额的同一经济业务对大企业而言,可能由于其影响微不足道而作为不重要项目处理,但对于小企业而言,它则可能直接影响财务状况和经营成果,必须作为重要项目处理。所以定量的标准,应根据具体情况加以确定。判断信息是否重要的另一方面,是考虑经济业务的性质,分析它们是否对客观、全面地反映企业的财务状况和经营成果产生重大影响,如果是,即使数量金额较小,仍必须加以详尽处理并反映。

八、成本效益原则

成本效益原则要求成本的核算要兼顾准确性与效益性。成本的核算固然是越精确越好,但过于精确的成本核算必然要付出更多的人力、物力,因此,成本费用的分配应当在准确性与工作量之间找到平衡,以求取得最高的性价比。

任务二　成本核算的要求

企业在产品生产过程中,会发生各种各样的费用支出。为了保证企业产品成本核算的相关性、及时性和准确性,必须严格按照国家有关的法规、制度、企业经营管理的要求和成本开支范围的相关规定,对生产经营过程中实际发生的各种劳动耗费进行计算,并进行相应的账务处理,提供真实、有用的成本信息。成本核算不仅是成本会计的基本任务,同时也是企业经营管理的重要组成部分。因此,为了充分发挥成本核算的作用,在成本核算工作中,应贯彻执行以下各项要求。

一、成本核算与管理相结合,为管理提供关键数据

成本核算应该从加强企业管理的要求出发,做到成本核算与加强企业管理相结合。首先必须以国家的有关法规、制度、企业的成本计划和消耗定额为依据,对企业发生的各项费用进行事前、事中审核和控制,并及时进行信息反馈。对于不符合规定的开支、不合理的超支要坚决制止;已无法制止的,要追究责任,并采取措施杜绝以后再次发生。对于费用的发生情况,以及费用脱离定额或计划的差异应进行分析和反馈,以便为产品成本的定期分析和考核,进一步挖掘降低成本的潜力提供数据。在成本核算中,既要防止片面的简单化,也要防止一味细化,不注重核算效益。

二、正确划分各种费用界限

(一)正确划分生产经营管理费用和非生产经营管理费用的界限

制造业企业在其经营活动中会发生各种耗费,为了正确核算产品成本,必须正确划分生产经营管理费用和非生产经营管理费用的界限。只有用于产品的生产和销售、用于组织和管理生产经营活动,以及用于筹集生产经营资金的各种费用,即收益性支出,才应计入生产经营管理费用。而企业的资本性支出或不是由于企业日常生产经营活动而发生的费用支出,如购建固定资产和无形资产等的支出、固定资产盘亏净损失、非常损失、捐赠支出等则属于非生产经营管理费用。正确划分生产经营管理费用和非生产经营管理费用的界限,有利于正确确定各种资产的价值和准确核算产品生产成本。

(二)正确划分各月份的费用界限

为准确计算各个会计期间的成本费用,企业还应当按照权责发生制原则,正确计算各月损益,必须正确划分各月份的费用界限。本月发生的费用应由本月产品负担,都应在本月全部入账,不能将其延至下月入账。不应由本月产品负担的生产经营管理费用,则不应计入本月的产品成本。更重要的是,应该贯彻权责发生制原则,正确地核算跨期摊提费用。本月支付,但属于本月及以后各月受益的费用,应在各月间合理分摊计入成本;本月虽未支付,但本月已经受益,应由本月负担的费用应计入本月的成本。为了简化核算工作,对于数额较小的应跨期摊销和预提的费用,也可以将其全部计入支付月份的成本,而不再作为跨期待摊与预提费用处理。正确划分各月份的费用界限,是保证成本核算正确的重要环节,应当

防止利用待摊和预提的办法人为地调节各月成本、人为地调节各月损益的错误做法。只有这样，才能正确划分各个会计期间的费用界限，正确计算各个会计期间的产品成本。

（三）正确划分生产费用与期间费用的界限

制造业企业日常生产经营中所发生的各项耗费，其用途和计入损益的时间是有所不同的。用于产品生产的费用形成产品成本，并在产品销售后作为产品销售成本计入企业损益。由于当月投产的产品不一定当月完工，当月完工的产品也不一定当月销售，因而当月的生产费用往往并不是应计当月损益的产品销售成本。而当月发生的销售费用、管理费用和财务费用，则是作为期间费用，直接计入当月损益。正确划分生产费用和期间费用的界限，有助于防止企业混淆两者的界限、影响成本核算和当期损益计算的正确性，出现虚假费用、虚假成本、虚假盈利的现象。同时可以避免企业任意将两者进行相互调节进而达到调节当期产品成本和当期损益的目的。

（四）正确划分各种产品的费用界限

对于生产多种产品的生产企业，为了正确分析和考核各种产品成本计划或定额成本的执行情况，必须将应计入本月产品成本的生产费用在各种产品之间正确地进行划分。凡属于某种产品单独发生，能够直接计入该种产品的费用，均应直接计入该种产品成本；凡是几种产品共同耗用的不能直接计入某种产品成本的间接费用，应由几种产品共同负担，采用合理的方法进行分配，并保持一贯性，分配后分别计入各种产品成本。要注意的是，应划清盈利产品与亏损产品、可比产品与不可比产品之间的费用界限。要防止在这些产品之间任意增减费用，借以掩盖成本超支，或以盈补亏、弄虚作假的错误做法。

（五）正确划分完工产品与在产品的成本的界限

月末在计算产品的生产费用时，如果某种产品已全部完工，则这种产品的各项生产费用之和就是产品的完工产品成本。如果某产品全部未完工，则这种产品生产成本明细账所归集的费用总额就是该种产品在产品的总成本。如果某种产品既有完工产品，又有在产品，则应将这种产品的各项生产费用，采用适当的分配方法在完工产品与在产品之间进行分配，分别计算完工产品成本和月末在产品成本。这种划分的基本要求是选用分配的标准要适当，分配方法要合理。应该防止任意提高或降低月末在产品成本，人为地调节完工产品成本的错误做法。

上述五个方面的划分贯穿在产品成本核算工作的全过程，即产品成本的计算和各项期间费用的归集过程。在这一过程中，应贯彻受益原则，即何者受益何者负担费用，何时受益何时负担费用；负担费用的多少应与受益程度的大小成正比。

三、做好各项基础工作

（一）建立健全原始记录和凭证流转工作

原始记录是指按照规定的格式，对企业的生产、技术经济活动的具体事实所做的最初书面记载，它是反映生产经营活动的原始资料，是进行成本预测、编制成本计划、进行成本核算、分析消耗定额和成本计划执行情况的依据。因此，工业企业生产过程中材料的领用、动力与工时的耗费、费用的开支、废品的产生、在产品及半成品的内部转移、产品质量检验及产成品入库等，都是生产经营过程中物化劳动消耗的原始记录，反映活劳动消耗的原始记录,反映在生产经营过程中发生的各种费用支出的原始记录和其他原始记录。一方面,成本核算人员要会同企业的计划统计、生产技术、劳动工资、产品物资供销等有关部门,认真制定既符合成本核算需要,又符合各方面管理需要,既科学又简便易行,讲求实效的原始记录制度。另一方面,成本核算人员要组织有关员工认真做好各种原始凭证的登记、传递、审核和保管工作,以便正确、及时地为成本核算和其他有关方面提供资料和信息。原始记录必须真实正确,内容完整,手续齐全,要素完备,流转规范,以便为成本核算、控制、预测和决策提供客观的依据。

（二）加强定额管理,做好定额的制定和修订工作

定额是指在一定的生产技术和生产组织条件下,对人力、财力、物力的消耗及占用所规定的数量标准。产品的各项消耗定额,既是编制成本计划、分析和考核成本水平的依据,也是审核和控制成本的标准;而且在计算产品成本时,往往要用产品的原材料和工时的定额消耗量或定额费用作为分配实际费用的标准。与成本核算有关的消耗定额主要包括工时定额、产量定额、材料、燃料、动力、工具等消耗的定额,有关费用的定额,如制造费用的预算等。消耗定额的制定是作为企业产品生产发生耗费应该掌握的标准。但由于消耗定额服务于不同的成本管理目的,可表现为不同的消耗水平。当企业编制成本计划时,是根据计划期内平均消耗水平所制定的定额。定额制定后,为了保持它的科学性和先进性,还必须根据生产的发展、技术的进步、劳动生产率的提高对其进行不断的修订,使它为成本管理与核算提供客观的依据。因此,为了加强生产管理和成本管理,企业必须建立和健全定额管理制度,凡是能够制定定额的各种消耗,都应该制定先进、合理、切实可行的消耗定额,并随着生产的发展、技术的进步、劳动生产率的提高,不断修订消耗定额,以充分发挥其应有的作用。

（三）建立健全存货的计量、收发、领退和盘点制度

成本核算是以价值形式来核算企业生产经营管理中的各项费用的,但价值形式的核算是以实物计量为基础的。因此,为保证入库材料物资的数量与质量,必须搞好计量与验收工作,准确的计量和严格的质量检测是保证原始记录可靠性的前提;为保证领、退的材料物资准确无误,还必须及时办好领料和退料凭证手续,使成本中的材料费用相对准确。由于材料物资等存货品种多、规格多,进出频繁等,尽管严格管理,账面不符的现象仍经常发生。因此,企业应对材料物资进行定期或不定期的清查盘点,进行账面调整,以保证库存材料物资的真实性,确保成本中的材料等费用更加准确。只有这样,才能保证账实相符,保证成本计算的正确性。

（四）做好计划价格的制定和修订工作

在计划管理基础较好的企业,为了分清企业内部各单位的经济责任,便于分析和考核企业内部各单位成本计划的完成情况和管理业绩,以及加速和简化核算工作,应对原材料、半成品、企业内部各车间相互提供的劳务制定计划价格,作为企业内部结算和考核的依据。企业内部各单位之间往往会相互提供半成品、材料、劳务等,所以内部计划价格要尽可能符合实际,保持相对稳定,一般在同一年度内保持不变。企业可以选择市价、协议价、标准价格或计划价格作为制定内部结算价格的依据。制定了内部计划价格的企业,对各项原材料的耗用、半成品的转移,以及各车间与部门之间相互提供劳务等,都要首先按计划价格计算,月末计算产品实际成本时,再在计划价格成本的基础上,采用适当的方法

计算各产品应负担的价格差异(如材料成本差异),将产品的计划价格成本调整为实际成本。这样,既可以加速和简化核算工作,又可以分清内部各单位的经济责任。

(五) 正确确定财产物资的计价和结转方法

企业中常见的财产物资主要有固定资产和各类存货等。在各种劳动耗费中,财产物资的耗费占有相当大的比重。财产物资计价和价值结转方法是否恰当,会对成本核算的正确性产生重要影响。企业财产物资计价和价值结转方法主要包括固定资产原值的计算方法、折旧的计提方法;固定资产与低值易耗品的划分标准;材料成本的组成内容、材料按实际成本进行核算时发出材料单位成本的计算方法、材料按计划成本进行核算时材料成本差异率的种类、采用分类差异时材料类距的大小等;低值易耗品和包装物价值的摊销方法等。为了正确地计算成本,企业对于各种财产物资的计价和价值的结转,都应严格执行国家统一的会计制度。国家没有统一规定的,企业应根据财产物资特点并结合管理要求合理选用,各种方法一经确定,应保持相对稳定,不能随意改变,以保证成本信息的可比性。

(六) 按照生产特点和管理要求,采用适当的成本计算方法

产品成本是在生产过程中形成的,产品的生产工艺过程和生产组织形式不同,所采用的产品成本计算方法也应该有所不同。计算产品成本是为了加强成本管理,因而还应该根据管理要求的不同,采用不同的产品成本计算方法。在同一家企业里,可以采用一种成本核算方法,也可以采用多种成本核算方法,即多种成本核算方法同时使用或多种成本核算方法结合使用。因此,企业只有按照产品生产特点和管理要求,选用适当的成本计算方法,才能正确、及时地计算产品成本,为成本管理提供有用的成本信息。成本核算方法一经选定,一般不得随意变更。

产品成本核算程序

项目三 成本核算程序

任务一 成本核算的账户体系

为了核算和监督企业在生产过程中发生的各项费用,正确计算产品成本和劳务成本,企业应该根据行业特点和成本管理要求,设置"生产成本""辅助生产成本""制造费用""销售费用""管理费用""财务费用"等账户。如果需要单独核算废品损失,还应设置"废品损失"账户。

一、"生产成本"账户

"生产成本"账户用于核算企业进行生产所发生的各项生产费用,计算产品和劳务实际成本。根据各生产单位任务的不同,工业企业的生产可以分为基本生产和辅助生产。基本生产是指为完成企业主要生产任务而进行的产品生产或劳务供应。辅助生产是指为企业基本生产单位或其他部门服务而进行的产品生产或劳务供应,如企业内部的供水、供电、供气、自制材料、自制工具和运输、修理等生产。企业辅助生产单位的产品和劳务,虽然有时也对外销售一部分,但主要任务是服务于企业基本生产单位和管理部门。企业生产分为基本生产和辅助生产,根据企业生产费用核算和产品成本核算的需要,一般可以在生产成本这一总分类账户下分设"基本生产成本"和"辅助生产成本"两个二级账户;也可以将"生产成本"这一账户分设为"基本生产成本"和"辅助生产成本"两个总分类账户。

1."生产成本——基本生产成本"账户

基本生产是指为完成企业主要生产目的而进行的产品生产。"生产成本——基本生产成本"账户核算企业生产各种产成品、自制半成品等所发生的各项费用。其借方登记企业从事基本生产活动的生产单位(分厂、车间)所发生的直接材料费用、直接人工费用、其他直接费用和自"制造费用"账户转入的基本生产单位发生的制造费用;贷方登记结转基本生产单位完工入库产品成本和已完成的劳务成本。该账户的期末余额在借方,表示基本生产单位期末尚未完工的在产品成本。"生产成本——基本生产成本"账户应按产品品种、产品批别或产品生产步骤等成本核算对象分设基本生产成本明细账(产品成本计算单或产品生产成本明细账),按成本项目分设专栏或专行登记各种产品、项目的月初在产品成本、本月发生的生产费用、本月完工产品成本和月末在产品成本。

2."生产成本——辅助生产成本"账户

辅助生产是指为基本生产服务而进行的产品生产和劳务供应。辅助生产所提供的产品和劳务,虽然有时也对外销售,但这不是它的主要目的。为了归集和分配辅助生产过程中发生的各种生产费用,计算辅助生产车间所提供的产品和劳务的成本,应设置"生产成本——辅助生产成本"账户。该账户的借方登记为进行辅助生产而发生的各种费用;贷方登记完工入库产品的成本或分配转出的劳务成本;余额在借方,表示辅助生产在产品的成本,即辅助生产在产品占用的资金。"生产成本——辅助生产成本"账户应按辅助生产车间和生产的产品种类、提供劳务分设明细分类账,账中按辅助生产的成本项目或费用项目分设专栏或专行进行明细登记。

二、"制造费用"账户

"制造费用"账户是用于核算企业为生产产品和提供劳务而发生的应计入产品成本,但没有专设成本项目的各项间接费用,如技术管理人员的职工薪酬、折旧费、办公费、水电费、机物料消耗、劳动保护费、季节性停工、大修理停工期间的停工损失等,均应在"制造费用"账户中归集。"制造费用"账户的借方登记企业各生产单位为生产产品和提供劳务而发生的各项间接费用,月末按一定标准分配计入有关成本核算对象。从"制造费用"账户的贷方转入"生产成本——基本生产成本"账户的借方及其有关明细账户。除季节性生产企业外,该账户月末一般无余额。"制造费用"账户,应按不同车间、部门设置明细账,账内按费用项目设专栏进行明细核算。

三、"销售费用"账户

"销售费用"账户用于核算企业在销售商品、产品和提供劳务过程中发生的各项费用以及专设销售机构的各项经费,具体包括运输费、装卸费、包装费、保险费、展览费、广告费、商品维修费、预计产品质量保证损失等,以及专设销售机构的职工薪酬、业务费、租赁费、折旧费、固定资产修理费等费用。为了核算企业在产品销售过程中所发生的各项费用,应设置"销售费用"账户,该账户借方登记实际发生的各项销售费用;贷方登记期末转入"本年利润"账户的销售费用;期末结转后该账户一般应无余额。"销售费用"账户应按费用项目设置专栏,进行明细核算。

四、"管理费用"账户

"管理费用"账户用于核算企业为组织和管理生产经营活动所发生的费用,如公司经费、工会经费、职工教育经费、劳动保险费、失业保险费、董事会费、咨询费(含顾问费)、聘请中介机构费、诉讼费、排污费、税金、土地损失补偿费、技术转让费、研究与开发费、无形资产摊销、业务招待费、计提的坏账准备和存货跌价准备、存货盘亏、毁损和报废及其他。为了核算企业行政管理部门为组织和管理生产经营活动而发生的各项管理费用,应设置"管理费用"账户进行核算。该账户借方登记发生的各项管理费用;贷方登记期末转入"本年利润"账户的管理费用;期末结转后一般应无余额。"管理费用"账户应按费用项目设置专栏,进行明细核算。

五、"财务费用"账户

"财务费用"账户用于核算企业为筹集生产经营所需资金而发生的各项筹资费用,该账户的借方登记发生的各项财务费用;贷方登记应冲减财务费用的利息收入、汇兑收益以及期末转入"本年利润"账户的财务费用;期末结转后该账户应无余额。"财务费用"账户的明细分类账,应按费用项目设置专栏,进行明细登记。

六、"废品损失"账户

"废品损失"账户用于需要单独核算废品损失的企业,该账户的借方登记不可修复废品的生产成本和可修复废品的修复费用;贷方登记废品残料回收的价值、应收款项以及转出的废品净损失。该账户月末应无余额。"废品损失"账户应按车间设置明细分类账,账内按产品品种分设专户,并按成本项目设置专栏或专行进行明细登记。

任务二 成本核算的一般程序

成本核算的一般程序是指对企业生产经营过程中发生的各项费用,按照成本核算的要求,进行归集和分配,最后计算出产品的成本和各项期间费用的程序。由于每个企业产品的生产特点和管理要求有所不同,企业在产品成本核算之前,首先要根据自己的实际情况确定好成本计算对象、成本项目和成本计算期,从而为正确核算产品成本提供依据。产品成本核算基本程序一般包括以下几个步骤。

一、确定成本计算对象,设置生产成本明细账

成本计算对象是生产费用的承担者,即归集和分配生产费用的对象,是成本会计核算

和监督的内容,主要是指产品生产成本。确定成本计算对象就是要解决生产费用由谁来承担的问题。确立成本计算的对象是设置产品成本明细账,正确计算产品成本的前提,是区别各种产品成本计算的主要标志。由于企业的生产特点、管理要求、规模大小、管理水平的不同,企业成本核算对象也不相同,对制造业企业而言,产品成本核算的对象主要包括产品品种、产品批别、产品生产步骤三种,可以是某种产品、某类产品或某批产品,也可能是某一生产步骤。至于选用什么作为成本计算对象,则取决于企业的生产特点和管理要求。企业应根据自身的生产特点和管理要求,选择合适的产品成本计算对象,设置生产成本明细账,计算出各种产品的生产成本,分成本项目确定某种产品的单位成本和总成本。另外,企业发生的财务费用、管理费用和销售费用三项期间费用,是服务于产品生产的,没有这些费用支出的发生,产品生产不可能正常进行。因此,为促使生产者节约这些费用,增加盈利,生产单位把它们连同产品成本,列作成本会计的对象。综上所述,成本会计的对象可以概括为各行业企业的生产经营业务成本和有关的经营管理费用,简称成本费用,成本会计实际上是成本费用会计。

二、确定成本计算期

成本计算期是指每次计算产品成本的间隔期间,即间隔多长时间计算一次产品成本。从理论上讲,成本计算期应当与产品的生产周期一致,但在实际工作中,成本计算期还必须考虑企业生产的特点和分期考核的要求。在大批量生产情况下,由于生产连续不断地进行,每月都有完工产品,因而既不能在产品一生产出来就计算其成本,也不能等生产过程终止后计算产品成本。为了满足企业成本管理的需要,产品成本的计算是定期在每月月末进行的,即按月计算产品成本。

三、确定成本项目,审核和控制企业的各项支出

进行成本核算不仅要提供成本计算对象的总成本、单位成本以及各种期间费用的总体发生情况,而且要按照成本项目、费用项目反映它们发生的详细具体的情况,以满足成本管理的需要。因此,确定成本项目和费用项目是成本核算的重要环节,即将产品成本划分为直接材料、燃料和动力、直接人工、制造费用等。企业应该按照国家的有关规定将各项支出确定是否应计入产品成本、期间费用,或者是应计入产品成本还是期间费用。凡不属于企业日常生产经营方面的支出,均不得计入产品成本或期间费用;凡属于企业日常生产经营方面的支出,均应全部计入产品成本或期间费用,不得遗漏。多计成本,会减少企业利润和国家财政收入;少计成本,则会虚增利润,使企业成本得不到应有的补偿,从而影响企业生产经营活动的正常进行。无论是多计成本还是少计成本,都会造成成本不实,从而不利于企业的成本管理。

四、正确地归集和分配各种费用,登记产品成本明细账和期间费用明细账

成本的核算工作,实际上就是费用的归集和分配的过程。它的基本程序包括以下几个方面:

(1)对企业的各项支出进行严格的审核和控制,并按照国家的有关规定明确为产品成本或是期间费用。也就是说,要在对各项支出的合理性、合法性进行严格审核、控制的

基础上,做好费用界限划分的工作。

(2)正确处理费用的跨期摊提工作,包括将本月实际支出而应该留待以后月份摊销的费用正确地进行核算;将以前月份开支的需要跨期摊销的费用中应由本月负担的份额,正确地计入本月的成本;将本月尚未开支但应由本月负担的费用,预提计入本月的成本。

(3)将应计入本月产品成本的各项生产费用,在各种产品之间按照成本项目进行分配和归集,计算按成本项目反映的各种产品的成本。这是本月生产费用在各种产品之间横向的分配和归集,是前述费用界限划分的工作。

(4)对于月末既有完工产品又有在产品的产品,应将产品的生产费用(月初在产品生产费用与本月生产费用之和)在完工产品与月末在产品之间进行分配,计算出该产品的完工产品成本和月末在产品成本。

五、计算完工产品成本和月末在产品成本

期末,对既有完工产品又有月末在产品的产品,应将各项产品的生产费用在其完工产品和月末在产品之间采用适当的方法进行划分,利用等式"期初在产品成本+本期投入生产费用=完工产品成本+期末在产品成本",核算完工产品和月末在产品的成本,将完工产品成本结转至"库存商品"账户。这是生产费用在同种产品的完工产品与月末在产品之间纵向的分配和归集。

六、结转产品销售成本

期末,企业应根据当期销售各种商品的实际成本,计算应结转的主营业务成本。库存商品采用计划成本核算的,平时的销售成本按计划成本结转,月末,还应结转本月销售商品应分摊的产品成本差异,将计划成本调节为实际成本。

 # 模 块 小 结

成本是指特定的会计主体为了实现一定的生产经营目标而支付或应该支付的用货币计量的代价。成本的含义有广义与狭义之分。本模块主要指的是狭义的成本,即专指对象化的耗费,就是明确了成本计算对象的消耗。

支出、费用与成本这三个概念互为交叉。支出是企业在经济活动中所发生的所有开支与消耗;费用和成本两个既互相联系又相互区别,费用是支出的主要组成部分,成本是指企业为生产产品、提供劳务而发生的各种耗费。

生产企业产品成本核算程序包括确定成本计算的具体对象,设置成本核算明细账,明确成本计算期及成本项目,正确地归集和分配各种生产费用,登记各类成本和期间费用明细账,计算完工产品和月末在产品成本及结转完工产品销售成本。

技 能 训 练

一、单项选择题

1. 按成本习性或可变性可将成本分为(　　)。
   A. 直接成本和间接成本　　　　　　　B. 产品成本和期间成本
   C. 可控成本和不可控成本　　　　　　D. 变动成本和固定成本

2. 理论成本的内涵是(　　)。
   A. 生产经营过程中所耗费生产资料转移价值的货币表现
   B. 劳动者为自己劳动所创造价值的货币表现
   C. 劳动者为社会劳动所创造价值的货币表现
   D. 企业在生产经营过程中所耗费的资金的总和

3. 一般来说,实际工作中的成本开支范围与理论成本包括的内容(　　)。
   A. 是有一定差别的　　　　　　　　　B. 是相互一致的
   C. 是不相关的　　　　　　　　　　　D. 是可以相互替代的

4. 从现行企业会计制度的有关规定出发,成本会计的对象是(　　)。
   A. 各项期间费用的支出及归集过程
   B. 产品生产成本的形成过程
   C. 诸会计要素的增减变动
   D. 企业生产经营过程中发生的生产经营业务成本和期间费用

5. 工业企业产品成本核算中各项费用的划分,都应贯彻(　　)原则,以期正确核算产品成本和管理费用。
   A. 受益性　　　　　　　　　　　　　B. 谨慎性
   C. 权责发生制　　　　　　　　　　　D. 配比

6. 成本会计反映职能的最基本方面是(　　)。
   A. 检查各项生产经营耗费的合理性、合法性和有效性
   B. 提供真实的、可以验证的成本信息
   C. 分析和考核成本管理工作的业绩
   D. 调节和指导企业的有关经济活动

7. 成本会计的任务主要取决于(　　)。
   A. 企业经营管理的要求　　　　　　　B. 成本决策
   C. 成本控制　　　　　　　　　　　　D. 成本核算

8. 通过对所提供的成本信息资料的检查和分析,控制和考核有关经济活动,属于成本会计的(　　)。
   A. 事前监督　　　　　　　　　　　　B. 事前、事后监督
   C. 事中、事后监督　　　　　　　　　D. 事前、事中监督

9. 下列各项中,不计入产品成本的费用是(　　)。

　　A. 直接材料费用

　　B. 辅助车间管理人员工资及社保费

　　C. 车间厂房折旧费

　　D. 厂部办公楼折旧费

10. 按成本与产量的关系可将成本分为(　　)。

　　A. 可控成本和不可控成本　　　　　　B. 变动成本和固定成本

　　C. 直接成本和间接成本　　　　　　　D. 产品成本和期间成本

11. 成本会计的各环节中最基础的环节是(　　)。

　　A. 成本计划　　　　B. 成本核算　　　　C. 成本控制　　　　D. 成本考核

12. 产品成本是相对于(　　)而言的。

　　A. 一定数量和种类的产品　　　　　　B. 一定的会计期间

　　C. 一定的会计主体　　　　　　　　　D. 一定的生产类型

13. (　　)是成本决策所确定的成本目标的具体化。

　　A. 成本预测　　　　B. 成本计划　　　　C. 成本控制　　　　D. 成本考核

14. "生产成本——基本生产成本"明细账应按(　　)设置专栏。

　　A. 成本项目　　　　B. 费用项目　　　　C. 生产车间　　　　D. 产品名称

15. 构成产品成本的支出主要是(　　)。

　　A. 资本性支出　　　　B. 收益性支出　　　　C. 生产性支出　　　　D. 营业外支出

二、多项选择题

1. 商品的理论成本是由生产商品所耗费的(　　)构成的。

　　A. 生产资料转移的价值

　　B. 劳动者为自己劳动创造的价值

　　C. 劳动者为社会劳动所创造的价值

　　D. 必要劳动

2. 下列各项中,属于成本的主要作用的有(　　)。

　　A. 成本是补偿生产耗费的尺度

　　B. 成本是综合反映企业工作质量的重要指标

　　C. 成本是企业对外报告的主要内容

　　D. 成本是制定产品价格的重要因素和进行生产经营决策的重要依据

3. 企业在确定成本计算方法时,应该根据(　　),采用适当的成本计算方法。

　　A. 企业生产规模的大小　　　　　　　B. 企业生产的特点

　　C. 成本管理的要求　　　　　　　　　D. 月末在产品的有无

4. 成本会计的反映职能包括(　　)。

　　A. 提供反映成本现状的核算资料的功能

　　B. 提供有关预测未来经济活动的成本信息资料的功能

　　C. 控制有关经济活动的功能

　　D. 考核有关经济活动的功能

5. 为了正确计算产品成本,必须做好的各项基础工作包括( )。
   A. 定额的制定和修订　　　　　　B. 企业内部计划价格的制定和修订
   C. 各项原始记录　　　　　　　　D. 材料物资的计量、收发、领退和盘点

6. 一般来说,企业应根据( )来组织成本会计工作。
   A. 本单位生产经营的特点　　　　B. 对外报告的需要
   C. 本单位生产规模的大小　　　　D. 本单位成本管理的要求

7. 为了正确计算产品成本,必须正确划分的费用界限有( )。
   A. 生产费用与期间费用的界限　　B. 各月份的费用界限
   C. 销售费用与财务费用的界限　　D. 各种产品的费用界限

8. 下列各项中,属于成本会计的对象的有( )。
   A. 产品销售收入的实现过程　　　B. 财务成本
   C. 管理成本　　　　　　　　　　D. 利润的实现及分配过程

9. 下列各项中,属于间接生产费用的有( )。
   A. 生产产品的原材料费用　　　　B. 生产工人工资
   C. 车间机物料消耗　　　　　　　D. 技术人员工资

10. 下列各项中,属于成本会计的职能的有( )。
    A. 成本计划　　　　　　　　　　B. 成本核算、分析
    C. 成本控制　　　　　　　　　　D. 成本预测、决策

三、判断题

1. 为了正确地计算产品成本,应该正确地划分各种产品的费用界限。 ( )
2. 成本是一个经济范畴,凡是有经济活动的地方,就有成本存在,就应该核算和考核成本。 ( )
3. 制造费用包括直接生产费用和间接生产费用。 ( )
4. 理论成本的内涵,是企业在生产经营过程中所耗费的资金的总和。 ( )
5. 期间费用一般应当分配计入当期产品、劳务的成本。 ( )
6. 按经济用途将费用要素分为生产费用和期间费用。 ( )
7. 产品成本是由费用构成的,因此企业发生的费用就是产品的成本。 ( )
8. 成本会计的监督,包括事前、事中和事后的监督。 ( )
9. 企业生产费用都应直接计入各种产品成本。 ( )
10. 成本会计的各个职能都是建立在成本计划的基础上的。 ( )

四、实训操作

1. 根据下列资料,划分成本、费用及支出,并编制会计分录。
   (1)以银行存款支付办公费、水电费及其他支出等共计 10 500 元。
   (2)支付保险费 9 600 元。
   (3)为希望工程捐款 80 000 元。
   (4)支付借款利息 4 700 元。
   (5)车间固定资产折旧费 7 200 元。
   (6)以银行存款支付劳动保护费 8 500 元。

    (7) 车间管理人员工资 12 500 元。

    (8) 由辅助生产成本(修理费、运输费)转入 10 200 元。

    (9) 购买材料 35 000 元,其中 60% 为生产车间耗用。

    (10) 按车间管理人员工资的 14% 提取福利费。

2. 根据下列资料,划分生产费用和期间费用,并编制会计分录。

    (1) 本月车间计提折旧费 6 200 元,管理部门计提折旧费 3 800 元。

    (2) 短期银行借款利息 3 200 元。

    (3) 支付办公费 6 450 元,其中,车间 2 200 元,厂部 4 250 元。

    (4) 本月应缴房产税、土地使用税和车船使用税共 4 500 元。

    (5) 本月应付职工薪酬共计 74 500 元,其中,基本生产工人工资 12 300 元,车间管理人员工资 33 000 元,行政管理人员工资 29 200 元。

    (6) 耗用原材料 7 1000 元,其中,基本生产车间生产耗用 60 000 元,车间一般耗用 8 100 元,行政管理部门耗用 2 000 元。

    (7) 外购燃料 10 800 元,基本生产车间生产用 8 400 元,行政管理部门耗用 2 400 元。

    (8) 支付广告费 15 500 元。

    (9) 根据国家相关规定,职工福利费、医疗保险费、养老保险费、失业保险费、工伤保险费和生育保险费等分别按照工资总额的 10%、8%、20%、2%、0.8% 和 0.8% 的比例计提。

    (10) 外购动力费用 9 230 元,其中,基本生产车间耗用 3 300 元,车间照明耗用 1 850 元,行政管理部门耗用 4 080 元。

模块二　生产费用的归集与分配方法

 知识目标：

1.了解生产费用以及产品成本核算账户处理程序。

2.掌握材料费用、燃料动力费用、职工薪酬费用、折旧费及其他费用、辅助生产费用、制造费用、可修复和不可修复废品损失及停工损失的归集与分配方法。

3.掌握约当产量法、定额成本法、定额成本比例法等计算完工产品成本的方法。

4.掌握生产费用在完工产品和期末在产品之间合理分配的方法。

 能力目标：

1.能知道生产费用的构成，以及产品成本核算账户处理程序。

2.能根据"领料单""限额领料单""燃料及动力费用分配表""考勤表""工作班产量表""工资结算汇总表""工资费用分配表"等各种原始凭证正确归集发生的各项费用，编写会计分录，并正确登记成本、费用明细账。

3.能够将生产费用在完工产品和期末在产品之间进行合理分配。

 素质目标：

1.培养学生遵守法律、法规和国家统一会计制度的职业素养，能够进行各项要素费用的核算。

2.培养学生的团队精神。

3.培养学生良好的职业态度，做到无旷课无抄袭，认真完成任务。

4.培养学生的敬业精神，做到工作有始有终，能正确面对困难和曲折。

项目一 生产费用概述

任务一 生产费用的内容

产品成本是对象化的费用。因此,为了正确计算产品成本,科学地进行成本管理,必须对企业的费用进行合理的分类,生产企业一般有以下两种分类方法。

一、按生产费用的经济内容或经济性质分类

生产企业发生的各种费用按其经济内容(或性质)划分,主要有劳动对象方面的费用、劳动手段方面的费用和劳动力方面的费用三大类。这三大类构成了生产企业费用的三大要素。为了具体地反映工业企业各种费用的构成和水平,还可以在此基础上进一步划分为以下 9 个费用要素。

1. 外购材料

外购材料是指企业耗用的一切从外部购进的原料及主要材料、半成品、辅助材料、包装物、修理配件和低值易耗品。

2. 外购燃料

外购燃料是指企业耗用的一切从外部购进的各种燃料,包括固体、液体、气体燃料。从理论上说,外购燃料包含在外购材料内,但根据重要性,需要单独核算。

3. 外购动力

外购动力是指企业为了生产产品和提供劳务而耗用的一切由外部购入的电力、蒸汽等各种动力。

4. 职工薪酬

职工薪酬是指企业应计入生产费用的职工工资、福利费等应付职工薪酬。

5. 折旧费

折旧费是指根据企业的固定资产原值,剔除不提折旧的固定资产因素,按照规定的残值率和折旧方法计算提取的折旧费用。固定资产折旧费从固定资产使用月份的次月起,按月计提;停止使用的固定资产,从停用月份的次月起,停止计提。

6. 修理费用

修理费用是指企业对固定资产、低值易耗品的修理维修费用。修理费用一般应计入当期管理费用,如固定资产的修理费用发生不均衡或数额较大的,可采用待摊或预提的方法进行调节。

7. 利息费用

利息费用是指企业向银行等外部单位借款产生的资本成本费用。在损益表中,体现为财务费用。但利息费用不完全等同于财务费用。财务费用包括一些手续费、存款利息所得。期末余额等于借款利息费用减去利息收入的净额。

8. 税金

税金是指企业发生的除企业所得税和允许抵扣的增值税以外的各项税金及其附加。税金通常包括纳税人按规定缴纳的消费税、营业税、城市维护建设税、资源税、教育费附加等，以及发生的土地使用税、车船税、房产税、印花税等。

9. 其他费用

其他费用是指企业为了生产产品和提供劳务而发生的不属于以上费用要素的费用支出，如车间办公费、差旅费、水电费、保险费等。

以上 9 类称为要素费用，按照要素费用分类核算生产企业费用的作用包括：可以反映生产企业在一定时期内发生了哪些费用，金额是多少，据以分析各个时期各种费用的结构和水平。这类分类核算的不足之处包括：不能反映各种费用的经济用途，不便于分析这些费用的支出是否节约、合理。因此，对于生产企业而言，费用还必须按其经济用途进行分类。

二、按生产费用的经济用途分类

生产企业费用按照经济用途分类，可分为计入产品成本的生产费用和不计入产品成本的期间费用。计入产品成本的生产费用按其用途不同，还可以进一步划分为若干个项目，这些项目作为产品成本的构成内容，称为成本项目。成本项目的内容可分为直接材料、直接燃料、直接动力、直接人工、制作费用、废品损失等项目。

1. 直接材料

直接材料是指直接用于产品生产，构成产品实体的原材料、主要材料、燃料以及有助于产品形成的辅助材料。

2. 直接人工

直接人工是指直接从事于产品生产人员的工资和福利费等报酬。

3. 制造费用

制造费用是指直接或间接用于产品生产，但不便于直接计入产品成本，因而没有专设成本项目的费用。这些费用是企业内部各生产单位为组织和管理生产所发生的。

生产费用按照经济用途分类，可以促使企业按经济用途考核各项费用定额或计划的执行情况，并分析费用支出是否合理节约。同时，生产费用按照经济用途分类也是企业按照费用发生的对象进行成本计量的基础。

任务二　产品成本核算的账户设置及账户处理程序

为了归集生产费用，核算产品成本，企业应设置与生产相关的总账账户及必要的明细账户。总账账户一般设置"生产成本"账户，用以核算企业进行产品生产所发生的各项生产费用。为了分别核算基本生产成本和辅助生产成本，还应在总账账户下设立"基本生产成本"和"辅助生产成本"两个二级账户，在二级账户下再按一定要求设置明细账户。

一、"基本生产成本"总账账户及其明细账的设立

基本生产是指为完成企业主要生产目的而进行的产品生产。"基本生产成本"总账账户是为了归集基本生产过程中所发生的各种生产费用和计算基本生产产品成本而设立的。基本生产所发生的各项费用,计入该账户的借方;完工入库的产品成本,计入该账户的贷方;该账户的余额,就是基本生产在成品的成本,即基本生产在产品占用的资金。该账户应按基本生产车间和成本核算对象分设基本生产明细账。账中应按成本项目分别设置专栏或专行,登记该种产品各成本项目的月初在成品成本、本月发生的成本、本月完工产品成本和月末在产品成本。

二、"辅助生产成本"总账账户和其他有关账户的设立

辅助生产是指为基本生产部门、企业管理部门和其他部门提供劳务和产品的生产,如工具、模具、修理用备件等产品的生产和修理、运输等劳务的供应等。辅助生产所发生的各项费用,计入"辅助生产成本"总账账户的借方;完工入库商品的成本或分配转出的劳务费用,计入该账户的贷方;该账户的余额,就是辅助生产产品的成本,即辅助生产在产品占用的资金。"辅助生产成本"总账账户应按辅助生产车间和生产的产品、劳务分设辅助生产成本明细账,账中按辅助生产的成本项目或费用项目分设专栏或专行进行登记。

企业发生的各项生产费用,应按成本核算对象和成本项目分别归集。属于直接材料、直接人工等直接费用,直接计入基本生产成本和辅助生产成本;属于企业辅助生产车间为生产产品提供的动力等直接费用,应在辅助生产成本账户核算后,再转入基本生产成本账户;其他间接费用先在制造费用账户汇集,月度终了再按一定的分配标准分配计入有关的产品成本。

另外,为了归集和分配制造费用,应该设立"制造费用"总账账户;为了归集和结转产品销售费用、管理费用和财务费用,应该分别设置"销售费用""管理费用"和"财务费用"总账账户。企业如果单独核算废品损失和停工损失,还可以增设"废品损失"和"停工损失"总账账户。

三、产品成本核算账户处理程序

产品成本核算账户处理程序实际上表现为整个产品成本形成过程的会计核算步骤,内容非常广泛,因而,需要在讲述成本核算时具体阐述。在讲述成本核算之前,应对成本核算的一般程序有一个总的了解,这里用图形列示其账务处理的基本程序,如图2-1所示。

[例题2-1]　阳光少年书包制造厂的生产步骤如下:

(1)工厂采购的布料通过验收部门验收后送到材料仓库进行储存为生产作准备。

(2)当生产开始的时候,生产人员到材料仓库领用布料投入生产,初加工后产生的在产品入存货仓库,最终完工的产成品入产成品仓库。

(一)直接材料成本

直接材料成本是材料的采购成本,包括材料的买价、运输费用、装卸费用、保险费用、包装费用、仓储费用、运输途中的合理损耗、入库前的调选整理费用以及按规定计入成本

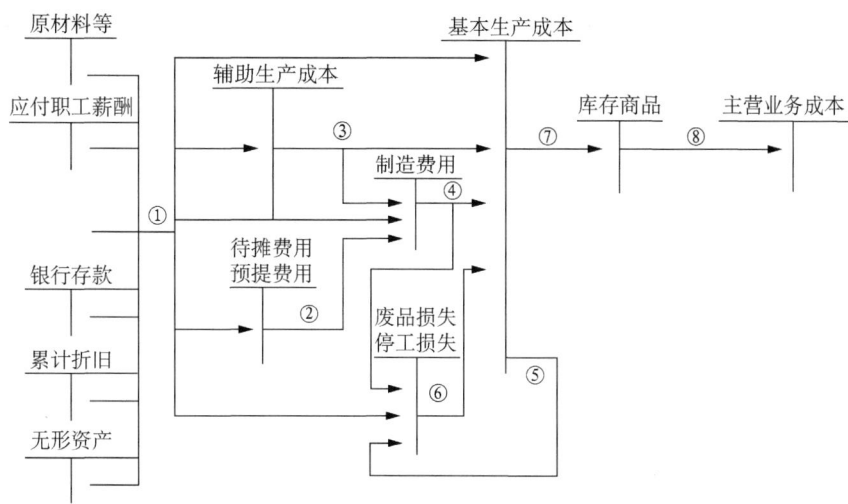

图 2-1　账务处理的基本程序

的税金和其他费用等。

假设阳光少年书包制造厂 2020 年 1 月 1 日直接材料成本为 100 万元,本年度购入的布料采购成本为 150 万元,该年年末结存的直接材料成本为 30 万元,则本年度投入生产的直接材料成本是 220 万元,计算如下:

期初结存直接材料	100 万元
加:本年购入	150 万元
本年可供生产使用的材料	250 万元
减:期末结存的直接材料	30 万元
生产产品耗用的直接材料	220 万元

(二) 在产品存货成本

产品生产过程中,除了耗用直接材料,还要发生人工费用和机器折旧费等其他的间接耗费,这些耗费作为物化劳动和活劳动的价值转移,构成了产品的生产成本。在连续式、大批量生产的企业,生产是不断进行的,这样每个会计报告期末就都会有本期尚未完工的产品,即有期末结存的在产品,因而也就有期初结存的在产品。在产品成本的形成,通过"产品生产成本表"可以得到反映,阳光少年书包制造厂的生产成本表如表 2-1 所示。

表 2-1　阳光少年书包制造厂生产成本表

2021 年 12 月 31 日　　　　　　　　　　　　　　　　　金额单位:万元

项目	金额
年初在产品存货	85
本年度发生的生产成本	
(1) 直接材料	

（续表）

项目	金额
年初结存的原材料成本	100
加:全年购入	150
可供生产耗用的直接材料	250
减:年末结存的原材料成本	30
生产产品中耗用的直接材料	220
（2）直接人工	100
（3）制造费用	80
本年度发生的生产成本合计	400
本年度在产品成本合计	485
减:年末在产品成本	50
本年度产成品成本	435

上表列示了阳光少年书包制造厂本年度所发生的成本,即生产产品中耗用的直接材料成本 220 万元、生产过程中发生的人工成本 100 万元和制造费用 80 万元,这三方面合计耗费 400 万元是该公司本年度全部生产成本。将本年度发生的全部生产成本与年初在产品成本 85 万元相加,得出本年度在产品总成本 485 万元。在年终,企业在产品存货有 50 万元,将其从在产品总成本中减去,得到本年度全部完工产品成本 435 万元。

（三）产成品存货成本

产成品存货表现为企业从投产到本年度末累计可供销售但尚未售出的制成品。也许有人认为,如果生产部门生产完工的产品直接装运给客户,仓库里没有该部分产品的进出,那产成品存货就是从投产到本年度末累计可供销售但尚未售出的制成品,但这是不确切的。因为即使产成品直接发运给客户,存货的实体未通过仓库,会计上还是要反映该批存货的一进一出的。

通过"阳光少年书包制造厂生产成本表"得到该企业本年度生产完工的产品存货成本为 435 万元,该产品存货还不一定是企业全部的可供销售的产成品存货,因为企业一般都会有以前年度生产完工但上年度还没有售出的产成品。假定该企业上年度末有产成品存货 15 万元,则本年度可供销售的产成品存货为 450 万元。这 450 万元存货如果本年度售出去 445 万元,即 445 万元的产成品存货转化为了销货成本,构成了当期损益的一部分;5 万元产成品存货转入下一年,作为下个年度可供销售的产成品存货的一部分。

上面这个简单案例一系列的核算,实际上就表现为整个产品成本形成过程的会计核算步骤。系统的成本会计核算方法将在之后的模块中一一介绍。

材料费用的
归集和分配

项目二 材料费用的归集与分配

任务一 材料费用归集与分配的内容、意义及步骤

一、材料费用归集与分配的内容

材料费用是企业在生产过程中使用材料所发生的费用。材料按其在生产中的用途，可划分为原材料、辅助材料、外购半成品、燃料、修理用备件、包装物、低值易耗品等。在会计核算上相应设置的账户主要有"原材料""周转材料"等。很多企业材料的种类都很繁杂，日常消耗的材料数量也很多，这就要求企业加强对材料消耗的管理，组织好材料核算工作。材料消耗的核算主要包括材料购入和发出成本、材料消耗的数量、材料的使用用途等内容。在材料消耗的核算中，必须分清哪些材料被消耗以及这些材料被应用到哪些方面，并分别计入直接成本、间接成本、期间费用。

在产品成本中，材料费用通常占有较大的比重。由于材料品种、规格繁多，各种材料的作业和使用的部门各不相同；材料是企业流动资产的重要组成部分，需占用较多的资产，它占用资金的多少、周转的快慢对企业的财务状况有较大影响，因此需要对材料费用加强核算与管理。材料费用核算的主要内容是材料费用的归集与分配。在材料的使用过程中，一方面企业要采取适当的方法，将其在各种产品之间进行分配，计算出产品耗用的材料费用，从而正确计算出产品成本。另一方面企业要反映和监督材料采购的预算（计划）制订和执行，以及收发存的情况，对材料成本进行有效的管理和控制。

二、材料费用归集与分配的意义

材料是生产过程中的劳动对象。企业在生产过程中发生的材料费用，首先应按其发生的地点和用途进行归集，然后采用适当的方法进行分配。由于材料费用是产品成本的重要组成部分，加强对材料费用的核算，对于降低产品成本、节约使用资金、加速资金周转等方面，都有着十分重要的作用。

三、材料费用归集与分配的步骤

为了确保材料费用核算的准确性，企业的准备工作步骤包括材料购入、材料入库、材料发出等环节。

（一）材料购入

企业生产经营过程中使用的材料，大多是外购的，材料采购费用的高低直接关系到材料成本的高低。因此，应根据企业生产经营的需要，制订材料采购计划，促使企业按计划进行采购，以降低材料采购成本，并以此来考核采购部门的工作业绩。

（二）材料入库

企业产品的生产过程，也是各种材料的消耗过程。为保证企业生产的正常进行，应库存一定数量的材料。由于库存材料所占用的资金在流动资金中占有较大的比例,因此要做好材料储备的管理工作,实行定额管理,以节约资金、降低材料的储存成本。

(三) 材料发出

材料发出是材料费用核算的重要环节,企业的大部分材料为生产产品所储备,发出材料计价是否准确,费用归集是否合理,直接影响着产品成本计算的正确性。因此,在材料的使用过程中,要制定材料的消耗定额;同时,还应采用适当的方法,在各种产品之间进行分配,计算出产品耗用的材料费用,以正确计算产品成本。

任务二　材料费用的归集

材料费用的归集是进行材料分配的前提和基础,应按照发生的不同地点和用途进行归集。材料费用的归集主要包括以下内容,如图2-2所示。

图 2-2　材料费用的归集

一、领用材料的原始凭证

为了有效地控制生产成本,必须严格办理有关材料领取和退库手续。在领用材料时,必须办理必要的手续,做好相关的原始记录。材料费用的原始记录包括领料单、限额领料单、领料登记表、退料单和材料盘点报告表等。企业生产过程中领用的材料品种多、数量多,应根据领用材料的具体情况,选择采用某一种领料凭证,以明确各单位的经济责任、便于分配材料费用。在领用材料时,应按照规定的手续进行办理。例如,在领料时,应由专人负责,并经有关人员签字审核后,才能办理领料手续;到了月末,将各种领料凭证按车间、部门进行汇总,即可计算出各车间、部门消耗材料的数量和金额;通过编制"材料费用分配表"即可进行材料费用分配的核算。

二、发出材料成本的确定

(一) 发出材料数量的确定

材料发出所记录的原始凭证是领料单、限额领料单或领料登记表,如表2-2、表2-3所示。会计部门应该对发料凭证所列材料的种类、数量和用途等进行审核,检查所领材料的种类和用途是否符合规定,数量有无超过定额或计划。只有经过审核、签章的发料凭证才能据以发料,并作为发料核算的原始凭证。为了更好地控制材料的领发,节约材料费用,企业应该尽量采用限额领料单,实行限额领料制度。

表 2-2　领料单

领料单位：　　　　　　用途：　　　　　　日期：　　　　发料仓库：

材料编号	材料类别	名称	规格	计量单位	数量		成本	
					请领	实发	单价	金额

发料人：　　　　　　领料人：　　　　　　领料单位负责人：　　　　　　主管：

表 2-3　限额领料单

领料单位：　　　　　　　　　材料名称：　　　　　　发料仓库：

计划产量：　　　　　　　　　单位消耗定额：　　　　　编号：

材料编号	材料名称	规格	计量单位	单价	领用限额	全月实用	
						数量	金额

领料日期	请领数量	实发数量	领料人签章	发料人签章	限额结余

供应部门负责人：　　　　　　生产部门负责人：　　　　　仓库管理人员：

在实际生产中,有时车间当月领用的材料月末没有用完并且下月还需继续使用,此时如退料再领必然会浪费人力,而不做退料手续,又会影响到产品成本的核算。在这种情况下,一般采用假退料的办法,即材料仍留在车间,只是在凭证传递上,需填制一张本月份的退料单,表示该项余料已经退库,同时再编制一张下月份的领料单,表示该项余料又作为下月份的材料出库。

一般来说,计量原材料数量的方法有永续盘存制和实地盘存制。

(1)永续盘存制。永续盘存制是一种按存货的品种规格逐一开设明细账,逐笔登记收入数和发出数,并随时得出结存数量的方法。其计算公式如下:

$$期末结存数 = 期初结存数 + 本期增加数 - 本期减少数$$

永续盘存制是通过设置存货明细账,对日常发生的存货增加或减少数量进行登记且必须根据会计凭证在账簿中进行连续登记,并随时在账面上结算各项存货的结存数,定期与实际盘存数对比,确定存货盘盈盘亏的一种制度。采用这种方法时,库存商品明细账卡要按每一品种、规格设置。在明细账卡中,要登记收、发、结存数量,有的还同时登记金额。这种方法不需要通过实地盘点来确定结存数,但为了保证账实相符,仍应对存货进行定期或不定期的盘点清查,每年至少应盘点一次。永续盘存制的优点包括:有利于存货的日常管理与控制,通过存货账簿可以随时了解其收、发、存的情况;可以正确地计算存货的结存成本、发出成本。账面结存数可与盘点数进行核对,便于发现余缺,及时查明原因,做出会计处理,从而可以正确地计算存货的结存成本、发出成本。永续盘存制的缺点包括:明细分类核算的工作量较大,在存货品种规格较多的情况下,如采用期末一次结转发出存货成本的方法,期末工作量也较大。虽然存在缺点,但是由于连续记录法有利于加强存货的管理,因此在会计实务中被广泛采用。

（2）实地盘存制。实地盘存制是每次发出材料时都不做记录,而在期末通过实地盘点确认结存数量以后倒挤出材料发出数量的一种方法。其计算公式如下:

$$期初存货成本＋本期购货成本＝本期领用成本＋期末存货成本$$

或者:

$$本期领用成本＝期初存货成本＋本期购货成本－期末存货成本$$

采用实地盘存制时,对收入的存货应逐笔登记在账中,发出的存货则做记录,期末通过盘点确定出库存存货的实际数量,以存货数量乘以单价,计算出期末存货成本,然后根据期初存货成本、本期购货成本和期末存货成本,计算发出存货的成本。实地盘存制的优点是简化了平时的存货核算的工作量。实地盘存制的缺点包括:加大了期末的工作量;不利于对存货的日常管理和控制,因为在这种方法下,不能随时提供存货的收、发及结存的情况;以盘存成本倒挤发出成本,会掩盖合理损耗和由于管理不善造成的人为损耗等因素,使计算的发出成本不真实。

通过对以上两种方法的介绍,可以看出盘存计算法操作起来比较简单,不需要每天记录材料的减少数。因为该方法可能会由于管理不善、自然灾害等造成材料短缺的同时误以为是正常生产损耗,所以一般只适用于材料管理制度较好的企业。

(二) 发出材料成本的确定方法

发出材料成本由材料的发出数量和材料的发出单价两个方面的因素决定,也就是人们常说的数量与单价相乘。在企业的日常经营活动中,消耗各种材料的种类比较多,企业必须根据不同种类的材料,分别核算采购、领用、退回及盘存情况,并最终确定该种材料的实际消耗数量;每种材料的发出单价,则根据企业所采用的材料核算方法来确定。为了进行材料收、发、结存的明细核算,企业还应该按照材料的品种、规格设置材料明细账。材料收、发、结存的核算包括实际成本计价法和计划成本计价法两种计算方法。

1. 实际成本计价法

采用实际成本计价法核算材料成本的企业,由于每次采购成本不一定相同,在确定发出材料的成本时,根据企业核算和管理的需要,有以下几种核算成本的方法可供选择。

1) 先进先出法

先进先出法是指以先购入的存货应先发出(用于销售或耗用)这样一种存货实物流转假设为前提,对发出材料单位成本进行计价的一种方法。采用这种方法,先购入的存货成本单位在后购入存货成本之前转出,以此确定发出存货和期末存货的成本,并以此类推。具体方法是:企业收入存货时,逐笔登记收入存货的数量、单价和金额;发出存货时,按照先进先出的原则逐笔登记存货的发出成本和结存金额。先进先出法可以随时结转存货发出成本,但较繁琐。如果存货收发业务较多,且存货单价不稳定时,其工作量较大。在物价持续上升时,期末存货成本接近于市价,而发出成本偏低,会高估企业当期利润和库存存货价值;反之,会低估企业存货价值和当期利润。先进先出法的优点是:无须对不同批次的材料成本进行复杂计算后确定发出材料的单位成本,而只需按照购入材料的时间顺序确定材料成本就可以。其缺点是:当遇到材料价格发生较大变动时,先进先出法往往不能及时客观地反映材料的现时成本对产品成本的影响,导致核算结果不能准确反映材料成本的现时水平,进而影响产品定价。

2) 加权平均法

加权平均法也称月末一次加权平均法,是根据期初原材料成本和本月新增材料成本,按其数量的加权平均成本作为发出材料成本的一种计价方法。其计算公式为:

$$发出材料单位成本 = \frac{月初库存材料总成本 + 本月增加材料总成本}{月初库存材料数量 + 本月增加材料数量}$$

加权平均法的优点是:可以有效地减少由于不同批次的材料采购成本的上下波动对产品成本带来的影响;在日常核算中只需核算各种材料的发出数量,月末一次计算发出材料的单位成本和总成本,这样可以大大简化日常材料核算的工作量,简化核算手续。其缺点是:加权平均法将该种材料不同批次的采购成本进行加权平均,不利于反映材料单位成本的变化趋势。

3) 移动加权平均法

移动加权平均法是对发出的材料成本采用移动加权平均法进行计价。对于每购入一个批次的材料,都要按照加权平均法,重新核算原材料的实际成本,登记在材料明细账中,并以此作为发出材料的单位成本。其计算公式为:

$$账面材料的移动加权平均成本 = \frac{结存材料的总成本 + 本批购入材料的总成本}{结存材料数量 + 本批购入材料数量}$$

或:

$$账面材料的加权平均成本 = \frac{结存材料单位成本 \times 结存材料数量 + 本批材料单位成本 \times 本批材料数量}{结存材料数量 + 本批购入材料数量}$$

移动加权平均法的优点是:可以在账面上随时反映原材料的加权平均成本,并能很快确定领用材料的单位成本;有利于及时进行成本核算,避免月末由于集中核算导致材料成本工作出现误差。其缺点是:移动加权平均法下每购入一个新批次的材料都要重新确定原材料成本,这对于日常进货频繁的生产企业来说会造成工作量激增。

4) 个别计价法

个别计价法是指对发出的存货分别认定其单位成本和发出存货成本的方法,它根据实际领用材料的批次作为确定发出材料单位成本的依据。生产领用哪个批次的材料,就以该批次材料购入时的实际成本作为发出材料的单位成本计价。采用这种方法,要求具体存货项目具有明显的标志,而且数量不多、价值较大,如大件、贵重的物品。期末存货的各种项目,分别确定每种物品的单位成本和总成本,然后相加各种存货的成本,即为存货期末全部的成本。在这种方法下,是把每一种存货的实际成本作为计算发出存货成本和期末存货成本的基础。

2. 计划成本计价法

采用计划成本计价法核算材料成本的企业,领用某种材料时,按该种材料的计划成本核算材料费用成本。期末,将该种材料的材料成本差异按实际消耗材料所占比例,分配所应承担的材料成本差异。计划成本法下存货的总分类和明细分类核算均按计划成本计价。因此这种方法适用于存货品种繁多、收发频繁的企业。如果企业的自制半成品、产成品品种繁多的,或者在管理上需要分别核算其计划成本和成本差异的,也可采用计划成本法核算。

$$本月材料成本差异率 = \frac{月初库存材料成本差异 + 本月购进材料成本差异}{月初库存材料计划成本 + 本月购进材料计划成本}$$

$$本月发出材料成本差异 = 本月发出材料计划成本 \times 本月材料成本差异率$$

$$本月发出材料实际成本 = 本月发出材料计划成本 + 本月发出材料成本差异$$

在上述公式中,如果材料成本差异率为负数,则表示实际成本小于计划成本,发出材料的计划成本调整为实际成本时,要由计划成本减去材料成本差异,或者直接以"—"表示,公式不变。调整发出材料成本差异时,不论是超支差异还是节约差异,其账户对应关系相同,区别是超支差异用蓝字登记,节约差异用红字登记。需要注意的是,材料采购入库时,如果是节约差,材料成本差异在贷方登记;如果是超支差,则在借方登记,即"节约在贷方,超支在借方",发出材料时"节约用红字,超支用蓝字"。

计划成本计价法适用于材料品种繁多的生产企业,而对于规模较小、材料品种较少、采购业务不多的生产企业,更适合采用实际成本计价法进行日常核算。企业材料成本核算方法一旦确定,不得随意变更,如需变更,应在会计报表中做变更说明。

任务三 材料费用的分配

生产企业发生的直接材料能够直接计入成本核算对象的,应该直接计入成本核算对象的生产成本;不能直接计入的则应当按照合理的分配标准进行分配后再计入。企业在生产经营过程中领用的各种材料,要根据审核无误后的原始凭证,如领料单、限额领料单等进行汇总,编制"发料凭证汇总表"。不论耗用外购材料还是自制材料,所耗费用的分配,都应根据审核后的领、退料凭证,按材料的具体途径进行分配。材料费用的分配如图 2-3 所示。

图 2-3 材料费用的分配

一、材料费用的分配原则

材料费用的分配是通过编制"材料费用分配表"的方式进行的,而各生产车间和部门的"材料费用分配表"是根据各种领料原始凭证记录编制的。如果多种产品共同耗用某种材料,还应采用适当的分配方法在各种产品之间进行分配,再逐一登记在材料费用分配表中。月末,生产企业在各车间、部门登记的"材料费用分配表"的基础上,还应汇总编制"材料费用汇总分配表",以此进行材料费用分配的总分类核算。在领用材料时,不论材料是按实际成本计价法核算还是按计划成本计价法核算,发出材料核算的顺序都是:①根据各种发料原始凭证编制"材料费用分配表";②根据"材料费用分配表"进行材料费用的分配。在进行材料费用分配时,应注意以下三个原则。

(1) 对用于产品生产并构成产品实体或对有助于产品形成实体的各种材料的分配原则是:直接材料费用直接计入,间接材料费用应采用适当的分配方法,分配计入各成本计算对象的"直接材料"成本项目中。这里适当的分配方法是指所采用的分配方法、分配标准应同各个成本计算对象负担的费用成正比例的因果关系。

(2) 用于产品生产的材料费用,计入产品成本有关的成本项目;用于车间管理、产品销售、组织和管理生产经营活动的材料费用,计入期间费用;用于建造固定资产的材料费用,计入在建工程;用于出租、出售周转材料和出租固定资产所发生的各种维修材料费用,计入其他业务成本。

(3) 在材料费用的分配中,对于直接用于生产各种产品的材料,如果数量较少、金额较小,根据重要性原则,可以采用简化的分配方法,即全部记入"制造费用"账户中,以省去一些复杂的计算分配工作。

二、材料费用的分配对象

在企业的生产活动中要大量消耗各种材料,如各种原料及主要材料、辅助材料及燃料等,它们有的用于产品生产、有的用于车间管理、有的用于维护生产设备以及组织生产等。此外,还有的一部分用于非产品生产。通常情况下,材料费用是按用途、部门和受益对象来分配的,其中应计入产品成本的生产材料,应按照成本项目归集。用于构成产品实体的原料及主要材料和有助于产品形成的辅助材料,记入"生产成本——基本生产成本"账户及其明细账的"直接材料"成本项目;用于辅助生产的材料费用应由辅助产品或劳务承担,记入"生产成本——辅助生产成本"账户及其明细账的有关成本项目;用于维护生产设备和管理生产的各种材料,因不能直接确定由哪种产品或劳务负担的,不能直接记入"生产成本——基本生产成本"或"生产成本——辅助生产成本"账户,应先记入"制造费用"账户进行归集之后,采用适当的分配方法核算分配之后再记入"生产成本——基本生产成本"或"生产成本——辅助生产成本"账户;用于产品销售部门的材料费用,由销售费用负担,记入"销售费用"账户;用于企业行政部门组织和管理生产的材料费用,记入"管理费用"账户等。

三、材料费用的分配方法

对于领用用于生产某一种产品的材料,可采用直接分配法,这种产品和材料一一对应的关系核算比较简单。但是对于几种产品共同耗用的某一种材料的情况,就不能直接计入,而是需要采取分配的方法计入。按分配标准的不同,可以按产品的产量、体积、重量等进行分配,也可以按照材料的消耗定额或者定额费用进行分配。下文为几种常用的分配方法。

按产品产量(体积、重量等)比例分配法是将各种产品的产量、体积、重量等指标作为分配的标准来分配材料费用。如果各种产品共同耗用某种材料,其耗用量与各产品的产量、体积、重量有直接关系,适合采用这个方法。如按重量为标准分配,其计算公式为:

$$材料费用分配率 = \frac{应分配的材料费用总和}{各种产品的重量（产量、体积）}$$

$$某产品应分配的材料费用 = 该产品的重量（产量、体积）\times 材料费用分配率$$

[例题 2-2]　某乳制品企业生产甲、乙两种乳制品,2021 年 3 月共同耗用 A 材料 42 000 千克,单价为 5 元/千克。甲乳品的重量为 4 000 克,乙产品的重量为 6 000 千克。要求:采用产品重量比例分配法分配材料费用。

解:材料费用分配率 $= \dfrac{42\ 000 \times 5}{4\ 000 + 6\ 000} = 21$(元/千克)

甲产品应分配的材料费用 $= 4\ 000 \times 21 = 84\ 000$(元)

乙产品应分配的材料费用 $= 6\ 000 \times 21 = 126\ 000$(元)

1. 定额消耗量比例法

定额消耗量比例法是指以产品材料定额消耗量作为标准分配材料费用的一种方法,它适用于各种材料消耗定额比较健全且相对准确的企业。该方法的计算步骤如下:

(1) 计算各种产品的定额消耗量:

某种产品材料定额消耗量 = 该种产品的实际产量 × 单位该种产品材料消耗定额

(2) 计算材料消耗量的分配率:

$$材料消耗量的分配率 = \frac{需分配的材料消耗费用总额}{各种产品材料定额消耗量之和}$$

(3) 计算某种产品应分配的材料实际消耗量:

某种产品应分配的材料实际消耗量 = 该种产品材料定额耗用量 × 材料消耗量的分配率

(4) 计算某种产品应分配的材料实际消耗量:

某种产品应分配的材料实际消耗量 = 该种产品材料实际消耗量 × 材料单价

其中,单位产品材料消耗定额是指单位产品可以消耗的数量限额,可以根据企业的有关指标确定;定额消耗量是指一定产量下按照单位产品材料消耗定额计算的可以消耗的材料数量。

[例题 2-3]　阳光公司生产甲、乙两种产品,共同耗用 A 材料 4 800 千克,每千克 10 元,共计 48 000 元。本月投产甲产品 1 200 件,每件甲产品消耗 A 材料的定额为 30 千克;本月投产乙产品 800 件,每件乙产品消耗 A 材料的定额为 15 千克。

要求计算甲、乙两种产品分别消耗 A 材料的成本。

解:A 材料费用分配计算如下:

甲产品 A 材料定额消耗量 $= 1\ 200 \times 30 = 36\ 000$(千克)

乙产品 A 材料定额消耗量 $= 800 \times 15 = 12\ 000$(千克)

A 材料消耗量分配率 $= \dfrac{4\ 800}{36\ 000 + 12\ 000} = 0.1$(元/千克)

甲产品应分配 A 材料数量 $= 36\ 000 \times 0.1 = 3\ 600$(千克)

乙产品应分配 A 材料数量 $= 12\ 000 \times 0.1 = 1\ 200$(千克)

甲产品应分配 A 材料费用＝3 600×10＝36 000(元)

乙产品应分配 A 材料费用＝1 200×10＝12 000(元)

上述计算分配过程所提供的资料,可以用于考核原材料消耗定额的执行情况,有利于加强原材料消耗的实物管理,但分配计算的过程较复杂,工作量较大。为了简化计算分配计算的工作量,也可以按原材料定额消耗量比例法直接分配原材料费用,其计算分配的步骤如下:

(1) 计算各种产品原材料定额消耗量。

(2) 计算单位材料定额消耗量应分配的材料费用(即原材料消耗量的费用分配率)。

(3) 计算各种产品应分配的材料实际费用。

沿用[例题 2-3]中的资料,计算分配如下:

甲产品 A 材料定额消耗量＝1 200×30＝36 000(千克)

乙产品 A 材料定额消耗量＝800×15＝12 000(千克)

$$A\text{ 材料费用分配率}=\frac{\text{材料实际费用总额}}{\text{各种产品材料定额消耗量之和}}=\frac{48\ 000}{36\ 000+12\ 000}=1(\text{元/千克})$$

甲产品应分配 A 材料费用＝36 000×1＝36 000(元)

乙产品应分配 A 材料费用＝12 000×1＝12 000(元)

上述两种分配方法计算结果相同,但后一种分配方法不能提供各种产品原材料实际消耗量资料,不利于加强原材料消耗的实物管理。

通过定额消耗量比例法对 A 材料费用进行分配之后,再根据领、退料凭证等原始凭证编制"材料费用汇总分配表",如表 2-4 所示。

表 2-4　材料费用汇总分配表

2021 年 6 月

| 领料单位 | 产量(箱) | 共同耗用材料费用 | | | | 直接材料金额(元) | 合计(元) |
		单位消耗定额(千克/箱)	定额消耗量(千克)	分配率(元/千克)	分配金额(元)		
甲产品	1 200	30	36 000		36 000	126 000	162 000
乙产品	800	15	12 000		12 000	128 000	140 000
小计			48 000	1	48 000	254 000	302 000
供电车间						21 000	21 000
供水车间						35 200	35 200
一车间						8 800	8 800
二车间						8 750	8 750
行政部门						2 560	2 560
合计					48 000	330 310	378 310

根据"材料费用汇总分配表"编制会计分录如下。

借：生产成本——基本生产成本——甲产品　　　　　　　　162 000

　　　　　　　　　　　　　——乙产品　　　　　　　　140 000

　　生产成本——辅助生产成本——供电车间　　　　　　 21 000

　　　　　　　　　　　　——供水车间　　　　　　　　 35 200

　　制造费用——一车间　　　　　　　　　　　　　　　　8 800

　　　　　　——二车间　　　　　　　　　　　　　　　　8 750

　　管理费用　　　　　　　　　　　　　　　　　　　　　2 560

　　贷：原材料——A 材料　　　　　　　　　　　　　　　　　　　378 310

上述会计分录也可以根据发料凭证汇总表编制。但要注意的是有关材料费用分配的会计分录，只能根据这两种凭证中的其中一种凭证编制，且应在企业会计制度中明确规定根据何种凭证编制会计分录，以免重编或漏编。

[例题 2-4] 阳光公司本月生产 A、B 两种产品，共同耗用甲材料 2 000 千克。本月实际产量为：A 产品 200 件，B 产品 100 件。其单位产品材料消耗定额为：A 产品 5 千克，B 产品 8 千克。本月耗用甲材料资料如表 2-5 所示。

表 2-5　本月耗用甲材料资料

日期	项目	数量（千克）	单价（元）
1 日	期初余额	200	30
3 日	购入材料	500	32
5 日	领用材料	300	—
10 日	购入材料	600	35
11 日	领用材料	600	—
12 日	领用材料	100	—
18 日	购入材料	900	30
20 日	领用材料	1 000	—
30 日	期末余额	200	

要求：

(1) 采用全月一次加权平均法计算本月生产领用材料的实际成本。

(2) 采用定额消耗量比例分配法分配甲材料费用（分配率保留两位小数）。

(3) 根据分配结果编制领用材料的会计分录。

解：

(1) 领用材料的平均单价 $= \dfrac{200 \times 30 + 500 \times 32 + 600 \times 35 + 900 \times 30}{200 + 500 + 600 + 900} = 31.82$（元）

领用材料的实际成本 $= 2\,000 \times 31.82 = 63\,640$（元）

(2) A 产品材料定额消耗量 $= 5 \times 200 = 1\,000$（千克）

B 产品材料定额消耗量 $= 8 \times 100 = 800$（千克）

材料费用分配率 $= \dfrac{63\,640}{1\,000 + 800} = 35.36$（元/千克）

A 产品应分配的材料费用 $= 35.36 \times 1\,000 = 35\,360$（元）

B 产品应分配的材料费用＝63 640－35 360＝28 280(元)

(3) 借：生产成本——基本生产成本——A 产品 35 360

         ——B 产品 28 280

   贷：原材料   63 640

2. 定额费用比例法

定额费用比例法是指以定额费用作为分配标准的一种费用分配方法。材料费用定额和材料定额费用是消耗定额与定额消耗量的货币表现。在生产多种产品或多种产品共同耗用多种原材料费用的情况下,可以采用按原材料定额费用比例分配原材料费用,其核算步骤如下:

(1) 计算各种产品材料定额费用。

(2) 计算单位材料定额费用应分配的实际材料费用(即材料费用分配率)。

(3) 计算各种产品应分配的实际材料费用。

其计算公式如下:

某种产品某种材料定额费用 ＝ 该种产品实际产量×单位产品该种材料费用定额

$$材料费用分配率 ＝ \frac{各种材料实际费用总额}{某种产品各种材料定额费用之和}$$

某种产品应分配的材料费用 ＝ 该种产品各种材料定额费用之和×材料费用分配率

[例题 2-5] 恒星公司 2021 年 12 月生产甲、乙两种产品,领用某种原材料 21 780 千克,每千克单价 5 元,原材料费用合计 108 900 元,本月投产的甲产品为 400 件,乙产品为 600 件。甲产品的材料消耗定额为 1.5 千克,乙产品的材料消耗定额为 2 千克。该原材料单位定额为 5.5 元,按材料费用比例法计算。

要求:以产品所耗费的材料定额费用为分配标准,计算甲和乙两种产品应分配的材料费用。

解:甲产品的材料定额消耗量＝400×1.5×5.5＝3 300(千克)

乙产品的材料定额消耗量＝600×2×5.5＝6 600(千克)

材料消耗量分配率 108 900÷(3 300＋6 600)＝11(元/千克)

甲产品分配负担的材料费用＝3 300×11＝36 300(元)

乙产品分配负担的材料费用＝6 600×11＝72 600(元)

甲、乙产品材料费用合计＝36 300＋72 600＝108 900(元)

通过定额费用比例法对原材料费用进行分配之后,编制本月"材料领用汇总表",如表 2-6 所示。

表 2-6 材料领用汇总表

2021 年 12 月   金额单位:元

领料用途	金额
甲产品领用	10 000
乙产品领用	12 000
甲、乙产品共同耗用	108 900
基本生产车间领用	1 500
行政管理部门领用	2 500

(续表)

领料用途	金额
机修 1 车间领用	3 000
机修 2 车间领用	4 000
合 计	101 000

甲、乙两种产品材料消耗定额分别为 1.5 千克和 2 千克,材料单位定额为 5.5 元,共同耗用的材料按定额费用比例法进行分配。根据"材料领用汇总表"编制"材料费用分配表",如表 2-7 所示。

表 2-7　材料费用分配表

2021 年 12 月

应借账户		成本或费用项目	直接计入(元)	间接计入			合计(元)
				定额消耗量(千克)	分配率(元/千克)	分配额(元)	
生产成本——基本生产成本	甲产品	直接材料	10 000	3 300	11	36 300	46 300
	乙产品	直接材料	12 000	6 600	11	72 600	84 600
	小计		22 000	1 800	11	108 900	130 900
生产成本——辅助生产成本	机修 1 车间	直接材料	3 000				3 000
	机修 2 车间	直接材料	4 000				4 000
	小计		7 000				7 000
制造费用	基本生产车间	物料消耗	1 500				1 500
管理费用		物料消耗	2 500				2 500
合计			33 000			108 900	148 900

根据材料费用分配表分配的结果编制会计分录如下。

```
借：生产成本——基本生产成本——甲产品            46 300
              ——乙产品            84 600
    生产成本——辅助生产成本——机修 1 车间            3 000
              ——机修 2 车间            4 000
    制造费用                                     1 500
    管理费用                                     2 500
    贷：原材料                                           148 900
```

外购燃料、
动力费用的
归集与分配

项目三　外购燃料、动力费用的归集与分配

任务一　外购燃料费用的归集与分配

外购燃料是指企业为了进行生产经营而耗用的一切从外单位购进的各种固体、液体

和气体燃料等,如煤、焦炭、石油、汽油、液化气、天然气等。在实际工作中,外购燃料费用的分配是通过"燃料费用分配表"完成的。燃料费用的分配方法与原材料费用分配的方法和程序基本相同。

[例题 2-6] 2021 年 1 月,大成公司生产甲、乙两种产品共耗用燃料 1 860 元,燃料按甲、乙产品的产量比例分配,其中甲产品 36 箱、乙产品 24 箱。另外,该月供热车间耗用燃料 1 640 元。根据资料编制"燃料费用分配表",如表 2-8 所示。

表 2-8 燃料费用分配表

2021 年 1 月

应借账户		成本或费用项目	直接计入费用(元)	分配计入费用			费用合计(元)
一级科目	明细科目			产量(箱)	分配率(元/箱)	分配额(元)	
生产成本——基本生产成本	甲产品	燃料		36		1 116	1 116
	乙产品	燃料		24		744	744
	小计			60	31	1 860	1 860
生产成本——辅助生产成本	供热车间	燃料	1 640				1 640
合计			1 640			1 860	3 500

根据编制好的"燃料费用分配表",编制会计分录如下。

借:生产成本——基本生产成本——甲产品   1 116
                          ——乙产品   744
     生产成本——辅助生产成本——供热车间   1 640
     贷:燃料   3 500

任务二 外购动力费用的归集与分配

一、外购动力费用概述

外购动力费用是指企业从外部购买的各种动力,如电力、热力等所支付的费用。外购动力有的直接用于产品生产,如生产工艺用电力;有的间接用于产品生产,如生产车间或分厂照明用电力;有的则用于经营管理,如企业行政管理部门照明用电力和取暖等。外购动力费用的分配原则是在有仪表记录的情况下,应根据仪表所记录的耗用动力的数量以及动力的单价来核算;在没有仪表的情况下,可按机器功率时数的比例、生产工时的比例或定额消耗量的比例计算分配。以电力费用为例,企业各车间、部门以及车间的产品动力用电和照明用电一般都分别装有电表,因此,它们之间的电费分配应以仪器记录的用电度数为依据进行分配,而车间的产品动力用电一般不按产品分别安装电表,因而车间动力用电费用是在各种产品之间按产品的生产工时比例、机器工时比例、定额耗电量比例或其他标准的比例来计算分配。

生产部门直接用于生产的燃料和动力,直接计入生产成本;生产部门间接用于生产

(如照明、取暖)的燃料和动力,计入制造费用。制造企业内部自行提供燃料和动力的,按照辅助生产费用的分配方法来核算。在实际工作中,因为外购动力费用一般不是在每月月末支付,而是在每月中的某日支付,因此企业所支付的外购动力款先记入"应付账款"账户,月末再分配计入各有关成本、费用账户。这样核算"应付账款"账户时,借方所记本月已付动力费用与贷方所记本月应付动力费用,往往不相等,会导致月末出现余额。如果月末余额在借方,表示本月实际支付的款项大于应付款项;多出部分可以抵冲下月应付费用;如果月末余额在贷方,则表示本月应付款项实际支付款项,构成应付动力费用,可以在下月支付。如果每月支付动力费用的日期基本固定,且每月付款日到月末的应付动力费用金额相差不大时,则各月付款日到月末的应付动力费用可以互相抵消。如果付款时间不影响各月动力费用核算的正确性,也可以不通过"应付账款"账户,而直接借记有关成本、费用类账户,贷记"银行存款"账户。

二、外购动力费用的分配方法

外购动力费用应按用途和使用部门分配。直接用于产品生产的动力费用,应直接记入或分配记入"生产成本——基本生产成本"账户的"燃料及动力费用"成本项目;用于辅助生产的外购动力费用,应记入"生产成本——辅助生产成本"账户的"燃料及动力费用"成本项目;用于照明、取暖等用途的动力费用则按其使用部门分别记入"制造费用""管理费用"和"销售费用"等账户及其所属明细账户。如果企业为单独设置"燃料及动力费用"成本项目,则直接用于产品生产和辅助生产的动力费用,也可以借记"制造费用"及其所属明细账户。动力费用(电力)分配计算公式如下:

$$动力(电力)费用分配率 = \frac{电力费用总额}{各车间、部门动力和照明用电度数之和}$$

$$某车间、部门照明用电力费用 = 该车间、部门照明用电度数 \times 电力费用分配率$$

$$某车间动力(电力)费用 = 该车间动力用电度数 \times 电力费用分配率$$

$$某车间动力(电力)费用分配率 = \frac{该车间动力(电力)费用}{该车间各种产品生产工时(或机器工时)之和}$$

$$某产品分配动力(电力)费用 = 该车间某产品工时(或机器工时) \times 该车间动力(电力)费用分配率$$

[例题 2-7] 宏伟公司 2021 年 1 月耗用外购电力费用 45 900 元,每度 1.8 元。其中,基本生产车间为生产甲、乙两种产品共耗电 18 000 度,基本生产车间照明用电 500 度、供热车间耗用 1 000 度、供电车间耗用 4 000 度、企业行政管理部门耗用 2 000 度。已知甲、乙两种产品的生产工时分别为 12 000 小时和 8 000 小时。

要求:计算甲、乙两种产品分配的耗电量及消耗的电力费用,编制"外购动力费用分配表"和相关会计分录。

解:动力(电力)费用分配率 = $\frac{18\,000}{12\,000 + 8\,000}$ = 0.9(元/度)

甲产品分配的耗电量 = 12 000 × 0.9 = 10 800(度)

乙产品分配的耗电量 = 8 000 × 0.9 = 7 200(度)

甲产品的消耗的电力费用＝10 800×1.8＝19 440(元)

乙产品的消耗的电力费用＝7 200×1.8＝12 960(元)

根据甲、乙两种产品分配的耗电量及消耗的电力费用,编制"外购动力费用分配表",如表2-9所示。

表2-9　外购动力费用分配表

2021年1月

应借账户		成本或费用项目	耗电量分配			外购动力费用合计(元)
一级科目	明细科目		生产工时(小时)	分配率(元/度)	分配耗电量(度)	
生产成本——基本生产成本	甲产品	动力	12 000		10 800	19 440
	乙产品	动力	8 000		7 200	12 960
	小计		20 000	0.9	18 000	32 400
生产成本——辅助生产成本	供热车间	动力			1 000	1 800
	供电车间	动力			4 000	7 200
	小计				5 000	9 000
制造费用					500	900
管理费用					2 000	3 600
合计					25 500	45 900

根据"外购动力费用分配表",编制结转外购动力费用会计分录如下。

```
借：生产成本——基本生产成本——甲产品            19 440
                      ——乙产品            12 960
    生产成本——辅助生产成本——供热车间            1 800
                      ——供电车间            7 200
    制造费用                              900
    管理费用                             3 600
  贷：应付账款/银行存款                         45 900
```

项目四　职工薪酬费用的归集和分配

任务一　职工薪酬的归集

一、职工薪酬的概念

职工薪酬是指企业为获得职工提供的服务或解除劳动关系而给予的各种形式的报酬或补偿。企业提供给职工配偶、子女、受赡养人、已故员工遗属及其他受益人等的福利,也属于职工薪酬。这里所称的"职工",主要包括三类人员:一是与企业订立劳动合同的所有人员,含全职、兼职和临时职工;二是未与企业订立劳动合同,但由企业正式任命的企业治

职工薪酬的概述

理层和管理层人员,如董事会成员、监事会成员等;三是在企业的计划和控制下,虽未与企业订立劳动合同或未由其正式任命,但向企业所提供服务与职工所提供服务类似的人员,也属于职工的范畴,包括通过企业与劳务中介公司签订劳动用工合同而向企业提供服务的人员。

二、职工薪酬的主要内容

(一)短期薪酬

短期薪酬是指企业在职工提供相关服务的年度报告期间结束后 12 个月内需要全部予以支付的职工薪酬,因解除与职工的劳动关系给予的补偿除外。短期薪酬具体包括以下 9 个类别:

1. 职工工资、奖金、津贴和补贴

职工工资、奖金、津贴和补贴是指按照构成工资总额的计时工资、计件工资、支付给职工的超额劳动报酬和增收节支的劳动报酬,为补偿职工特殊或额外的劳动消耗和因其他特殊原因支付给职工的津贴,以及为保证职工工资水平不受物价影响支付给职工的物价补贴等。其中,企业按照短期奖金计划向职工发放的奖金属于短期薪酬,而按照长期奖金计划向职工发放的奖金属于其他长期职工福利。

2. 职工福利费

职工福利费是指企业内设医务室、职工浴室、理发室、托儿所等集体福利机构人员的工资、医务经费和职工因公负伤赴外地就医路费、丧葬补助费、抚恤费、职工异地安家费、防暑降温费、职工生活困难补助、未实行医疗统筹企业职工医疗费用,以及按规定发生的其他职工福利支出。

3. 医疗保险费、工伤保险费等社会保险费

医疗保险费、工伤保险费等社会保险费是指企业按照国家规定的基准和比例计算,向社会保险经办机构缴纳的医疗保险金、养老保险金(包括基本养老保险费补充养老保险费和商业养老保险费)、失业保险金、工伤保险费和生育保险费。根据《企业年金试行办法》《企业年金基金管理试行办法》等相关规定,向有关单位(企业年金基金账户管理人)缴纳的养老保险费为补充养老保险费;以商业保险形式提供给职工的各种保险待遇为商业养老保险费。

4. 住房公积金

住房公积金是指企业按照国家规定的基准和比例计算,向住房公积金管理机构缴存的住房公积金。

5. 工会经费和职工教育经费

工会经费和职工教育经费是指企业为了改善职工文化生活、为职工学习先进技术及提高文化水平和业务素质,用于开展工会活动和职工教育及职业技能培训等相关支出。

6. 短期带薪缺勤

短期带薪缺勤是指职工虽然缺勤但企业仍向其支付报酬的安排,包括年休假、病假、婚假、产假、丧假、探亲假等。长期带薪缺勤属于其他长期职工福利。

7. 短期利润分享计划

短期利润分享计划是指因职工提供服务而与职工达成的基于利润或其他经营成果提

供薪酬的协议。长期利润分享计划属于其他长期职工福利。

8. 非货币性福利

非货币性福利是指企业以自己的产品或外购商品发放给职工作为福利，企业提供给职工无偿使用自己拥有的资产或租赁资产供职工无偿使用，免费为职工提供医疗保险的服务或向职工提供企业支付了一定补贴的商品或服务等。

9. 其他短期薪酬

其他短期薪酬是指除上述薪酬以外的其他为获得职工提供的服务而给予的短期薪酬。

（二）离职后福利

离职后福利是指企业为获得职工提供的服务而在职工退休或与企业解除劳动关系后，提供的各种形式的报酬和福利，短期薪酬和辞退福利除外。企业应当将离职后福利计划分类为设定提存计划和设定受益计划。离职后福利计划，是指企业与职工就离职后福利达成的协议，或者企业为向职工提供离职后福利制定的规章或办法等。其中，设定提存计划，是指向独立的基金缴存固定费用后，企业不再承担进一步支付义务的离职后福利计划；设定受益计划，是指除设定提存计划以外的离职后福利计划。

（三）辞退福利

辞退福利是指企业在职工劳动合同到期之前解除与职工的劳动关系，或者为鼓励职工自愿接受裁减而给予职工的补偿。

（四）其他长期职工福利

其他长期职工福利是指除短期薪酬、离职后福利、辞退福利之外所有的职工薪酬，包括长期残疾福利、长期带薪缺勤、长期利润分享计划等。

三、工资总额的组成

工资总额是指各单位在一定时期内直接支付给本单位全部职工的劳动报酬总额。它包括按计时工资率支付的计时工资、按计件单价支付的计件工资、各种经常性奖金、各种工资性质的津贴，以及按国家规定支付给职工的非工作时间的工资等。根据国家统计局规定，工资总额由以下六个部分组成。

1. 计时工资

计时工资是指按照计时工资标准和工作时间支付给个人的劳动报酬，主要有月薪制、日薪制两种形式。具体包括对已做工作按计时工资标准支付的工资、实行结构工资制的单位支付给职工的基础工资和职务（岗位）工资、新参加工作职工的见习工资、运动员体育津贴等。

2. 计件工资

计件工资是指按产量记录和计件单价进行计算的劳动报酬，包括实行超额累进计件、直接无限计件、限额计件、超定额计件等工资制，按劳动部门或主管部门批准的定额和计件单价支付给个人的工资；按工作任务包干方法支付给个人的工资；按营业额提成或利润提成办法支付给个人的工资。

3. 奖金

奖金是指支付给职工的超额劳动报酬和增收节支的劳动报酬，包括生产奖、节约奖、劳动竞赛奖等。

4. 津贴和补贴

津贴和补贴是指企业为了补偿职工因额外的劳动消耗和其他特殊原因支付给职工的津贴,以及为了保证职工工资水平不受物价影响而支付给职工的物价补贴等。

5. 加班加点工资

在法定节假日期间,用人单位安排劳动者工作的,应支付不低于劳动者工资300%的工资报酬,并不得以调休、补休替代;在休息日期间,安排劳动者工作又不能安排调休或补休的,应支付不低于劳动者工资200%的工资报酬;在工作时延长劳动时间的,应支付不低于劳动者工资150%的工资报酬。

6. 特殊情况下支付的工资

特殊情况下支付的工资包括根据国家法律、法规和政策的规定,因病、工伤、产假、计划生育假、婚丧假、探亲假、定期假、停工学习等,按计时工资标准或计时工资标准的一定比例支付的工资。

不包括在工资总额中的内容如下。

(1)企业支付的有关劳动保险和职工福利方面的各项支出。

(2)企业支付的有关离休、退休职工和退职人员待遇的各种支出。

(3)企业支付的各项劳动保护支出。

(4)企业支付的职工出差伙食补助费、误餐补助、调动工作的差旅费和安家费等。

四、工资费用的原始记录

进行工资费用核算,必须有一定的原始记录作为依据,企业应为每个职工设置工资卡,工资卡内容需包括职工姓名、职务、工资等级、所在车间或部门等。不同的薪酬制度所依据的原始记录不同。计算计时工资费用,应以考勤记录中的工作时间记录为依据;计算计件工资费用,应以产量记录中的产品数量和质量为依据。因此,考勤记录和产量记录是工资费用核算的主要原始记录。

(一)考勤记录

考勤记录是登记职工出勤和缺勤情况的记录,为计时工资计算提供依据。考勤记录的形式主要为考勤表,如表2-10所示。

表2-10　考勤表
年　　月

序号	姓名	出勤和缺勤情况									出勤类别							缺勤类别						备注
		1	2	3	4	5	6	出勤合计	缺勤合计	计时工作	计件工作	中班次数	夜班次数	加班加点	停工	迟到早退	公假	工伤	探亲假	产假	婚丧假	病假	事假	旷工	

（续表）

序号	姓名	出勤和缺勤情况									出勤类别							缺勤类别						备注
		1	2	3	4	5	6	出勤合计	缺勤合计	计时工作	计件工作	中班次数	夜班次数	加班加点	停工	迟到早退	公假	工伤	探亲假	产假	婚丧假	病假	事假	旷工
	合计																							

（二）产量记录

产量记录是登记工人或生产班组在出勤时间内完成产品的数量、质量和耗用时的原始记录。产量记录是计件工资计算的依据，同时也是统计产量和工时的依据。产量记录包括工作通知单、工作班产量表等，工作班产量表如表 2-11 所示。

表 2-11　工作班产量表

年　　　月

工人		工作任务				检查结果											工资		
工号	姓名	等级	产品编号	零件编号	工序	发给加工数量	工时定额	交验数量	合格数量	退修数量	工废数量	料废数量	未加工数量	定额总工时	实际工时	检验员	计件工资	合格品工资	工资合计

五、工资的计算

（一）计时工资制下应付工资的核算

计时工资是指按计时工资标准（包括地区生活费补贴）和实际有效工作时间支付给个人的劳动报酬。计时工资是根据考勤记录登记的每一位职工出勤或缺勤天数，按照规定的工资标准计算的工资。日常核算中通常分为应付工资和实发工资两个方面。计时工资的计算方法有年薪制、月薪制、周薪制、日薪制、钟点工资制等，最常见的是月薪制和日薪制两种方法。应付工资和实发工资的计算公式为：

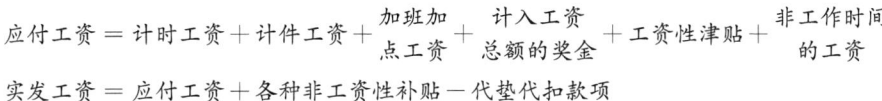

$$应付工资 = 计时工资 + 计件工资 + 加班加点工资 + 计入工资总额的奖金 + 工资性津贴 + 非工作时间的工资$$

$$实发工资 = 应付工资 + 各种非工资性补贴 - 代垫代扣款项$$

1. 月薪制

月薪制是指不论各月日历天数多少，每月的标准工资相同，即在月薪制下，不论当月日历天数多少，只要职工该月出全勤，即可领取固定的月标准工资。其计算公式为：

$$应付计时工资 = 月标准工资 - (事假天数 \times 日工资率 + 病假天数 \times 日工资率 \times 病假扣款率)$$

职工薪酬的计算

或：

$$应付计时工资 = 本月出勤天数 \times 日工资率 + 病假天数 \times 日工资率 \times (1 - 病假扣款率)$$

按照国家法定工作时间的规定，职工每月工作时间为：$\dfrac{365-104-11}{12}=20.83$（天），同时，按照《中华人民共和国劳动法》的规定，法定节假日用人单位应当依法支付工资，即折算日工资、小时工资时不剔除国家规定的 11 天法定节假日。因此，月计薪天数 $=\dfrac{365-104}{12}=21.75$（天），则日工资率的计算公式为：

$$日工资率 = 月标准工资 \div 21.75$$

依照这种方法计算的日工资率不论大小月一律按 21.75 天计算，月内的休息日不付工资，也不扣工资。

对于缺勤的扣款，有不同情况的区别处理。事假和旷工缺勤按 100% 的比例扣发工资；工伤、探亲假、婚丧假、女工产假等缺勤的应按 100% 的比例全额发放工资；对病假或非因工伤缺勤，按国家劳动保险条例的规定，病假在 6 个月以内的应按工龄长短分别计算，支付标准如表 2-12 所示。

表 2-12　病假工资支付标准

工龄	小于 2 年	2～4 年	4～6 年	6～8 年	8 年以上
病假工资占本人标准工资的百分比					

2. 日薪制

日薪制是按职工的实际出勤天数和日标准工资来计算其应得工资的一种方法。临时工一般采用日薪制来计算工资。其计算公式为：

$$应付工资 = 出勤天数 \times 日工资率 + 病假天数 \times 日工资率 \times 病假工资发放率$$

[例题 2-8]　嘉禾公司陈某的月工资标准为 4 350 元，8 月份共 31 天，其中病假 3 天，事假 2 天，休假 11 天（含 3 天节日休假），出勤 15 天。根据陈某的工龄，他的病假工资按工资标准的 90% 计算，且病假和事假期间没有节假日。

要求：采用月薪制计算陈某 8 月份的工资。

解：按 21.75 天计算日工资率为：

$$日工资率 = \frac{4\ 350}{21.75} = 200（元/天）$$

分别按出勤天数和缺勤天数扣除计算如下：

按出勤天数计算的月工资为：应付工资 $= 200 \times (15+3) + 200 \times 3 \times 90\% = 4\ 140$（元）

按缺勤天数扣除缺勤工资计算的月工资为：应付工资 $= 4\ 350 - 200 \times 3 \times 10\% - 200 \times 2 = 3\ 890$（元）

[例题 2-9]　大宇公司李某的月标准工资为 5 220 元。9 月份共 30 天，其中病假 5 天（含休息日 2 天），事假 2 天（不含节假日和休息日），休假 7 天，出勤 16 天，该工人的工龄为 6 年。

要求:按照不同方式计算本月应得工资。

解:按月 30 天月薪制计算:日工资率 $=\dfrac{5\,220}{30}=174$(元/天)

本月应得工资 $=5\,220-174\times5\times(1-80\%)-174\times2=4\,698$(元)

按月 30 天日薪制计算:日工资率 $=\dfrac{5\,220}{30}=174$(元/天)

本月应得工资 $=174\times(16+7)+174\times5\times80\%=4\,698$(元)

按月 21.75 天月薪制计算:日工资率 $=\dfrac{5\,220}{21.75}=240$(元/天)

本月应得工资 $=5\,220-240\times(5-2)\times(1-80\%)-240\times2=4\,596$(元)

按月 21.75 天日薪制计算:日工资率 $=\dfrac{5\,220}{30}=174$(元/天)

本月应得工资 $=240\times16+240\times(5-2)\times80\%=4\,116$(元)

从以上计算结果可以看出,每种方法计算结果都不一样,各有利弊。但无论采用哪一种方法计算工资,都应由企业自行决定,一旦确定,一般不得随意变动。

(二) 计件工资制下应付工资的核算

计件工资是根据产量记录中登记的每一工人完成合格品的数量,乘以规定的计件单价计算而得出的。计件工资分为个人计件工资和集体计件工资两种。这里的产量包括不是由于工人本人过失造成的不合格产品产量。由于工人本人过失造成的不合格产品(如工废产品),不支付工资,有的还应由工人赔偿损失。

1. 个人计件工资的计算

个人计件工资的计算公式为:

$$应付工资 = \sum(月内某种产品的产量 \times 该种产品的计价单价)$$

或:

$$应付工资 = \sum(月内某种产品的产量 \times 该种产品的工时定额 \times 该工人的小时工资率)$$

[例题 2-10]　何某 3 月加工甲产品 600 个,计件单价为 0.8 元;加工乙产品 400 个,计件单价为 1.2 元。月末经检验,甲产品料废 3 个,工废 10 个;乙产品工废 4 个,其余均为合格产品。

要求:计算何某本月应得计件工资额。

解:应付工资 $=(600-10)\times0.8+(400-4)\times1.2=947.2$(元)

2. 集体计件工资的计算

集体计件工资是指以生产班组为计件对象计算的班组集体应得工资总额,它的计算方法与个人计件工资相似,不同之处在于:集体计件工资计算出来后还需采用一定的分配标准在班组成员之间进行分配,以计算出每个班组成员应得工资。由于工人的工资标准一般能体现工人劳动的质量和技术水平,出勤天数一般能体现工人的劳动数量,因此,集体计件工资在集体内各成员之间通常以成员的工资标准与出勤天数的乘积为比例进行分配,有时也可以选择其他适合的标准来分配。在工人技术等级差别较大的情况下,按计件工资或计时工资的比例分配;在工人技术等级差别不大的情况下,按集体职工实际工作天数计算分配。

其中,以计时工资作为分配标准,在小组各成员之间进行分配,其计算公式为:

$$工资分配率 = \frac{小组计件工资总额}{小组计时工资总额}$$

$$个人应得计件工资 = 个人应得计时工资 \times 工资分配率$$

以实际工作小时为分配标准,在小组各成员之间进行分配,其计算公式为:

$$工资分配率 = \frac{小组计件工资总额}{小组实际工作小时合计}$$

$$个人应得计件工资 = 个人实际工作小时 \times 工资分配率$$

[例题 2-11]　A 工厂生产 1 组由陈某、王某和孙某组成,3 人本月共同完成了甲产品的加工任务,共得计件工资 4 460 元。详细资料及工资分配情况如表 2-13 所示。

要求:以计时工作作为分配标准,计算个人应得计件工资。

表 2-13　小组计件工资分配表

部门:生产 1 组　　　　　　　　　　2021 年 7 月　　　　　　　　　　金额单位:元

姓名	小时工资率	实际工作小时	计时工资	计件工资分配率	应得计件工资
陈某	8	100	800		1 624
王某	7	120	840		1 705.2
孙某	6.24	100	560		1 130.8
合计			2 200	2.03	4 460

沿用[例题 2-11]中的资料,小组计件工资分配表如表 2-14 所示。

要求:以实际工作小时作为分配标准,计算个人应得计件工资。

表 2-14　小组计件工资分配表

部门:生产 1 组　　　　　　　　　　2021 年 7 月　　　　　　　　　　金额单位:元

姓名	实际工作小时	计件工资分配率	应得计件工资
陈某	100		1 394
王某	120		1 672.8
孙某	100		1 393.2
合计	320	13.94	4 460

从计时工资和实际工作小时两种分配方法的计算结果能明显看出,以计时工资作为分配标准进行分配,能够体现技术因素,在生产人员技术等级相差悬殊,以及计件工作本身科技含量水平比较高的情况下,体现出工资差距,这种分配比较合理;而按实际工作小时作为分配标准进行分配,技术因素不能体现,在生产人员技术等级差别不大,或者计件工作本身技术性不强的情况下,可以采用此方法。

[例题 2-12]　某制造业企业某工人加工甲、乙两种产品。甲产品单件工时定额为 24 分钟;乙产品单件工时定额为 18 分钟。该工人的小时工资率为 5.2(元/小时),该月加工甲产品 250 件,乙产品 200 件。

要求：

（1）计算甲、乙两种产品的计件工资单价。

（2）按产品产量和计价单价计算其计件工资。

（3）按完工产品的定额工时和小时工资率计算其计件工资。

解：

（1）计件单价：甲产品 $=5.2\times\dfrac{24}{60}=2.08$（元）

$$乙产品=5.2\times\dfrac{18}{60}=1.56（元）$$

（2）按产量和计价单价计算：

该工人月计件工资 $=2.08\times250+1.56\times200=832$（元）

（3）按定额工时和小时工资率计算：

完成的定额工时：甲产品 $=\dfrac{24}{60}\times250=100$（小时）

$$乙产品=\dfrac{18}{60}\times200=60（小时）$$

该工人月计件工资 $=5.2\times(100+60)=832$（元）

（三）加班加点工资的计算

加班加点工资应根据加班天数和加点时数，以及职工个人的日工资率和小时工资率计算。

（四）奖金、津贴等薪酬的计算

（1）奖金一般分为单项奖和综合奖。单项奖按规定的奖励条件和奖金标准，参考有关原始记录进行计算；综合奖一般由所在班组、车间、部门或者公司综合评定。

（2）津贴一般按国家规定的标准和享受条件进行计算。

（五）带薪休假薪酬的计算

职工连续工作满 12 个月以上的，享受带薪年休假，简称年休假。《职工带薪年休假条例》中规定了机关、团体、企业、事业单位等单位职工连续工作 1 年以上，可享受带薪年休假。其中，职工累计工作满 1 年不满 10 年的，年休假 5 天；满 10 年不满 20 年的，年休假 10 天；满 20 年的，年休假 15 天。

（六）探亲假的计算

探亲假，是指与父母或配偶分居两地的职工，每年享有的与父母或配偶团聚的假期。职工享有保留工作岗位和工资，依法探望与自己不住在一起又不能在公休假日团聚的配偶或父母的带薪假期。《国务院关于职工探亲待遇的规定》规定探亲假期可分为以下几种：

（1）探望配偶，每年给予一方探亲假一次，30 天。

（2）未婚员工探望父母，每年给假一次，20 天，也可根据实际情况，2 年给假一次，一次 45 天。

（3）已婚员工探望父母，每 4 年给假一次，20 天。探亲假期是指职工与配偶、父、母团聚的时间，另外，根据实际需要给予路程假。上述假期均包括公休假日和法定节日在内。

（4）凡实行休假制度的职工（例如学校的教职工），应该在休假期间探亲；如果休假期较短，可由本单位适当安排，补足其探亲假的天数。

职工在规定的探亲假期和路程假期内，按照本人的标准工资发放工资。职工探望配偶和未婚职工探望父母的往返路费，由所在单位负担。已婚职工探望父母的往返路费，在本人月标准工资30％以内的，由本人自理，超过部分由所在单位负担。根据以上规定，各省可制定相关细则及执行具体核算办法。

根据以上计算方法和相关规定计算出计时工资、计件工资及奖金、津贴、加班加点工资等数据后，就可以归集计算出职工的应付工资和实发工资。

应付工资计算公式为：

$$应付工资 = 应付计时工资 + 应付计件工资 + 奖金 + 津贴 + 加班加点工资 + 其他$$

企业在实际工作中为了减少现金收付的工作量，同时也便于统计有关收付款项等情况，可从工资中发放福利费、交通补贴、误餐补贴等代发款项，也可从工资中扣除社会保险费个人部分、个人所得税、房租费、托儿费及水电费等代扣款项。

实发工资计算公式为：

$$实发工资 = 应付工资 + 代发款项 - 代扣款项$$

职工薪酬的
汇总与分配

任务二　职工薪酬的分配

一、工资费用的分配

（一）货币性工资费用

为了正确反映企业工资总额的构成，便于进行工资费用的分配工作，会计部门应根据计算出的职工工资，按照车间、部门分别编制"工资结算单"，如表2-15所示，用以反映每一个职工的工资结算情况。在"工资结算单"中需列明每个职工的应付工资、代发代扣款项和实发工资等项目。"工资结算单"是企业与职工进行工资结算的依据，同时也是进行工资费用分配的依据。"工资结算单"通常一式三份：一份发给员工，便于员工核查应得工资和各种代扣代发款项；一份作为人力资源部门进行工资统计的依据；一份经职工签字确认后作为工资结算和付款的原始凭证。同时，为了反映整个企业工资结算情况和支付情况，各车间、部门还应根据"工资结算单"等资料编制"工资结算汇总表"，如表2-16、表2-17所示，工资结算单用来归集人工费用，再根据"工资结算汇总表"编制"工资费用分配表"，进行工资费用的分配。

若生产企业发生的直接人工费用能直接计入成本核算对象，则应当直接计入成本核算对象的生产成本，如果不能直接计入，应当按照合理的分配标准分配。由于工资制度的不同，生产工人工资计入产品成本的方法也不同。在计件工资制下，生产工人工资通常是根据产量凭证计算工资并直接计入产品成本；在计时工资制下，如果只生产一种产品，生产工人工资属于直接费用，可直接计入该种产品成本；几种产品共同负担的生产工人工资应按所生产产品的生产工时(实际工时或定额工时)等分配标准在各产品之间进行分配。账务处理上,按工资的用途分别借记"基本生产成本"账户、"辅助生产成本"账户、"制造费用"账户、"管理费用"账户等;贷记"应付职工薪酬"账户。

按实际工时或定额工时进行工资分配时,其计算公式为:

$$生产工人工资分配率 = \frac{生产工人工资总额}{各种产品生产工时(实际或定额)之和}$$

某产品应分配的工资费用 = 该产品生产工时(实际或定额) × 生产工人工资分配率

表2-15　工资结算单

部门:基本生产车间　　　　　　　　　2021年12月　　　　　　　　　金额单位:元

姓名	岗位	基本工资	奖金	应扣款项		应付工资	代扣款项					实发工资	领款人签章
				病假	事假		养老保险费	医疗保险费	失业保险费	住房公积金	个人所得税		
杨明	生产工人												
王丽	生产工人												
陈辉煌	生产工人												
王远	生产工人												
李欢	生产工人												
小计													
杜鹃	管理人员												
魏薇	管理人员												
郝翔	管理人员												
小计													
合计													

表2-16　工资结算汇总表

2021年12月　　　　　　　　　金额单位:元

车间、部门		基本工资	奖金	应扣款项		应付工资	代扣款项				实发工资
				病假	事假		养老保险费	医疗保险费	失业保险费	住房公积金	
基本生产车间	生产工人										
	管理人员										
小计											

（续表）

车间、部门		基本工资	奖金	应扣款项		应付工资	代扣款项				实发工资
				病假	事假		养老保险费	医疗保险费	失业保险费	住房公积金	
辅助生产车间	供水车间										
	机修车间										
小计											
销售部门											
行政管理部门											
合计											

[例题 2-13] 远洋公司生产甲、乙两种产品，直接计入的工资费用分别为 24 600 元、17 400 元，需要间接工资费用为 186 000 元。根据规定按产品的生产工时比例进行工资费用的分配。已知甲产品的生产工时为 8 000 小时，乙产品的生产工时为 4 000 小时。

要求：计算甲、乙产品的间接工资费用，并编制"工资费用分配表"。

解：生产工人工资分配率 $= \dfrac{186\,000}{8\,000 + 4\,000} = 15.5$（元/小时）

甲产品间接计入工资费用 $= 8\,000 \times 15.5 = 124\,000$（元）

乙产品间接计入工资费用 $= 4\,000 \times 15.5 = 62\,000$（元）

根据工资结算单等有关资料，编制远洋公司的"工资费用分配表"，如表 2-17 所示。

表 2-17 工资费用分配表

编制单位：远洋公司　　　　　　　　　2021 年 8 月　　　　　　　　　金额单位：元

应借科目		成本或费用项目	直接计入	分配计入		工资费用合计
				生产工时	分配金额（分配率 15.5）	
基本生产成本	甲产品	直接工资	24 600	8 000	124 000	148 600
	乙产品	直接工资	17 400	4 000	62 000	79 400
	小计		42 000	12 000	186 000	228 000
辅助生产成本	供电车间	直接工资	18 800			18 800
	供水车间	直接工资	17 850			17 850
	小计		36 650			36 650
制造费用	基本生产一车间	工资	22 500			22 500
	基本生产二车间	工资	21 600			21 600
	小计		44 100			44 100
管理费用		工资	28 400			28 400
销售费用		工资	32 000			32 000
在建工程		工资	17 500			17 500
合计			200 650		186 000	386 650

根据"工资费用分配表",编制会计分录如下。

借:生产成本——基本生产成本——甲产品　148 600
　　　　　　　　　　　　　——乙产品　79 400
　生产成本——辅助生产成本——供电车间　18 800
　　　　　　　　　　　　　——供水车间　17 850
　制造费用——基本生产一车间　22 500
　　　　　　——基本生产二车间　21 600
　管理费用　28 400
　销售费用　32 000
　在建工程　17 500
　　贷:应付职工薪酬——工资　386 650

[例题 2-14]　远洋公司的基本生产车间生产 A、B、C 三种产品,其工时定额为:单件 A 产品 15 分钟,单件 B 产品 18 分钟,单件 C 产品 12 分钟;本月产量为:A 产品 14 000 件,B 产品 10 000 件,C 产品 13 500 件。本月该企业工资总额为:基本生产车间工人计时工资 23 000 元,管理人员工资 1 500 元;辅助生产车间(锅炉车间)工人工资 2 800 元,管理人员工资 1 200 元;企业管理人员工资 2 600 元;生活福利部门人员工资 820 元。

要求:

(1) 按定额工时比例法将基本生产车间工人工资在 A、B、C 三种产品间分配。

(2) 编制工资费用分配的会计分录。

(3) 按工资总额 14% 计提职工福利费。(辅助生产车间的制造费用不通过"制造费用"账户核算,分录列示到明细科目及成本项目)

解:

(1) A 产品的定额工时 $=15\div60\times14\,000=3\,500$(小时)

B 产品的定额工时 $=18\div60\times10\,000=3\,000$(小时)

C 产品的定额工时 $=12\div60\times13\,500=2\,700$(小时)

工资费用分配率 $=\dfrac{23\,000}{3\,500+3\,000+2\,700}=2.5$(元/小时)

A 产品应负担的工资费用 $=2.5\times3\,500=8\,750$(元)

B 产品应负担的工资费用 $=2.5\times3\,000=7\,500$(元)

C 产品应负担的工资费用 $=2.5\times2\,700=6\,750$(元)

(2) 借:生产成本——基本生产成本——A 产品(直接人工)　8 750
　　　　　　　　　　　　　——B 产品(直接人工)　7 500
　　　　　　　　　　　　　——C 产品(直接人工)　6 750
　　生产成本——辅助生产成本——锅炉车间　4 000
　　制造费用——基本生产车间　1 500
　　管理费用　3 420
　　　贷:应付职工薪酬——职工工资　31 920

（3）借：生产成本——基本生产成本——A 产品（直接人工）　　1 225
　　　　　　　　　——B 产品（直接人工）　　1 050
　　　　　　　　　——C 产品（直接人工）　　　945
　　　生产成本——辅助生产成本——锅炉车间　　　　　　　560
　　　制造费用——基本生产车间　　　　　　　　　　　　　210
　　　管理费用　　　　　　　　　　　　　　　　　　　　478.8
　　　贷：应付职工薪酬——职工福利费　　　　　　　　　　　　4 468.8

（二）非货币性工资费用

企业发放给职工的工资为非货币性资产的形式时，应根据非货币性资产的不同性质进行相应的账务处理。

1. 发放给职工

企业以自产产品作为非货币性薪酬发放给职工的，应当根据受益对象，按照该产品的公允价值，计入相关资产成本或当期损益，同时确认应付职工薪酬，记入"生产成本——基本生产成本""生产成本——辅助生产成本""制造费用""管理费用""销售费用"等账户的借方，记入"应付职工薪酬——非货币性福利"账户的贷方。

2. 无偿提供给职工

企业将拥有的房产等资产无偿提供给职工使用的，应当根据受益对象，将该房产每月计提的累计折旧计入相关资产成本或当期损益账户，同时确认应付职工薪酬，记入"生产成本——基本生产成本""生产成本——辅助生产成本""制造费用""管理费用""销售费用"等账户的借方，记入"应付职工薪酬——非货币性福利""累计折旧"等账户的贷方。企业租赁住房等资产提供职工无偿使用时，应根据受益对象，将每月应付的租金计入相关资产成本或当期损益，同时确认应付职工薪酬。

[例题 2-15]　畅达公司于 2021 年 11 月份以其生产的烤箱作为福利发给职工，每台烤箱的生产成本为 320 元，售价 615 元，增值税税率 13%。畅达公司共有职工 100 人，85 人为生产人员，15 人为管理人员。

要求：计算非货币性薪酬，并编制其分配的会计分录。

解：发放时：

借：应付职工薪酬——非货币性薪酬　　　　　　　　　　69 495
　　贷：主营业务收入　　　　　　　　　　　　　　　　　　61 500
　　　　应交税费——应交增值税（销项税额）　　　　　　　7 995

结转商品成本：

借：主营业务成本　　　　　　　　　　　　　　　　　　32 000
　　贷：库存商品　　　　　　　　　　　　　　　　　　　32 000

分配时：

借：生产成本——基本生产成本　　　　　　　　　　　59 070.75
　　管理费用　　　　　　　　　　　　　　　　　　　10 424.25
　　贷：应付职工薪酬——非货币性薪酬　　　　　　　　　69 495

二、社会保险费及住房公积金的分配

国家规定了社会保险费及住房公积金的计提基础和计提比例,企业应当按照国家规定的标准计提缴纳并进行会计处理。以北京市为例,2016 年北京市的养老保险、医疗保险、失业保险、工伤保险、生育保险、住房公积金的单位和个人缴费比例分别是工资基数(缴费基数)的 19% 和 8%,10% 和 2%+3,0.8% 和 0.2%,0.5% 和 0%,0.8% 和 0%,12% 和 12%,各地缴费基数在具体规定上有所不同。按照最新的国家政策,目前的"五险一金"将调整为"四险一金",即将"医疗保险"和"生育保险"合并缴纳,并已经在重庆、内江、昆明、邯郸、晋中、沈阳、合肥、泰州、威海、郑州、岳阳、珠海 12 地开始试点。

[例题 2-16] 喜洋洋公司按照国家规定对养老保险费、医疗保险费、失业保险费、工伤保险费和生育保险费等社会保险,根据职工工资总额分别按照 20%、8%、2%、0.8% 和 0.8% 的比例计提。

要求:编制"社会保险费及住房公积金计算表"和会计分录。

解:根据上述资料,编制社会保险费及住房公积金计算表,如表 2-18 所示。

表 2-18 社会保险费及住房公积金计算表

编制单位:喜洋洋公司　　　　　　　　2021 年 1 月　　　　　　　　金额单位:元

应借科目		计提基数	养老保险费	医疗保险费	失业保险费	工伤保险费	生育保险费	住房公积金	合计
基本生产成本	甲产品	148 600	29 720	11 888	2 972	11 888	11 888	16 346	84 702
	乙产品	79 400	15 880	6 352	1 588	6 352	6 352	8 734	45 258
	小计	228 000	45 600	18 240	4 560	18 240	18 240	25 080	129 960
辅助生产成本	供电车间	18 800	3 760	1 504	376	1 504	1 504	2 068	10 716
	供水车间	17 850	3 570	1 428	357	1 428	1 428	1 963.5	10 174.5
	小计	36 650	7 330	2 932	733	2 932	2 932	4 031.5	20 890.5
制造费用	一车间	22 500	4 500	1 800	450	1 800	1 800	2 475	12 825
	二车间	21 600	4 320	1 728	432	1 728	1 728	2 376	12 312
	小计	44 100	8 820	3 528	882	3 528	3 528	4 851	25 137
管理费用		28 400	5 680	2 272	568	2 272	2 272	3 124	16 188
销售费用		32 000	6 400	2 560	640	2 560	2 560	3 520	18 240
在建工程		17 500	3 500	1 400	350	1 400	1 400	1 925	9 975
合计		386 650	77 330	30 932	7 733	30 932	30 932	42 531.5	220 390.5

根据"社会保险费及住房公积金计算表",编制会计分录如下。

借:生产成本——基本生产成本——甲产品 　　　　　　84 702
　　　　　　　　　　　　　——乙产品 　　　　　　45 258
　　——辅助生产成本——供电车间 　　　　　　10 716
　　　　　　　　　　　——供水车间 　　　　　　10 174.5
　　制造费用——一车间 　　　　　　12 825
　　　　　　——二车间 　　　　　　12 312

管理费用	16 188
销售费用	18 240
在建工程	9 975
贷：应付职工薪酬——养老保险费	77 330
——医疗保险费	30 932
——失业保险费	7 733
——工伤保险费	30 932
——生育保险费	30 932
——住房公积金	42 531.5

三、工会经费、职工教育经费的分配

在税法中规定,企业拨付的工会经费和职工教育经费,分别不超过工资、薪酬总额的2%和2.5%的部分允许税前扣除,超过部分,准予结转以后纳税年度扣除。

沿用[例题2-16]中的资料,喜洋洋公司按照国家税法规定,分别按2%和2.5%计提工会经费和职工教育经费。

要求：编制"工会经费、职工教育经费计提表"和会计分录。

解：根据上述资料,编制"工会经费、职工教育经费计提表"如表2-19所示。

表2-19 工会经费、职工教育经费计提表

编制单位：喜洋洋公司   2021年1月   金额单位：元

应借科目		计提基数	工会经费	职工教育经费	合计
基本生产成本	甲产品	148 600	2 972	3 715	6 687
	乙产品	79 400	1 588	1 985	3 573
	小计	228 000	4 560	5 700	10 260
辅助生产成本	供电车间	18 800	376	470	846
	供水车间	17 850	357	446.25	803.25
	小计	36 650	733	916.25	1 649.25
制造费用	一车间	22 500	450	562.5	1 012.5
	二车间	21 600	432	540	972
	小计	44 100	882	1 102.5	1 984.5
管理费用		28 400	568	710	1 278
销售费用		32 000	640	800	1 440
在建工程		17 500	350	437.5	787.5
合计		386 650	7 733	9 666.25	17 399.25

根据"工会经费、职工教育经费计提表",编制会计分录如下。

借：生产成本——基本生产成本——甲产品	6 687
——乙产品	3 573
——辅助生产成本——供电车间	846
——供水车间	803.25

制造费用——一车间	1 012.5
——二车间	972
管理费用	1 278
销售费用	1 440
在建工程	787.5
贷：应付职工薪酬——工会经费	7 733
——职工教育经费	9 666.25

项目五 其他要素费用的归集和分配

折旧及其他
费用的核算

任务一 折旧费的归集与分配

固定资产在长期使用过程中虽然保持实物形态不变,但是其价值已经随着固定资产的损耗而逐渐减少,这部分由于损耗而减少的价值应该以累计折旧费用的形式计入产品成本或期间费用。账务处理时,应将生产车间使用的固定资产累计折旧计入制造费用,将企业管理部门、销售部门使用的固定资产折旧费计入管理费用、销售费用。固定资产的折旧应按其使用车间、部门等进行汇总,并进行相应的会计处理。通常情况下,企业生产某种产品往往需要使用多种机器设备,而某种机器设备也可能生产多种产品。因此,机器设备的折旧费用虽是直接用于产品生产的费用,但由于交叉使用或共同耗用,属于分配工作比较复杂的间接计入费用。为了简化成本计算工作,没有专门设立成本项目,而是与生产车间的其他固定资产折旧费用一起借记"制造费用"账户,对于企业行政管理部门和专设销售机构的固定资产折旧费用,则分别借记"管理费用""销售费用"等账户,贷记"累计折旧"账户,用来登记固定资产折旧总额。按照企业会计准则的规定,企业应对所有固定资产计提折旧,已提足折旧但仍继续使用的固定资产和单独计价入账的土地除外。在进行固定资产计提折旧时,应注意以下几点:

(1)折旧费用一般不单独设立成本项目,企业各车间、职能部门每月计提的折旧额可按以下公式计算:

$$\frac{某车间(部门)}{本月折旧额} = \frac{该车间(部门)}{上月折旧额} + \frac{该车间(部门)上月}{增加固定资产应提折旧额} - \frac{该车间(部门)上月减少}{固定资产应提折旧额}$$

(2)固定资产应按月计提折旧,当月增加的固定资产当月不计提折旧,从下月起计提折旧;当月减少的固定资产当月照提折旧,从下月起停止计提折旧。固定资产提足折旧后,不论能否继续使用,均不再计提折旧,提前报废的固定资产也不再补提折旧。

(3)在月末,企业会计部门根据各部门、车间固定资产的使用情况和固定资产折旧计提办法编制"固定资产折旧计算表"。折旧费用的分配通常是根据"固定资产折旧计算表"编制"固定资产折旧费用分配表"进行的,并根据"固定资产折旧费用分配表"编制会计分录,登记有关成本、费用账户。

[例题 2-17] 辉煌公司 2021 年 6 月"固定资产折旧费用分配表"如表 2-20 所示,根据表格编制会计分录。

表 2-20　固定资产折旧费用分配表

2021 年 6 月　　　　　　　　　　　　　　　　　　　　金额单位:元

应借科目	使用部门	上月固定资产折旧额	上月增加固定资产应提折旧额	上月减少固定资产应提折旧额	本月固定资产折旧额
制造费用	基本生产车间	23 500	560		24 060
生产成本——辅助生产成本	机修车间	840			840
	蒸汽车间	1 200			1 200
	小计	2 040			2 040
管理费用	厂部	1 020			1 020
销售费用	销售部门	1 530			1 530
合计		28 090	560		28 650

根据"固定资产折旧费用分配表",编制会计分录如下。

```
借:制造费用——基本生产车间                         24 060
   生产成本——辅助生产成本——机修车间                 840
                    ——蒸汽车间                     1 200
   管理费用                                        1 020
   销售费用                                        1 530
   贷:累计折旧                                            28 650
```

任务二　其他费用的归集与分配

其他费用是指除上述各项费用以外的费用,包括差旅费、邮递费、保险费、劳动保护费、报刊费、运输费、办公费、水电费、租赁费、技术转让费、业务招待费、周转材料费用等。费用种类繁多,发生较为频繁,但数额不大。这些费用有的是产品成本,有的则是期间费用的组成部分,即使是应计入产品成本的也没有单独设立成本项目。因此,在发生这些费用时,应该按照发生的车间、部门和用途进行归集和分配。应计入产品成本的费用,在发生时借记"制造费用"账户;辅助生产车间不设制造费用账户的,在发生时记入"生产成本——辅助生产成本"账户;应计入期间费用的,在发生时记入"管理费用""销售费用"等账户,贷记"银行存款"等账户。

[例题 2-18] 腾飞公司 2021 年 8 月"租赁费用分配表"如表 2-21 所示,根据表格编制会计分录。

表 2-21 租赁费用分配表

2021 年 8 月 金额单位:元

应借科目		成本或费用项目	合计
一级科目	明细科目	租赁费	
制造费用	基本生产一车间	4 800	4 800
	基本生产二车间	4 650	4 650
	小计	9 450	9 450
辅助生产成本	供电车间	3 880	3 880
	供水车间	3 800	3 800
	小计	7 680	7 680
销售费用		2 600	2 600
管理费用		3 010	3 010
合计		22 740	22 740

根据"租赁费用分配表",编制会计分录如下。

借:制造费用——基本生产一车间　　　　　　　　　　　4 800

　　　　　　——基本生产二车间　　　　　　　　　　　4 650

　　生产成本——辅助生产成本——供电车间　　　　　　3 880

　　　　　　　　　　　　　　——供水车间　　　　　　3 800

　　管理费用　　　　　　　　　　　　　　　　　　　　3 010

　　销售费用　　　　　　　　　　　　　　　　　　　　2 600

　　贷:银行存款　　　　　　　　　　　　　　　　　　　　22 740

项目六　辅助生产费用的归集与分配

辅助生产费用的归集

任务一　辅助生产费用的归集

　　辅助生产是指为基本生产车间、企业行政管理部门等单位服务而进行的产品生产和劳务供应。辅助生产部门是指为基本生产车间、企业行政管理部门等单位提供服务而进行的生产产品和供应劳务的服务部门,如供电、供水的车间等。辅助生产可提供的产品和劳务,虽然有时也对外销售,但这并不是辅助生产的主要任务,它主要是为本企业服务。辅助生产部门按提供劳务及产品种类的多少可分为两种类型:一种是只生产一种产品或只提供一种劳务的,如供电、供水、供气、供风、运输、机修等,这类辅助生产车间称为单品种辅助生产车间。另一种是生产多种产品或提供多种劳务,如机械制造厂设立的各类模具车间,为基本生产车间生产提供所需的各种工具、模具、修理用备件等,这类辅助生产车间称为多品种辅助生产车间。

　　辅助生产车间所耗费的材料费用、人工费用、动力费用以及辅助生产车间的制造费用等,构成该种产品或劳务的辅助生产成本。对于耗用这些产品或劳务的基本生产车间等部门来说,这些辅助生产的产品和劳务的成本又是一种费用,即辅助生产费用。辅助生产费用归集和分配的方法因辅助生产部门类型不同而不同。生产企业辅助生产部门为生产部门提供劳务和产品而发生的费用,应当参照生产成本项目归集方法,并按照合理的分配标准分配计入各成本核算对象的生产成本。辅助生产部门之间互相提供的劳务、作业成本,应当采用合理的分配方法,进行交互分配。互相提供劳务、作业不多的,可以不进行交互分配,直接分配给辅助生产部门以外的受益单位即可。

　　辅助生产产品和劳务成本的高低,会影响企业产品成本和期间费用的水平。因此,正确、及时地进行辅助生产费用的核算,加强对辅助生产费用的管理,对于正确计算产品成本和各项期间费用,以及节约支出、降低成本有着重要的意义。

　　为了核算辅助生产车间为生产产品或提供劳务而发生的各种费用,辅助生产车间应设置"生产成本——辅助生产成本"账户来归集和分配辅助生产费用。按照先归集、后分配的顺序,归集是为了分配做准备。辅助生产费用的归集和分配,是通过"生产成本——辅助生产成本"账户进行的。"生产成本——辅助生产成本"明细账一般应按照车间以及产品或劳务的种类进行设置,明细账内按照成本项目或费用项目设置专栏,进行明细账分类核算。辅助生产发生的直接材料费用、直接人工费用等,分别根据"材料费用分配表""职工薪酬分配汇总表"和其他有关原始凭证,记入"生产成本——辅助生产成本"账户的借方进行归集;对于直接用于辅助生产产品或提供劳务的费用,应记入"生产成本——辅助生产成本"账户的借方;对于单独设置"制造费用"账户进行制造费用核算的辅助生产车间,发生的制造费用,则应先记入"制造费用——辅助生产车间"账户的借方进行汇总,再从"制造费用——辅助生产车间"账户的贷方直接转入或分配转入"生产成本——辅助生产成本"账户借方及其明细账的借方,计算辅助生产的产品或劳务的成本;对于辅助生产车间规模很小、制造费用很少且辅助生产不对外提供产品和劳务的,为简化核算工作,辅助生产的制造费用也可以不通过"制造费用"账户,而直接记入"生产成本——辅助生产成本"账户,辅助生产车间完工的产品或劳务成本,应从"生产成本——辅助生产成本"账户及其明细账的贷方转出。辅助生产完工的产品或劳务的总成本,经过分配以后从"生产成本——辅助生产成本"账户的贷方转出,期末若有借方余额则为辅助生产的在产品成本。辅助生产成本明细账及辅助生产车间制造费用明细账如表2-22、表2-23所示。

表 2-22　辅助生产成本明细账

辅助车间:供水车间、供电车间　　　　　　　　　2021 年 8 月　　　　　　　　　金额单位:元

| 2020 年 | | 摘要 | 直接材料 | 直接人工 | 燃料及动力 | 制造费用 | 折旧费 | 发生额合计 | | 余额 |
月	日							借方	贷方	
8	31	材料费用分配	3 500					3 500		3 500
	31	职工薪酬费用分配		4 300				4 300		7 800
	31	外购动力费用分配			2 100			2 100		9 900

（续表）

| 2020年 | | 摘要 | 直接材料 | 直接人工 | 燃料及动力 | 制造费用 | 折旧费 | 发生额合计 | | 余额 |
月	日							借方	贷方	
	31	制造费用分配				2 680		2 680		12 580
	31	折旧费用分配					7 600	7 600		20 180
	31	分配转出							20 180	0
	31	本月合计	3 500	4 300	2 100	2 680	7 600	20 180	20 180	0
	31	材料费用分配	3 400					3 400		3 400
	31	职工薪酬费用分配		4 480				4 480		7 880
	31	外购动力费用分配			2 800			2 800		10 680
	31	制造费用分配				3 680		3 680		14 360
	31	折旧费用分配					7 780	7 780		22 140
	31	分配转出							22 140	0
	31	本月合计	3 400	4 480	2 800	3 680	7 780	22 140	22 140	0

表 2-23　辅助生产车间制造费用明细账

辅助车间:机修车间　　　　　　　　2021 年 8 月　　　　　　　　金额单位:元

| 2020年 | | 摘要 | 直接材料 | 直接人工 | 燃料及动力 | 差旅费 | 折旧费 | 租赁费 | 运费 | 发生额合计 | | 余额 |
月	日									借方	贷方	
8	31	材料费用分配	3 200							3 200		3 200
	31	职工薪酬费用分配		3 450						3 450		6 650
	31	外购动力费用分配			2 000					2 000		8 650
	31	差旅费分配				1 800				1 800		10 450
	31	折旧费用分配					4 200			4 200		14 650
	31	租赁费用分配						1 920		1 920		16 570
	31	辅助生产成本分配							1 600	1 600		18 170
	31	分配转出									18 170	0
	31	本月合计	3 200	3 450	2 000	1 800	4 200	1 920	1 600	18 170	18 170	0

任务二　辅助生产费用的分配

通过材料费用、职工薪酬费用、外购燃料动力费用、其他要素费用的分配及辅助生产费用的归集,辅助生产车间发生的各项费用已经全部归集到"生产成本——辅助生产成本"总账及相关明细账中,接下来就是将这些辅助生产成本分配计入各受益对象中。辅助生产成本的分配就是指将辅助生产成本各明细账上所归集的费用,采用某种方法计算出提供的辅助产品或劳务的总成本和单位成本,并按受益对象耗用的数量计入基本生产成本或期间费用的过程。

由于辅助生产车间所生产的产品和劳务的种类不同,费用转出、分配的方法也不同。如果辅助生产车间提供的是产品,如辅助生产车间生产的是工具、模具和修理用的备件等,则应在期末将辅助生产成本在完工产品和在产品之间进行分配,并结转完工产品成本,从"生产成本——辅助生产成本"账户的贷方转入"原材料""周转材料"等账户的借方,其他部门在领用时,则按原材料或低值易耗品的核算方法进行核算。如果辅助生产车间提供的是劳务,如供水、供电、供热、运输等,则须将当期发生的辅助生产费用在各受益部门之间按照所消耗数量或其他标准的比例进行分配,分配后按受益部门不同分别记入不同的成本和费用账户。例如,基本生产车间应分配的辅助生产费用,如果是某一种产品直接耗用的,则直接记入"生产成本——基本生产成本"中该产品的成本明细账制造费用成本项目;如果是多种产品共同耗用的,则先记入"制造费用——基本生产车间"账户,待制造费用归集和分配完成后,再转入基本生产成本项目;如果是行政管理部门耗用的,则记入"管理费用"账户。

如果辅助生产提供的产品和劳务是在某些辅助生产车间之间相互提供产品和劳务的情况,这样就存在一个如何处理辅助生产车间之间费用负担的问题,如供电车间为供水车间提供电力,而供水车间又为供电车间提供水等,为了正确计算辅助生产产品和劳务的成本,在分配辅助生产费用时,应在各辅助生产车间之间进行费用的相互分配,然后才是对外(辅助生产车间以外的各受益单位)分配费用。

综上所述,辅助生产费用的分配是一个较为复杂的过程。为了使分配结果尽量准确,应该在分配时根据各辅助生产部门生产产品的特点以及受益单位提供服务的情况来选用适当的分配方法。辅助生产费用分配的方法主要包括以下五种。

一、直接分配法

直接分配法是指把辅助生产车间所发生的实际费用,在各基本生产车间和行政管理部门之间按其受益数量进行分配,而不考虑各辅助生产车间之间相互提供产品或劳务情况的一种辅助生产费用分配方法。其计算公式为:

辅助生产费用的分配——直接分配法

$$某辅助生产车间费用分配率 = \frac{某辅助生产车间待分配费用总额}{该辅助生产车间对外提供的产品或劳务量}$$

$$某受益对象应负担的费用 = 该受益对象耗用的产品或劳务量 \times 该辅助生产车间费用分配率$$

直接分配方法

直接分配法的特点是辅助生产费用只进行对外分配,计算简单,但分配结果不够准确。直接分配法一般适用于在辅助生产车间内部相互提供产品或劳务不多、不进行费用的分配,对产品成本影响不大的情况。

[例题 2-19]　好运来服饰厂设有供水和供电两个辅助生产车间,主要为本厂基本生产车间和行政管理部门等提供供水和供电服务,根据"生产成本——辅助生产成本"明细账归集的本月辅助生产费用为:供电车间为 68 300 元,供水车间为 33 500 元。该厂本月辅助生产车间提供的产品和劳务供应量汇总表如表 2-24 所示。

要求:采用直接分配法对辅助生产费用进行分配。

表 2-24　好运来服饰厂辅助生产车间劳务供应量汇总表

2021 年 8 月

受益对象(生产车间或者部门)	供电数量(度)	供水数量(吨)
辅助生产车间耗用:		
供电车间耗用		800
供水车间耗用	12 000	
基本生产车间耗用:		
产品车间直接耗用	80 000	6 000
车间一般耗用	12 000	1 000
行政管理部门耗用	8 000	3 000
合计	112 000	10 800

(1) 对外分配费用分配率:

$$供电车间费用分配率=\frac{68\ 300}{112\ 000-12\ 000}=0.683(元/度)$$

$$供水车间费用分配率=\frac{33\ 500}{10\ 800-800}=3.35(元/吨)$$

(2) 将辅助生产费用分配给辅助生产以外的受益对象,各受益对象应负担的电费和水费分别为:

基本生产车间产品生产应负担的电费=80 000×0.683=54 640(元)

基本生产车间一般消耗应负担的电费=12 000×0.683=8 196(元)

行政管理部门应负担的电费=8 000×0.683=5 464(元)

基本生产车间产品生产应负担的水费=6 000×3.35=20 100(元)

基本生产车间一般消耗应负担的水费=1 000×3.35=3 350(元)

行政管理部门应负担的水费=3 000×3.35=10 050(元)

通过以上计算,编制辅助生产费用分配表,如表 2-25 所示。

表 2-25　好运来服饰厂辅助生产费用分配表(直接分配法)

2021 年 8 月

项目	分配电费		分配水费		对外分配金额合计(元)
	数量(度)	金额(元)	数量(吨)	金额(元)	
待分配费用		68 300		33 500	101 800
劳务供应总量	112 000		10 800		
其中:辅助生产以外的单位	100 000		10 000		
费用分配率(单位成本)		0.683		3.35	
受益对象:					
供电车间			800		
供水车间	12 000				
基本生产车间:					
产品生产	80 000	54 640	6 000	20 100	74 740
一般消耗	12 000	8 196	1 000	3 350	11 546

（续表）

项目	分配电费		分配水费		对外分配金额合计（元）
	数量（度）	金额（元）	数量（吨）	金额（元）	
行政管理部门	8 000	5 464	3 000	10 050	15 514
合计	100 000	68 300	10 000	33 500	101 800

（3）根据辅助生产费用分配表，编制分配结转辅助生产费用的会计分录如下。

借：生产成本——基本生产成本　　　　　　　　　　　　　74 740

　　　　制造费用　　　　　　　　　　　　　　　　　　　11 546

　　　　管理费用　　　　　　　　　　　　　　　　　　　15 514

　　贷：生产成本——辅助生产成本——供电　　　　　　　　68 300

　　　　　　　　　　　　　　　　　　——供水　　　　　　33 500

　　从上例可以看到，采用直接分配法分配辅助生产成本，辅助生产车间发生的费用仅对外分配一次，计算程序比较简单，但采用它具有一定的前提，即各辅助生产车间提供的产品或劳务都为基本生产车间和管理部门等耗用。实际上，如果忽略各辅助生产车间相互提供的产品或劳务不进行费用分配，那么计算出来的辅助生产成本就不完整。因此，在各辅助生产车间相互提供产品或劳务的数量较多时，采用直接分配法分配结果的准确性较差。这种方法一般只适用于辅助生产车间之间相互提供产品或劳务较少的情况。

　　［例题 2-20］　某工业企业设有一车间、二车间两个基本生产车间，一车间生产 A、B 两种产品，二车间生产 C 产品，并设有机修和供电两个辅助生产车间。有关资料如表 2-26、表 2-27 所示。

表 2-26　生产费用和劳务供应量

辅助车间	生产费用（元）	劳务供应量
机修	18 000	5 000 小时
供电	90 000	100 000 度

表 2-27　各受益单位耗用劳务情况

受益单位		耗用劳务量	
		修理工时（小时）	用电度数（度）
机修车间			10 000
供电车间		500	
第一车间	A 产品		30 000
	B 产品		24 000
	一般耗用	2 800	9 000
第二车间	C 产品		18 000
	一般耗用	1 500	6 000
企业管理部门		200	3 000
合计		5 000	100 000

要求:根据上述资料,采用直接分配法分配辅助生产费用,编制辅助生产费用分配表和相应会计分录。

解:编制辅助生产费用分配表如表2-28所示。

表2-28　辅助生产费用分配表(直接分配法)　　　　　金额单位:元

分配方向			对外分配		
辅助生产车间名称			机修车间	供电车间	合计
待分配费用			18 000	90 000	108 000
劳务供应数量			4 500	90 000	
单位成本(分配率)			4	1	
辅助车间	机修	耗用数量			
		分配金额			
	供电	耗用数量			
		分配金额			
	金额小计				
基本车间	A产品	耗用数量		30 000	
		分配金额		30 000	30 000
	B产品	耗用数量		24 000	
		分配金额		24 000	24 000
	C产品	耗用数量		18 000	
		分配金额		18 000	18 000
	一车间	耗用数量	2 800	9 000	
		分配金额	11 200	9 000	20 200
	二车间	耗用数量	1 500	6 000	
		分配金额	6 000	6 000	12 000
企业管理部门		耗用数量	200	3 000	
		分配金额	800	3 000	3 800
分配金额合计			18 000	90 000	108 000

根据辅助生产费用分配表,编制相应会计分录如下。

借:生产成本——基本生产成本——A产品　　　　　　　30 000

　　　　　　　　　　　　　——B产品　　　　　　　24 000

　　　　　　　　　　　　　——C产品　　　　　　　18 000

　　制造费用——一车间　　　　　　　　　　　　　20 200

　　　　　　——二车间　　　　　　　　　　　　　12 000

　　管理费用　　　　　　　　　　　　　　　　　　3 800

　　贷:生产成本——辅助生产成本——机修车间　　　　18 000

　　　　　　　　　　　　　　　　——供电车间　　　　90 000

二、交互分配法

交互分配法,是对各辅助生产车间的发生成本费用进行交互(即对内相互交替分配)和对外两次分配的一种辅助生产费用的分配方法。在这种方法下,首先,根据各辅助

辅助生产费用分配方法——交互分配法

生产车间、部门相互提供的产品或劳务的数量和交互分配前的单位成本(费用分配率),在各辅助生产车间之间进行一次交互分配;其次,将各辅助生产车间、部门交互分配后的实际费用(交互分配前的费用加上交互分配后转入的费用,减去交互分配转出的费用),按提供产品或劳务的数量和交互分配后的单位成本(费用分配率),在辅助生产车间、部门以外的各受益单位之间进行分配。虽然计算过程与直接分配法相比更复杂,但分配结果更为准确。其计算公式如下:

(1) 交互分配(第一次分配):

$$某辅助生产车间交互分配费用分配率 = \frac{交互分配前辅助生产车间的待分配费用总额}{该辅助生产车间提供产品或劳务总量}$$

$$某辅助生产车间应负担的费用 = 该辅助生产车间接受的产品或者劳务总量 \times 交互分配费用分配率$$

(2) 对外分配(第二次分配):

$$对外分配费用分配率 = \frac{交互分配前待分配费用总额 + 交互分配转入费用 - 交互分配转出费用}{该生产单位供应给辅助生产以外部门的劳务总量}$$

$$某辅助生产以外部门应负担的费用 = 该生产单位或部门接受的劳务总量 \times 对外分配费用分配率$$

交互分配法的特点是辅助生产费用分配分两次完成,提高了分配的准确性,但同时也加大了分配的工作量。交互分配法一般适用于辅助生产车间之间相互提供劳务较多的企业。若辅助生产车间过多,则不宜采用交互分配法。

[**例题 2-21**] 承接[例题 2-20]提供的好运来服饰厂有关资料,现采用交互分配法进行分配。

解:(1) 计算交互分配费用分配率(单位成本):

$$供电车间交互分配费用分配率 = \frac{68\ 300}{112\ 000} = 0.61(元/度)$$

$$供水车间交互分配费用分配率 = \frac{33\ 500}{10\ 800} = 3.1(元/吨)$$

(2) 计算各辅助生产车间交互分配应分配费用:

供水车间应负担电费 = 12 000 × 0.61 = 7 320(元)

供电车间应负担水费 = 800 × 3.1 = 2 480(元)

(3) 计算对外分配应分配费用总额:

供电车间对外分配应分配费用 = 68 300 + 2 480 - 7 320 = 63 460(元)

供水车间对外分配应分配费用 = 33 500 + 7 320 - 2 480 = 38 340(元)

(4) 计算对外分配的费用分配率:

$$供电车间对外分配费用分配率 = \frac{63\ 460}{112\ 000 - 12\ 000} = 0.6346(元/度)$$

$$供水车间对外分配费用分配率 = \frac{38\ 340}{10\ 800 - 800} = 3.834(元/吨)$$

(5) 将辅助生产费用分配给辅助生产以外的受益对象,各受益对象应负担的电费和水费计算如下：

基本生产车间产品生产应负担的电费＝80 000×0.6346＝50 768(元)

基本生产车间一般消耗应负担的电费＝12 000×0.63＝7 615.2(元)

行政管理部门应负担的电费＝8 000×0.63＝5 076.8(元)

基本生产车间产品生产应负担的水费＝6 000×3.834＝23 004(元)

基本生产车间一般耗用应负担的水费＝1 000×3.834＝3 834(元)

行政管理部门应负担的水费＝3 000×3.834＝11 502(元)

根据上述交互分配和对辅助生产以外单位或部门应分配的金额计算结果,编制的辅助生产费用分配表,如表 2-29 所示。

表 2-29 好运来服饰厂辅助生产费用分配表(交互分配法)

2021 年 8 月

| 项目 | 交互分配 | | | | 对外分配 | | | | 金额合计 (元) |
| | 分配电费 | | 分配水费 | | 分配电费 | | 分配水费 | | |
	数量 (度)	金额 (元)	数量 (吨)	金额 (元)	数量 (度)	金额 (元)	数量 (吨)	金额 (元)	
待分配费用		68 300		33 500		63 460		38 340	101 800
劳务供应总量	112 000		10 800		100 000		10 000		
费用分配率		0.61		3.1		0.63		3.83	
受益对象:									
供电车间			800	2 480					
供水车间	12 000	7 320							
基本生产车间:									
产品生产					80 000	50 768	6 000	23 004	73 772
一般消耗					12 000	7 615.2	1 000	3 834	11 449.2
行政管理部门					8 000	5 076.8	3 000	11 502	16 578.8
合计		7 320		2 480	100 000	63 460	10 000	38 340	101 800

(6) 根据辅助生产费用分配表,编制分配结转辅助生产费用的会计分录如下。

借：生产成本——辅助生产成本——供电   2 480

        ——供水   7 320

 贷：生产成本——辅助生产成本——供电   7 320

        ——供水   2 480

借：生产成本——基本生产成本   73 772

 制造费用   11 449.2

 管理费用   16 578.8

 贷：生产成本——辅助生产成本——供电   63 460

        ——供水   38 340

[例题 2-22] 好运来服饰厂修理车间和运输部门本月有关经济业务汇总如下:修理车间发生费用 35 000 元,提供修理劳务 20 000 小时,其中:为运输部门提供 3 000 小时,

为基本生产车间提供 16 000 小时,为管理部门提供 1 000 小时。运输部门发生费用 46 000 元,提供运输劳务 40 000 千米,其中:为修理车间提供 3 500 千米,为基本生产车间提供 30 000 千米,为管理部门提供 6 500 千米。

要求:采用交互分配法分配修理、运输费用(列示计算分配过程),并编制会计分录(列示明细科目,辅助生产车间不设"制造费用"明细账,分配率保留四位小数,尾差计入管理费用)。

解:(1) 交互分配:

修理车间分配率=35 000÷20 000=1.75(元/小时)

运输部门分配率=46 000÷40 000=1.15(元/千米)

修理车间应负担的运输费用=3 500×1.15=4 025(元)

运输部门应负担的修理费用=3 000×1.75=5 250(元)

(2) 对外分配:

修理车间对外分配费用=35 000+4 025-5 250=33 775(元)

运输部门对外分配费用=46 000+5 250-4 025=47 225(元)

修理车间分配率=33 775÷(20 000-3 000)=1.9868(元/小时)

运输部门分配率=47 225÷(40 000-3 500)=1.2938(元/千米)

基本生产车间应负担修理费用=16 000×1.9868=31 788.8(元)

基本生产车间应负担运输费用=30 000×1.2938=38 814(元)

合计=31 788.8+38 814=70 602.8(元)

管理部门应负担修理费用=33 775-31 788.8=1 986.2(元)

管理部门应负担运输费用=47 225-38 814=8 411(元)

合计=1 986.2+8 411=10 397.2(元)

(3) 根据上述计算结果,编制会计分录如下。

借:生产成本——辅助生产成本——修理	4 025
——运输	5 250
贷:生产成本——辅助生产成本——修理	5 250
——运输	4 025
借:制造费用	70 602.8
管理费用	10 397.2
贷:生产成本——辅助生产成本——修理	33 775
——运输	47 225

与直接分配法比较,交互分配法提高了费用分配结果的正确性,但由于在分配费用时都要计算交互分配和对外分配两个费用分配率,即进行两次分配,因此增加了分配核算的工作量。同时,交互分配的费用分配率是根据交互分配前的待分配费用计算的,因此,分配结果也不准确。在实际工作中,为了简化计算工作,如果各月辅助生产的成本水平相差不大,也可以用上月辅助生产部门该产品或劳务的实际单位成本作为本月交互分配的费用分配率,这样可大大简化工作量。

三、顺序分配法

辅助生产费用的分配——顺序分配法

顺序分配法也称阶梯法,是针对辅助生产车间交互服务量存在一定顺序的企业设计的一种方法。采用这种分配方法时,首先,要根据辅助生产费用分配的顺序,将前者的辅助生产费用分配给后面的辅助生产车间和其他受益部门;其次,将后者的辅助生产费用(原生产费用加上前面辅助车间分配转入的费用)分配给除已分配的辅助生产车间以外的各部门,以此类推,直到最后一个辅助生产车间的生产费用分配完毕。这种分配方法的原理是"从小排到大,向后不向前"。

顺序分配法的特点是:各辅助生产车间确定顺序是按照辅助生产车间受益多少的顺序排列的,即受益少的辅助生产车间排列在前,受益多的辅助生产车间排列在后,先分配的辅助生产车间不负担后分配的辅助生产车间的费用。每个辅助生产车间所分配的辅助生产费用由本车间归集的辅助生产费用再加上其他辅助生产车间分配转来的生产费用组成。

顺序分配法比直接分配法更科学,它不仅反映了辅助生产车间交互服务的关系,并且分配方法也比较简便。但是由于没有全面考虑辅助生产部门之间的交互服务关系,因此分配结果也不够准确。另外,各辅助生产部门费用分配的先后顺序也较难确定,所以这种方法比较适用于辅助生产部门之间交互服务有较明显顺序的单位。其计算公式为:

$$前者的费用分配率=\frac{该辅助生产车间待分配费用}{该辅助生产车间提供的产品或劳务总量}$$

$$后者的费用分配率=\frac{该辅助生产车间待分配费用+从前面辅助生产车间分配转入的费用}{该辅助生产车间提供的产品或劳务总量-为前面辅助生产车间提供的产品或劳务总量}$$

[例题 2-23]　承接[例题 2-20]提供的好运来服饰厂有关资料,现采用顺序分配法进行分配。

解:(1)计算费用分配率:

$$供电车间费用分配率=\frac{68\ 300}{112\ 000}=0.61(元/度)$$

$$供水车间费用分配率=\frac{33\ 500}{10\ 800}=3.102(元/吨)$$

(2)计算受益金额:

供电车间提供劳务即受益对象为供水=12 000×0.61=7 320(元)

供水车间提供劳务即受益对象为供电=800×3.102=2 481.6(元)

(3)根据提供的原始凭证可知,供水车间耗用供电车间的电量较多,而供电车间耗用供水车间的水较少,所以应为先供电车间后供水车间。

(4)先分配供电车间的电费:

供水车间应该负担的电费=12 000×0.61=7 320(元)

基本生产车间产品生产应负担的电费=80 000×0.61=48 800(元)

基本生产车间一般消耗应负担的电费=12 000×0.61=7 320(元)

行政管理部门应负担的电费＝68 300－7 320－48 800－7 320＝4 860(元)

(5) 再分配供水车间的水费：

待分配费用总额＝33 500＋7 320＝40 820(元)

$$费用分配率＝\frac{40\ 820}{10\ 800－800}＝4.082(元/吨)$$

基本生产车间产品生产应负担的水费＝6 000×4.082＝24 492(元)

基本生产车间一般消耗应负担的水费＝1 000×4.082＝4 082(元)

行政管理部门应负担的水费＝40 820－24 492－4 082＝12 246(元)

(6) 根据上述计算结果,编制的辅助生产费用分配表,如表 2-30 所示。

表 2-30　好运来服饰厂辅助生产费用分配表(顺序分配法)
2021 年 8 月

项目	分配电费		分配水费		对外分配金额合计 (元)
	数量 (度)	金额 (元)	数量 (吨)	金额 (元)	
直接费用		68 300		33 500	101 800
待分配费用		68 300		40 820	
劳务供应总量	112 000		10 800		
费用分配率 (单位成本)		0.61		4.082	
受益对象:					
供电车间			800		
供水车间	12 000	7 320			
基本生产车间:					
产品生产	80 000	48 800	6 000	24 492	73 292
一般消耗	12 000	7 320	1 000	4 082	11 402
行政管理部门	8 000	4 860	3 000	12 246	17 106
合计	112 000	68 300	10 800	40 820	101 800

(7) 根据辅助生产费用分配表,编制分配结转辅助生产费用的会计分录如下。

借：生产成本——辅助生产成本——供水　　　　　　　　7 320

　　　　　　　　——基本生产成本　　　　　　　　　73 292

　　管理费用　　　　　　　　　　　　　　　　　　　17 106

　　制造费用　　　　　　　　　　　　　　　　　　　11 402

　　贷：生产成本——辅助生产成本——供电　　　　　　68 300

　　　　　　　　　　——供水　　　　　　　　　　　40 820

辅助生产费
用分配方
法——代数
分配法

顺序分配法与交互分配法相比,核算上更简化。但是由于在前面分配的辅助生产车间费用不负担在后面分配的辅助生产车间费用,其分配结果不如交互分配法准确。顺序分配法只适用于辅助生产车间相互受益程度有明显顺序的企业。

四、代数分配法

代数分配法是将各辅助生产费用的分配率(即单位成本)设为未知数,根据辅助生产车间之间的交互服务关系建立多元一次方程组并求解,再按各受益单位耗用的产品数量或劳务数量和单位成本,分配辅助生产费用的一种方法。采用这种分配方法,首先,应根据各辅助生产车间相互提供产品和劳务的数量,建立联立方程,并计算辅助生产的单位成本;其次,根据各受益单位(包括辅助生产内部和外部各单位)耗用产品或劳务的数量和单位成本,计算分配辅助生产费用。代数分配法的特点是费用分配结果最准确,但在辅助生产车间较多的情况下,假设未知数较多,造成计算工作比较复杂。因此,代数分配法一般适用于会计电算化运用得比较好的企业。

[例题2-24] 承接[例题2-20]提供的好运来服饰厂有关资料,现采用代数分配法进行分配。

解:设好运来服饰厂每度电的成本为 X 元,每吨水的成本为 Y 元,根据已知条件设二元一次方程组如下:

$$\begin{cases} 68\ 300+800Y=112\ 000X \\ 33\ 500+12\ 000X=10\ 800Y \end{cases}$$

此方程组解得 $\begin{cases} X=0.637 \\ Y=3.805 \end{cases}$

由方程解的结果可以得到,好运来服饰厂本月每度电的实际成本为0.637元,每吨水的实际成本为3.805元。

(1)分配供电车间的电费:

供水车间应该负担的电费=12 000×0.637=7 644(元)

基本生产车间产品生产应负担的电费=80 000×0.637=50 960(元)

基本生产车间一般消耗应负担的电费=12 000×0.637=7 644(元)

行政管理部门应负担的电费=8 000×0.637=5 096(元)

(2)分配供水车间的水费:

供电车间应该负担的水费=800×3.805=3 044(元)

基本生产车间产品生产应负担的水费=6 000×3.805=22 830(元)

基本生产车间一般消耗应负担的水费=1 000×3.805=3 805(元)

行政管理部门应负担的水费=3 000×3.805=11 415(元)

(3)根据上述计算结果,编制的辅助生产费用分配表,如表2-31所示。

表2-31 好运来服饰厂辅助生产费用分配表(代数分配法)

2021年8月

项目	分配电费		分配水费		对外分配金额合计(元)
	数量(度)	金额(元)	数量(吨)	金额(元)	
待分配费用		68 300		33 500	101 800
劳务供应总量	112 000		10 800		
费用分配率(单位成本)		0.637		3.805	

（续表）

项目	分配电费		分配水费		对外分配金额合计（元）
	数量（度）	金额（元）	数量（吨）	金额（元）	
受益对象：					
供电车间			800	3 044	
供水车间	12 000	7 644			
基本生产车间：					
产品生产	80 000	50 960	6 000	22 830	73 790
一般消耗	12 000	7 644	1 000	3 805	11 449
行政管理部门	8 000	5 096	3 000	11 415	16 511
合计	112 000	71 344	10 800	41 094	101 800

（4）根据辅助生产费用分配表，编制分配结转辅助生产费用的会计分录如下。

借：生产成本——辅助生产成本——供电　　　　　　　　　　　3 044
　　　　　　　　　　　　　　　——供水　　　　　　　　　　　7 644
　　　　　　　——基本生产成本　　　　　　　　　　　　　　73 790
　　制造费用　　　　　　　　　　　　　　　　　　　　　　11 449
　　管理费用　　　　　　　　　　　　　　　　　　　　　　16 511
　　贷：生产成本——辅助生产成本——供电　　　　　　　　　71 344
　　　　　　　　　　　　　　　　——供水　　　　　　　　　41 094

五、计划成本分配法

计划成本分配法是指把要归集的辅助生产费用，先按确定的计划单位成本与各受益部门的耗用数量进行分配，再将按计划单位成本分配的辅助生产费用与实际发生的辅助生产费用之间的差额，在辅助生产车间以外的受益部门进行分配。计划成本分配法的特点是：首先，根据辅助生产车间提供的产品或劳务总量为条件，按计划单位成本先在包括其他辅助车间在内的各受益单位分配；其次，将辅助生产车间实际发生的费用（辅助生产待分配费用加上辅助生产内部按计划成本交互分配转入的费用）与按计划单位成本分配转出的费用之间的差额，再分配给辅助生产车间以外的各受益部门。在实际工作中，为了简化分配工作，可直接列入"管理费用"，如果是超支差异，借记"管理费用"；如果是节约差异，则贷记"管理费用"。

[例题 2-25]　承接[例题 2-20]提供的好运来服饰厂有关资料，现在假设该厂规定的计划单位成本为每度电 0.64 元，每吨水为 3.8 元。现采用计划成本分配法进行分配。

（1）按计划成本将辅助生产费用分配给全部受益对象，分配结果如表 2-32 所示。

辅助生产费用分配方法——计划成本分配法

表 2-32　好运来服饰厂辅助生产费用分配表(计划成本分配法)

项目	按计划成本分配				成本差异分配(元)		对外分配金额(元)
	分配电费		分配水费		供电车间	供水车间	
	数量(度)	金额(元)	数量(度)	金额(元)			
待分配费用		68 300		33 500			101 800
劳务供应总量	112 000		10 800				
计划单位成本		0.64		3.8			
受益对象:							
供电车间			800	3 040			
供水车间	12 000	7 680					
基本生产车间:							
产品生产	80 000	51 200	6 000	22 800			74 000
一般消耗	12 000	7 680	1 000	3 800			11 480
行政管理部门	8 000	5 120	3 000	11 400	−340	140	16 320
合计	112 000	71 680	10 800	41 040	−340	140	101 800

(2) 计算辅助生产车间产品和劳务成本差异:

供电车间实际总成本=68 300+3 040=71 340(元)

按计划单位成本分配转出的费用=112 000×0.64=71 680(元)

成本差异(节约)=71 340−71 680=−340(元)

供水车间实际总成本=33 500+7 680=41 180(元)

按计划单位成本分配转出的费用=10 800×3.8=41 040(元)

成本差异(超支)=41 180−41 040=140(元)

(3) 根据辅助生产费用分配表,编制分配结转辅助生产费用的会计分录如下。

借:生产成本——辅助生产成本——供电　　　　　　　　3 040

　　　　　　　　　　　　　　——供水　　　　　　　　7 680

　　　　　　　　——基本生产成本　　　　　　　　　74 000

　　制造费用　　　　　　　　　　　　　　　　　　　11 480

　　管理费用　　　　　　　　　　　　　　　　　　　16 520

　　贷:生产成本——辅助生产成本——供电　　　　　　71 680

　　　　　　　　　　　　　　　——供水　　　　　　41 040

(4) 根据辅助生产车间产品和劳务成本差异的计算结果,编制分配结转辅助生产车间产品和劳务成本差异的会计分录如下。

借:生产成本——辅助生产成本——供电　　　　　　　　340

　　贷:管理费用　　　　　　　　　　　　　　　　　　200

　　　　生产成本——辅助生产成本——供水　　　　　　140

计划成本分配法,按照预先规定的产品和劳务的计划单位成本,来分配各种辅助生产费用且只分配一次,简化了成本计算和分配工作。同时,通过计算和分配辅助生产车间的成本差异,可以发现辅助生产车间成本计划的完成情况;辅助生产费用按计划单位成本分配给各受益单位和部门,排除了辅助生产单位费用超支和节约的影响,也便于考核和分析各受益单位和部门的管理责任。

项目七　制造费用的归集与分配

任务一　制造费用的归集

制造费用是指企业生产部门为生产产品或提供劳务而发生的、应计入产品成本但没有专设成本项目的各项生产费用。

制造费用大多属于间接生产费用,如机物料消耗费、生产工人的劳动保护费、车间机器设备折旧费、季节性停工的停工损失费、劳动保护费、房屋建筑物等的折旧费、保险费,以及租赁费等。制造费用中有一些虽然用于直接生产,但管理上不要求或核算上不必要单独核算的制造费用,没有设专门的成本项目。例如,专为某一产品生产而使用的设备所发生的折旧费、保险费、租赁费以及图纸设计费用等。此外,属于车间用于组织和管理生产所发生的制造费用,这些费用有着属于管理费用账户的性质,但由于它们是生产车间发生的管理费用,并且是为生产车间服务的,应当作为制造费用进行核算,如车间管理人员薪酬、车间管理用房屋的照明费、水费、办公费、差旅费等。如果企业的组织机构分为车间、部门、分厂等若干层次,企业的分厂与生产车间相似,也是企业的生产部门,那么企业发生的用于组织和管理生产的费用,也作为制造费用核算。制造费用大多与产品的生产流程没有直接联系,并且都是间接计入,不应当按照产品种类来制定发生定额,而应按照车间、部门或者费用项目,以年度、季度、月度编制制造费用计划表来加以控制。企业应该通过制造费用的归集和分配,反映和监督制造费用计划的执行情况,并将费用正确、及时地计入各有关产品的成本。

企业发生的制造费用是通过"制造费用"账户按用途和发生的地点进行归集和分配的。该科目应按车间、部门设置明细账,明细账按照职工薪酬、机物料消耗费、折旧费、租赁费、低值易耗品摊销、保险费、劳动保护费、水电费、取暖费、运输费、差旅费、在产品盘亏、办公费以及停工损失费等明细项目设专栏,分别反映各车间、部门的制造费用发生的情况和分配转出情况。借方反映费用的归集,贷方反映费用的分配,月末分配后一般无余额。制造费用发生时,根据有关的付款凭证、转账凭证和各种费用分配表等资料,借记"制造费用"账户,分别贷记"银行存款""原材料""应付职工薪酬""累计折旧"等账户。期末按照生产工时等一定标准进行分配,借记"生产成本——基本生产成本"等账户,贷记"制造费用"账户。除季节性生产的车间外,"制造费用"账户期末一般无余额。这里要注意,如果辅助生产车间的制造费用是通过"制造费用"账户单独核算的,则应按照基本生产车间发生的费用核算;如果辅助生产车间的制造费用不通过"制造费用"账户单独核算,则应全部记入"生产成本——辅助生产成本"账户及其明细账的有关成本或费用项目。

任务二　制造费用的分配

为了正确计算产品的生产成本,在会计期末时必须将制造费用合理地分配到有关产品的成本中去。制造费用的分配方法很多,由于各车间和分厂制造费用消耗不同,因此制造费用应该按照各车间和分厂分别进行分配,而不能将全部的制造费用在一个企业中整体进行分配。如果一个车间只生产一种产品,那么所发生的制造费用可直接计入该种产品的成本;在车间中生产的是多种产品,对于制造费用中的直接费用也应直接计入各种产品的生产成本,对于制造费用中的间接费用则应采用适当的分配方法,在各种产品之间进行分配;季节性生产企业在停工期间发生的制造费用,应当在开工期间进行合理分摊,与开工期间发生的制造费用,一并计入产品的生产成本。对于不能直接归属于成本对象的费用,制造企业可以根据自身生产经营特点,采用作业成本法等先进成本管理方法进行归集和分配。制造费用的分配过程分为以下两个阶段。

一、分配基本生产的制造费用

先将"制造费用——基本生产车间"账户的借方归集全部的制造费用,再分配结转基本生产的制造费用,即借记"生产成本——基本生产成本"账户,贷记"制造费用——基本生产制造费用"账户。同时,还要登记对应的明细账。例如,分配基本生产成本负担的制造费用,一方面要登记有关的产品成本明细账的"制造费用"成本项目(转入数);另一方面要登记有关的制造费用明细账(转出数)。

二、分配辅助生产的制造费用

先将辅助生产的制造费用通过"制造费用"账户核算,该账户应按基本生产成本和辅助生产成本分设明细账,并先分配结转辅助生产的制造费用,即借记"生产成本——辅助生产成本"账户,贷记"制造费用——辅助生产制造费用"账户。"生产成本——辅助生产成本"账户的借方归集全部辅助生产费用,其中直接用于产品生产、专设成本项目的费用,借记"生产成本——基本生产成本"账户,为基本生产提供劳务但未专设成本项目的费用,借记"制造费用——基本生产车间"账户,用于其他方面的辅助生产费用,应分别借记"管理费用""销售费用"和"在建工程"等账户,分配之后转出的辅助生产费用,应贷记"生产成本——辅助生产成本"账户。辅助生产的制造费用如果不通过"制造费用"账户核算,则不需要单独进行辅助生产制造费用归集和分配的核算。

企业要结合自己的实际情况选择合理的分配方法,一经确定,不得任意更改。制造费用的分配方法很多,通常采用的包括以下四种。

(一) 生产工人工时比例分配法

生产工人工时比例分配法,是以各种产品消耗的生产工人工时作为分配标准来分配制造费用的方法。这种方法将产品负担的制造费用与工人工作效率结合起来,使分配结果比较合理,企业多用此方法。其计算公式如下:

$$制造费用分配率 = \frac{待分配的制造费用总额}{各种产品的生产工时总和}$$

$$某种产品应负担的制造费用 = 该种产品的生产工时 \times 制造费用分配率$$

按生产工人工时比例分配法分配制造费用,既可以用各种产品耗用的实际生产工时,也可以在定额工时比较准确的前提下按定额工时的比例分配。其计算公式如下:

$$制造费用分配率 = \frac{待分配的制造费用总额}{车间产品定额工时总额}$$

$$某种产品应分配的制造费用 = 该种产品定额工时 \times 制造费用分配率$$

[例题 2-26] 远洋户外用品公司 2021 年 8 月基本生产车间发生的制造费用总额为 250 000 元,基本生产车间生产甲产品的生产工时为 11 500 小时,生产乙产品的生产工时为 8 500 小时。

要求:按生产工人工时比例分配法分配制造费用。

解:(1)制造费用计算分配如下:

$$制造费用分配率 = \frac{250\ 000}{11\ 500 + 8\ 500} = 12.5(元/小时)$$

甲产品应分配制造费用 = 11 500 × 12.5 = 143 750(元)

乙产品应分配制造费用 = 8 500 × 12.5 = 106 250(元)

(2)按生产工人工时比例分配法分配制造费用,编制分配表如表 2-33 所示。

表 2-33 制造费用分配表

车间名称:基本生产车间   2021 年 8 月   金额单位:元

产品名称	生产工时(小时)	分配率(元/小时)	分配金额
甲产品	11 500		143 750
乙产品	8 500		106 250
合计	20 000	12.5	250 000

(3)根据制造费用分配表,编制会计分录如下。

借:生产成本——基本生产成本——甲产品   143 750

                     ——乙产品   106 250

   贷:制造费用   250 000

[例题 2-27] 远洋户外用品公司 2021 年 9 月基本生产车间发生的制造费用总额为 270 000 元,基本生产车间生产甲产品的定额工时为 10 500 小时,生产乙产品的定额工时为 9 500 小时。

要求:按生产工人工时比例分配法分配制造费用。

解:(1)制造费用计算分配如下:

$$制造费用分配率 = \frac{270\ 000}{10\ 500 + 9\ 500} = 13.5(元/小时)$$

甲产品应分配制造费用 = 10 500 × 13.5 = 141 750(元)

乙产品应分配制造费用 = 9 500 × 13.5 = 128 250(元)

(2)按定额工时分配法分配制造费用,编制分配表如表 2-34 所示。

表 2-34 制造费用分配表

车间名称:基本生产车间   2021 年 9 月   金额单位:元

产品名称	定额工时(小时)	分配率(元/小时)	分配金额
甲产品	10 500		141 750
乙产品	9 500		128 250
合计	20 000	13.5	270 000

（3）根据制造费用分配表,编制会计分录如下。

借:生产成本——基本生产成本——甲产品 141 750

　　　　　　　　　　——乙产品 128 250

　贷:制造费用 270 000

在采用生产工人工时比例分配法分配制造费用时要注意,由于生产工时是分配间接费用常用的分配标准之一,因此必须正确记录产品的生产工时。

[例题 2-28]　远洋户外用品公司在生产甲、乙、丙三种产品时,发生制造费用 56 000 元。根据资料统计提供的生产工时如下:甲产品生产工时 20 000 小时;乙产品生产工时 14 000 小时;丙产品生产工时 30 000 小时。

要求:

（1）按生产工时比例分配法分配制造费用。

（2）编制结转制造费用的会计分录(列示明细科目)。

解:

（1）制造费用分配率＝56 000÷(20 000＋14 000＋30 000)＝0.875(元/小时)

甲产品应分配的制造费用＝20 000×0.875＝17 500(元)

乙产品应分配的制造费用＝14 000×0.875＝12 250(元)

丙产品应分配的制造费用＝30 000×0.875＝26 250(元)

（2）根据以上计算结果,编制会计分录如下。

借:生产成本——基本生产成本——甲产品 17 500

　　　　　　　　　　——乙产品 12 250

　　　　　　　　　　——丙产品 26 250

　贷:制造费用 56 000

（二）生产工人工资比例分配法

生产工人工资比例分配法是指以各种产品所消耗的生产工人实际工资的比例作为分配标准来分配制造费用的方法。这种核算方法简便易操作,但只能用于各种产品机械化水平相差不大的企业。如果各种产品的机械化程度差异过大,则会造成机械化程度低、少使用或不使用机器的产品,其生产工人工资费用就会较高,进而更多负担制造费用;相反机械化程度高的产品,其人工成本较低,就会少负担制造费用,最终造成使用机器多的产品负担较少折旧费,而使用机器少的产品负担较多折旧费的不合理现象。其计算公式如下:

$$制造费用分配率＝\frac{待分配的制造费用总额}{各种产品的生产工人工资总和}$$

$$某种产品应负担的制造费用＝该种产品生产工人实际工资×制造费用分配率$$

由于生产工人工资的资料容易取得,核算工作简单,这种分配方法很简便。该分配方法与生产工时比例分配法原理基本相同,即在这种方法下生产工人的实际工资就是分配制造费用的分配标准,以此来计算分配率,进而分配制造费用。

[例题 2-29]　远洋户外用品公司基本生产车间生产甲、乙两种产品,2021 年 10 月发生制造费用 79 200 元。该月生产甲、乙两种产品生产工人的工资分别为甲产品 48 000 元、乙产品 42 000 元。

要求:采用生产工人工资比例分配法分配制造费用。

解:(1)制造费用计算分配如下:

$$制造费用分配率=\frac{79\ 200}{48\ 000+42\ 000}=0.88(元/小时)$$

甲产品应分配制造费用=48 000×0.88=42 240(元)

乙产品应分配制造费用=42 000×0.88=36 960(元)

(2)按生产工人工资比例分配法分配制造费用,编制分配表如表2-35所示。

表2-35 制造费用分配表

车间名称:基本生产车间　　　　　　　　2021年10月　　　　　　　　　金额单位:元

产品名称	生产工资	分配率	分配金额
甲产品	48 000		42 240
乙产品	42 000		36 960
合计	90 000	0.88	79 200

(3)根据制造费用分配表,编制会计分录如下。

借:生产成本——基本生产成本——甲产品　　　　　　　42 240

　　　　　　　　　　　　　——乙产品　　　　　　　36 960

　贷:制造费用　　　　　　　　　　　　　　　　　79 200

(三)机器工时比例分配法

机器工时比例分配法是按照各种产品所用机器设备运转工时(时间)的比例来分配制造费用的一种方法。这种方法适用于机械化程度较高的车间,因为在这种车间中,设备的折旧费用、维护费用等的量与设备运转的时间有着紧密的联系。采用这种方法,必须组织好各种产品所消耗机器工时的记录工作,以确保工时的准确性。该方法的核算程序与生产工时比例分配法基本相同。为了提高分配结果的准确性,可以将机器设备划分为若干种类,按其类别归集和分配制造费用;也可以将制造费用按性质和用途分类,分别采用适当的方法分配制造费用。

[例题2-30] 远洋户外用品公司基本生产车间生产甲、乙两种产品,2021年11月发生制造费用89 200元。其中,生产甲产品耗用的机器工时为10 000小时,生产乙产品耗用的机器工时为14 000小时。

要求:采用机器工时比例分配法分配制造费用。

解:(1)制造费用计算分配如下:

$$制造费用分配率=\frac{89\ 200}{10\ 000+14\ 000}=3.72(元/小时)$$

甲产品应分配制造费用=10 000×3.72=37 166.67(元)

乙产品应分配制造费用=14 000×3.72=52 033.33(元)

(2)按机器工时比例分配法分配制造费用,编制分配表如表2-36所示。

表2-36 制造费用分配表

车间名称:基本生产车间　　　　　　　　2021年11月　　　　　　　　　金额单位:元

产品名称	机器工时(小时)	分配率(元/小时)	分配金额
甲产品	10 000		37 166.67
乙产品	14 000		52 033.33
合计	24 000	3.72	89 200

（3）根据制造费用分配表,编制会计分录如下。

借：生产成本——基本生产成本——甲产品　　　　　　　　　37 166.67

　　　　　　　　　　　　　　——乙产品　　　　　　　　　52 033.33

　　贷：制造费用　　　　　　　　　　　　　　　　　　　　　　　　89 200

（四）年度计划分配率分配法

年度计划分配率分配法是指按年度开始前确定的全年适用的计划分配率来分配制造费用的方法。采用这种方法,无论各月制造费用的实际发生额是多少,年内各月的制造费用都采用年度计划分配率分配。年度计划分配率是在全年制造费用的预算总额和全年产品计划产量的基础上确定的。如果在年度内发现全年的制造费用实际金额和产量实际数量与计划数发生较大差异时,应及时调整计划分配率。年度计划分配率分配法的核算工作比较简便,特别适用于季节性生产企业,以此来均衡企业旺季与淡季的制造费用,使其均衡地计入产品生产成本。其计算公式如下：

$$年度计划分配率 = \frac{年度制造费用计划总额}{年度各种产品计划产量的定额工时总数}$$

$$某月某种产品应负担的制造费用 = 某月该种产品实际产量的定额工时 \times 年度计划分配率$$

采用该方法,年末需调整"制造费用"余额。制造费用总账及明细账可能会有月末余额,且借方和贷方的余额都有可能。借方余额表示实际发生额超过计划分配额的差额;贷方余额表示实际发生额小于计划分配额的差额。如有年末余额,一般应在年末调整计入12月份的产品成本中。在会计分录的处理上,如果实际发生额大于计划分配额,借记"生产成本——基本生产成本"账户,贷记"制造费用"账户,如果实际发生额小于计划分配额,则用红字冲减。

[例题 2-31]　远洋户外用品公司基本生产车间全年制造费用预算总额为570 000 元,全年计划产量为甲产品 6 500 件,乙产品 5 000 件。单件甲产品工时定额为20 小时,单件乙产品工时定额为 12 小时。

要求：采用年度计划分配率分配法分配制造费用。

解：（1）制造费用计算分配如下：

$$制造费用计划分配率 = \frac{570\ 000}{6\ 500 \times 20 + 5\ 000 \times 12} = 3(元/件)$$

（2）如果该公司 4 月份实际发生的制造费用为 35 600 元,生产甲产品 480 件,生产乙产品 520 件,则 4 月份按年度计划分配率分配法分配制造费用,编制分配表如表 2-37 所示。

表 2-37　制造费用分配表

车间名称：基本生产车间　　　　　　　　2021 年 4 月　　　　　　　　金额单位：元

项目	甲产品	乙产品	合计
实际产量	480	520	
直接人工工时定额/小时	20	12	
直接人工工时总额定额/小时	9 600	6 240	15 840
计划分配率	3	3	
制造费用分配额	28 800	18 720	47 520

（3）根据制造费用分配表，编制会计分录如下。

借：生产成本——基本生产成本——甲产品　　　　　　　　　28 800

　　　　　　　　　　　　　——乙产品　　　　　　　　　18 720

　　贷：制造费用　　　　　　　　　　　　　　　　　　　　　　47 520

由以上计算得出，4月份分配结转的制造费用为47 520元，比实际发生的35 600元多分配了11 920元，需年末调整。如果到年末时该公司共发生制造费用422 000元，采用年度计划分配率分配法已分配400 000元，其中甲产品分配250 000元，乙产品分配150 000元，少分配了22 000元。

（4）现根据实际情况调整如下：

$$调整分配率＝\frac{22\,000}{400\,000}＝0.055$$

甲产品应调增生产成本＝0.055×250 000＝13 750（元）

乙产品应调增生产成本＝0.055×150 000＝8 250（元）

（5）根据调整计算，编制会计分录如下。

借：生产成本——基本生产成本——甲产品　　　　　　　　　13 750

　　　　　　　　　　　　　——乙产品　　　　　　　　　　8 250

　　贷：制造费用　　　　　　　　　　　　　　　　　　　　　　22 000

如果到年末时该公司共发生制造费用382 000元，采用年度计划分配率分配法已分配400 000元，其中甲产品分配250 000元，乙产品分配150 000元，多分配了18 000元。

（6）现根据实际情况调整如下：

$$调整分配率＝\frac{-18\,000}{400\,000}＝-0.045$$

甲产品应调增生产成本＝-0.045×250 000＝-11 250（元）

乙产品应调增生产成本＝-0.045×150 000＝-6 750（元）

（7）根据调整计算，编制红字会计分录如下。

借：生产成本——基本生产成本——甲产品　　　　　　　　（11 250）

　　　　　　　　　　　　　——乙产品　　　　　　　　　（6 750）

　　贷：制造费用　　　　　　　　　　　　　　　　　　　　（18 000）

［例题2-32］ 远洋户外用品公司基本生产车间全年计划制造费用为163 200元；全年各产品的计划产量：甲产品24 000件，乙产品18 000件。单位产品工时定额：甲产品4小时，乙产品6小时。1月份实际产量：甲产品1 800件，乙产品1 500件；1月份实际发生制造费用13 000元。

要求：

（1）计算制造费用年度计划分配率。

（2）计算并结转1月份应分配转出的制造费用。

（3）计算1月末"制造费用"账户余额。

解：

（1）甲产品的年度计划产量的定额工时＝24 000×4＝96 000（小时）

乙产品的年度计划产量的定额工时＝18 000×6＝108 000(小时)

年度计划分配率＝163 200÷(96 000＋108 000)＝0.8(元/小时)

(2)1月份甲产品应分配的制造费用＝0.8×1 800×4＝5 760(元)

1月份乙产品应分配的制造费用＝0.8×1 500×6＝7 200(元)

1月份应分配转出的制造费用＝5 760＋7 200＝12 960(元)

根据以上计算结果,编制会计分录如下。

借：生产成本——基本生产成本——甲产品　　　　　　　　5 760

　　　　　　　　　　　　　——乙产品　　　　　　　　7 200

　　贷：制造费用　　　　　　　　　　　　　　　　　　　　　12 960

(3)1月末"制造费用"账户余额＝13 000－12 960＝40(元)(借方余额)

项目八　废品损失及停工损失的归集与分配

废品损失的
含义与分类

任务一　废品损失的归集与分配

一、废品

(一)废品的概念

废品是指质量不符合规定的技术标准,不能按原定用途使用,或需要加工修理后才能正常使用的在产品、半成品和产成品,具体包括在生产过程中发现的不合格的在产品、入库时发现的不合格的半成品或完工产品、合格品入库后因保管不善发生损坏变质的产品、实施"三包"的企业在产品销售后发现的废品,但不包括可以降价出售的次品。

(二)废品的分类

(1)按可修复价值和经济合理性,可以将企业所发生的废品分为不可修复废品和可修复废品两种。不可修复废品是指在技术上不能恢复其功能,或者经过修复可以恢复其功能但所支付的修复费用在经济上不合算的废品;可修复废品是指在技术上可以恢复其功能,而且在经济上划算的废品。

(2)按废品产生的原因,可以将企业发生的废品分为工废品和料废品两类。工废品是由于工人操作上出现的失误造成的废品;料废品是由于原材料或半成品的质量不符合要求所造成的废品。料废品是材料供应部门责任造成的;工废品是加工过程造成的,应由生产车间负责。因此,区分废品是属于料废品还是工废品,有利于分清产生废品的责任,有利于企业落实经济责任制。

二、废品损失

废品损失是指在生产过程中和入库后发现的不可修复废品的生产成本,以及可修复废品的修复费用,扣除回收的废品残料价值和应收赔款以后的损失。对可修复废品而言,废品损失是指可修复废品在返修过程中所发生的修复费用,包括耗用的原材料、生产工人工资和应负担的制造费用等,扣除收回废品残料及责任人赔款后的差额。对不可修复废品而言,废品损失是指不可修复废品的实际成本扣除回收材料或残料价值及责任人赔款后的损失。

以下几种损失要注意不作为废品损失处理。

（一）次品损失

凡质量不符合规定的技术标准,但经检验部门检定,可以不需要返修而降价出售或者降低等级使用的产品,在实际工作中称为次品。次品不包括在废品之内,次品的成本应与合格产品成本相同,次品售价低于合格品售价所发生的损失,应在计算销售损益时体现,而不作为废品损失处理。

（二）合格品质变带来的损失

凡入库时是合格品,但由于保管不善、运输不当或其他原因而发生的毁损变质,属于管理上的问题,应作为库存商品毁损,通过"待处理财产损溢"账户核算,最终根据毁损原因计入管理费用或营业外支出,而不应作为废品损失处理。

（三）"三包"损失

实行三包(包修、包换、包退)的企业,发生销售退回的"三包"损失,包括修理费、退货或调换产品的运杂费,退回报废产品的实际成本减去残值后的净损失等,在产品出售以后,由于发现废品而发生的一切损失,作为销售费用处理,也不作为废品损失。

（四）间接损失

废品损失一般只包括发生废品所造成的直接损失,至于因产生废品给企业带来的间接损失,如延误交货合同而发生的违约赔偿款,减少销售量而造成的利润减少损失,以及产生废品造成的企业荣誉损失等都不计算在废品损失内。质量检验部门填制并审核后的废品损失通知单,是进行废品损失核算的原始凭证。

三、"废品损失"账户设置

企业为了全面反映一定时期内发生废品损失的情况,加强对废品损失的管理,可设置"废品损失"账户进行废品损失的归集与分配。废品损失也可不单独核算,相应的费用等体现在"生产成本——基本生产成本""原材料"等账户中。辅助生产一般不单独核算废品损失。

"废品损失"账户属于费用类账户,应按车间设置明细分类账,账内按产品品种和成本项目登记废品损失的详细情况。废品损失的归集和分配,应根据废品损失计算表和分配表等有关凭证,通过"废品损失"账户进行核算。本科目的借方归集不可修复废品的生产成本和可修复废品的修复费用。不可修复废品的生产成本,应根据不可修复废品损失计算表,借记"废品损失"账户,贷记"生产成本——基本生产成本"账户;可修复废品的修复费用,应根据各种费用分配表所列废品损失金额,借记"废品损失"账户,贷记"原材料""应付职工薪酬""生产成本——辅助生产成本""制造费用"等账户。"废品损失"账户的贷方登记废品残料回收的价值、应收赔款和应由本月生产的同种合格产品成本负担的废品损失,即分别借记"原材料""其他应收款""生产成本——基本生产成本"等账户,贷记"废品损失"账户。"废品损失"账户月末一般无余额。

四、废品损失的核算形式

(一) 不单独核算废品损失

对于生产工艺简单的企业,在产品的生产过程中,废品的发生概率不高,或者即使发生了废品,损失金额也比较小,而且管理上不需要单独考核废品损失。这种情况下,为了简化核算程序,可以采用不单独核算废品损失的方法。不单独核算废品损失时,可修复废品的修复费用,应直接计入生产成本的有关成本项目中。不可修复废品只扣除产量,不结转成本。废品的残料价值和应收的过失人赔款可直接冲减相应基本生产成本明细账中的"直接材料"和"直接人工"成本项目。

(二) 单独核算废品损失

对于生产工艺复杂的大、中型生产企业,生产的产品易发生废品,而且管理上也要求单独考核废品损失及其相关成本项目的费用,这种情况下应该单独核算废品损失。在单独核算废品损失的企业中,可以单独设置"废品损失"总账,也可以在"生产成本——基本生产成本"总账下设"废品损失"二级明细账,账内按成本项目设专栏进行核算,并且在"生产成本——基本生产成本"明细账的成本项目中,还应增设"废品损失"成本项目,以此单独体现废品损失的额度。单独核算废品损失的企业,由于废品的种类不同,核算方法也不相同,又进一步细分为可修复废品损失的核算和不可修复废品损失的核算。

1. 可修复废品损失的核算

可修复废品损失是指废品在修复过程中所发生的各种修复费用扣除回收的废品残料价值和应收责任人赔款之后的余额。经修复后,其产品成本由修复前的生产成本和修复费用构成,包括修复过程中耗用的材料、发生的人工费用和制造费用。修复费用的归集根据直接材料、直接人工和制造费用分配表的分配结果,记入"废品损失"账户的借方。修复费用中需要责任人赔偿的部分,应冲抵废品损失,从贷方转入"其他应收款"账户的借方。"废品损失"账户的借方余额,为可修复废品的净损失,与本月不可修复废品的净损失一并转入"生产成本——基本生产成本"账户的废品损失项目。其计算公式为:

可修复废品
损失的核算

$$可修复废品 = \frac{修复废品}{材料费用} + \frac{修复废品}{人工费用} + \frac{修复废品}{制造费用} - \frac{收回的残料}{及赔偿收入}$$

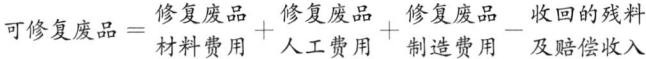

[例题 2-33]　阳光公司基本生产车间发生可修复废品甲产品 25 件,修复过程中耗费原材料 540 元,工时 35 小时,人工费用 200 元,制造费用 210 元。经核查,该批废品属于生产员工责任,判定赔偿 200 元。

要求:编制废品损失会计分录。

解:废品损失会计分录如下。

(1) 发生修复费用,确认废品损失:

借:废品损失——甲产品　　　　　　　　　　　　　　　　950

　　贷:原材料　　　　　　　　　　　　　　　　　　　　　　540

　　　　应付职工薪酬　　　　　　　　　　　　　　　　　　200

　　　　制造费用　　　　　　　　　　　　　　　　　　　　210

（2）应收责任人赔偿：

借：其他应收款   200

    贷：废品损失——甲产品   200

（3）结转废品净损失：

借：生产成本——基本生产成本——甲产品   750

    贷：废品损失——甲产品   750

（4）根据上述会计分录，编制废品损失明细账，如表 2-38 所示。

表 2-38　废品损失明细账

车间：基本生产车间　　　　　　　　　　2021 年 1 月　　　　　　　　　　产品：甲产品

年	凭证字号	摘要	直接材料（元）	直接人工（元）	制造费用（元）	合计（元）
月	日	可修复废品生产成本——甲产品	540	200	210	950
		可修复废品应收赔款		− 200		− 200
		废品损失合计	540	0	210	720
		结转废品损失	−540	0	−210	−720

不可修复废品损失的核算

2. 不可修复废品损失的核算

不可修复废品损失是指不可修复废品所耗用的生产成本扣除回收的残料价值和责任人应收赔款之后的净损失。不可修复废品的成本与同种合格产品的成本是同时发生的，并已归集计入该种产品的基本生产成本明细账中。为了归集和分配不可修复废品损失，必须先计算废品成本，将废品损失从该种产品总成本中分离出来。废品成本是指生产过程中截至报废时所耗费的一切费用，扣除废品的残值和责任人应收赔款，算出废品净损，计入该种产品的成本。不可修复废品的生产成本可以按照实际成本计算，也可以按计划成本计算。在实际工作中，为了简便，一般按照计划成本计算不可修复废品的生产成本。计算得出的废品生产成本，应从基本生产成本账户贷方转出，转入废品损失账户的借方。如果有收回的残料价值和责任人赔偿款，则计入废品损失账户的货方。该账户的借方余额作为废品净损失从账户的贷方转回到基本生产成本账户的借方。由于不可修复废品的成本与合格品的成本是同时发生并归集在一起的。因此，在核算时可以采用以下两种方法。

1）按废品实际成本计算

按废品实际成本计算就是在废品报废时根据废品和合格品实际发生的全部成本，采用一定的分配方法，在合格品与废品之间进行分配，计算出废品的实际成本，从"生产成本——基本生产成本"账户的贷方转入"废品损失"账户的借方。其计算公式如下：

$$废品负担的材料费用 = \frac{某产品的全部材料费用}{合格品产量 + 废品约当产量} \times 废品约当产量$$

$$废品负担的人工费用 = \frac{某产品的全部人工费用}{合格品产量（或工时）+ 废品约当产量（或工时）} \times \frac{废品约当产量}{（或工时）}$$

$$废品负担的制造费用 = \frac{某产品的全部制造费用}{合格品产量（或工时）+ 废品约当产量（或工时）} \times \frac{废品约当产量}{（或工时）}$$

［例题 2-34］　阳光公司基本生产车间 2021 年 2 月生产甲产品 600 件，其中：完工

560件,月末在产品30件,在生产过程中经发现不可修复废品10件。甲产品生产成本明细账登记的本月生产费用合计为:直接材料费用65 000元、直接人工费用51 000元、制造费用46 860元、燃料与动力费用6 800元。废品残值回收280元(已入库),责任人应付赔款600元。原材料是在生产开始时一次投入的。分配材料费用时,期末在产品和废品按完工产品计算,在产品与废品按50%折算约当产量分别为15件和5件。

要求:根据上述资料,计算废品损失并编制不可修复废品损失计算表、会计分录及登记废品损失明细账(小数保留至0.01)。

(1) 各项目分配率计算如下:

直接材料费用分配率＝65 000÷600＝108.33(元/件)

直接人工费用分配率＝51 000÷580＝87.93(元/件)

燃料与动力费用分配率＝6 800÷580＝11.72(元/件)

制造费用分配率＝46 860÷580＝80.79(元/件)

(2) 根据计算结果,编制不可修复废品损失计算表,如表2-39所示。

表2-39 不可修复废品损失计算表(按废品实际成本计算)

车间:基本生产车间　　　　　　　　　2021年2月　　　　　　　　　产品:甲产品

项目	产量(件)	直接材料(元)	约当产量(件)	直接人工(元)	燃料与动力(元)	制造费用(元)	合计(元)
费用总额	600	65 000	580	51 000	6 800	46 860	169 660
费用分配率		108.33		87.93	11.72	80.79	
废品已耗成本	10	1 083.33	5	439.66	58.62	403.97	1 985.58
减:废料残值		280					280
责任人赔偿				600			600
废品净损失		803.33		160.34	58.62	403.97	1 105.58

(3) 根据不可修复废品损失计算表,编制会计分录如下。

结转不可修复废品损失:

借:废品损失——甲产品　　　　　　　　　　　　　1 985.58

　　贷:生产成本——基本生产成本——甲产品　　　　　　　1 985.58

报废材料残值入库:

借:原材料　　　　　　　　　　　　　　　　　　280

　　贷:废品损失——甲产品　　　　　　　　　　　　　280

结转由责任人赔偿的损失:

借:其他应收款　　　　　　　　　　　　　　　　600

　　贷:废品损失——甲产品　　　　　　　　　　　　　600

结转废品净损失:

借:生产成本——基本生产成本——甲产品　　　　　　1 105.58

　　贷:废品损失——甲产品　　　　　　　　　　　　　1 105.58

(4) 登记废品损失明细账,如表2-40所示。

表 2-40　废品损失明细账

车间:基本生产车间　　　　　　　　　　　2021 年 2 月　　　　　　　　　　　　产品:甲产品

| 年 | | 凭证 字号 | 摘要 | 直接材料 (元) | 直接人工 (元) | 燃料与动力 (元) | 制造费用 (元) | 合计 (元) |
月	日							
			不可修复废品生产成本	1 083.33	439.66	58.62	403.97	1 985.58
			不可修复废品残值收入	−280				−280
			责任人赔偿款		−600			−600
			废品损失合计	803.33	−160.34	58.62	403.97	1 105.58
			结转废品损失	−803.33	160.34	−58.62	−403.97	−1 105.58

实际工作中,为简化核算手续,对于入库后才发现的不可修复废品,直接从"库存商品"账户转至"废品损失"账户,而不通过"生产成本——基本生产成本"账户,即借记"废品损失"账户,贷记"库存商品"账户即可。另外,完工以后发现的废品,其单位废品负担的各项生产费用应与该单位合格品的生产费用相同,可按合格品数量和废品数量的比例分配各项生产费用,计算废品的实际成本,但核算工作量较大。

2) 按废品定额成本计算

在消耗定额和费用定额比较健全的企业,废品损失可按不可修复废品的数量和各项费用的定额来计算废品的定额成本,将废品的定额成本扣除废品残值收入,然后计算出废品损失,而不考虑废品实际发生的费用。实际成本与定额成本的差异额全部由合格品负担。其计算公式如下:

$$废品定额成本 = \sum 废品数量 \times 各成本项目费用定额$$

$$废品净损失 = 废品定额成本 - 残值收入 - 应收赔偿之和$$

这种核算方法比较简便,且有助于控制废品损失和产品成本的分析和考核,一般适用于消耗定额和费用定额比较准确的企业。

[例题 2-35]　阳光公司基本生产车间 2021 年 3 月生产甲产品,在验收入库时发现不可修复废品 30 件,按所消耗定额成本计算废品的生产成本。单件直接材料费用定额为 340 元,单件生产工时定额为 10 小时,单件机器工时定额为 3.5 小时。每机器工时计划的直接燃料和动力费用 2 元,每生产工时计划的直接人工费用和制造费用分别为 20 元和 12 元。回收废品残值 1 000 元。

要求:根据上述资料,计算废品损失并编制不可修复废品损失计算表、会计分录。

解:因为不可修复废品是在生产完工后产品验收入库时发现的,所以根据以上资料计算出单件甲产品的费用定额后,就可以根据各项费用定额和不可修复废品件数计算不可修复废品的生产成本。

(1) 可修复废品的各项费用定额如下:

直接材料费用定额=340(元)

直接燃料和动力费用定额=2×3.5=7(元)

直接人工费用定额=20×10=200(元)

制造费用定额=12×10=120(元)

（2）根据计算结果，编制不可修复废品损失计算表，如表 2-41 所示。

表 2-41　不可修复废品损失计算表（按废品定额成本计算）

车间：基本生产车间　　　　　　　　　　　　2021 年 3 月　　　　　　　　　　　　产品：甲产品

项目	直接材料（元）	燃料和动力（元）	直接人工（元）	制造费用（元）	合计（元）
费用定额	340	7	200	120	667
废品定额成本	10 200	210	6 000	3 600	20 010
减：废料残值	1 000				1 000
废品损失	9 200	210	6 000	3 600	19 010

（3）根据不可修复废品损失计算表，编制会计分录如下。

结转废品成本：

借：废品损失——甲产品　　　　　　　　　　　　　　　　　　　20 010

　　贷：生产成本——基本生产成本——甲产品——直接材料　　10 200

　　　　　　　　　　　　　　　　　　——燃料和动力　　　　210

　　　　　　　　　　　　　　　　　　——直接人工　　　　6 000

　　　　　　　　　　　　　　　　　　——制造费用　　　　3 600

回收废品残值：

借：原材料　　　　　　　　　　　　　　　　　　　　　　　　　1 000

　　贷：废品损失——甲产品　　　　　　　　　　　　　　　　　　1 000

结转废品损失：

借：生产成本——基本生产成本——甲产品　　　　　　　　　　　19 010

　　贷：废品损失——甲产品　　　　　　　　　　　　　　　　　19 010

[例题 2-36]　阳光公司基本生产车间本月在乙产品生产过程中发现不可修复废品 12 件，按所耗定额费用计算不可修复废品的生产成本。单件原材料费用定额为 60 元；已完成的定额工时共计 140 小时，每小时的费用定额为：燃料和动力费用 1.5 元，工资和福利费 1.9 元，制造费用 1.1 元。不可修复废品的残料作价 130 元以辅助材料入库；应由过失人赔款 40 元。废品净损失由当月同种产品成本负担。

要求：

（1）计算不可修复废品定额成本。

（2）计算不可修复废品净损失。

（3）编制结转不可修复废品的定额成本、残料入库、过失人赔款和结转废品净损失的会计分录。

解：

（1）不可修复废品定额成本＝12×60＋140×1.5＋140×1.9＋140×1.1＝720＋210＋266＋154＝1 350（元）

（2）不可修复废品净损失＝1350－130－40＝1 180（元）

（3）根据以上计算结果，编制会计分录如下。

不可修复废品的定额成本：

借：废品损失——乙产品   1 350

    贷：生产成本——基本生产成本——乙产品——原材料   720

        ——燃料和动力   210

        ——工资和福利费   266

        ——制造费用   154

残料入库：

借：原材料——辅助材料   130

    贷：废品损失——乙产品   130

过失人赔款：

借：其他应收款   40

    贷：废品损失——乙产品   40

结转废品净损失：

借：生产成本——基本生产成本——乙产品——废品损失   1 180

    贷：废品损失——乙产品   1 180

[例题 2-37]　阳光公司基本生产车间生产 B 产品，本月发生可修复废品的修复费用为：原材料 300 元，工资及福利费 100 元，制造费用 150 元。本月 A 产品投产 50 件，合格品 45 件，不可修复废品 5 件。材料消耗定额为：合格品 10 千克/件，不可修复废品 6 千克/件；工时定额为：合格品 10 小时/件，不可修复废品 5 小时/件。本月生产 A 产品发生原材料费用 26 400 元，工资及福利费 2 090 元，制造费用 3 135 元。不可修复废品残料作价 500 元入库，由责任人赔款 300 元。

要求：

(1) 编制可修复废品修复费用发生的会计分录。

(2) 计算不可修复废品定额成本，编制结转废品定额成本的会计分录。

(3) 编制废品残值、应收赔款和结转废品净损失的会计分录。

解：

(1) 可修复废品修复费用发生的会计分录如下。

借：废品损失——B 产品   550

    贷：原材料   300

        应付职工薪酬   100

        制造费用   150

(2) 合格品材料定额消耗量＝45×10＝450(千克)

废品材料定额消耗量＝5×6＝30(千克)

原材料费用分配率＝26 400÷(450＋30)＝55(元/千克)

合格品的原材料费用＝450×55＝24 750(元)

废品的原材料费用＝30×55＝1 650(元)

合格品定额工时＝45×10＝450(小时)

废品定额工时＝5×5＝25(小时)

工资及福利费分配率＝2 090÷(450＋25)＝4.4(元/小时)

合格品的工资及福利费＝450×4.4＝1 980(元)

废品的工资及福利费＝25×4.4＝110(元)

制造费用分配率＝3135÷(450＋25)＝6.6(元/小时)

合格品的制造费用＝450×6.6＝2 970(元)

废品的制造费用＝25×6.6＝165(元)

不可修复废品定额成本＝1 650＋110＋165＝1 925(元)

根据以上计算结果,编制结转废品定额成本的会计分录如下。

借:废品损失——A 产品   1 925

　　贷:生产成本——基本生产成本——A 产品——原材料   1 650

　　　　　　　　　　　　　　　　　　　——工资及福利费   110

　　　　　　　　　　　　　　　　　　　——制造费用   165

(3) 废品残值:

借:原材料   500

　　贷:废品损失——A 产品   500

应收赔款:

借:其他应收款   300

　　贷:废品损失——A 产品   300

结转废品净损失:

借:生产成本——基本生产成本——A 产品——废品损失   1 125

　　贷:废品损失——A 产品   1 125

任务二 停工损失的归集与分配

一、停工损失

停工损失是指生产车间或车间内某个班组在停工期间发生的各项费用,它包括停工期间支付给职工的工资及其福利费、所耗用的燃料和动力费以及应负担的制造费用。为了简化核算工作,停工不满一个工作日的,可以不计算停工损失。计算停工损失的时间界限,由企业主管部门自行规定。造成生产单位停工的原因很多,如机械故障、停电、计划减产、特料、非常灾害等,应分不同情况进行处理。由过失方或保险公司负担的赔款,应从停工损失中扣除;由于自然灾害引起的停工损失,应按规定计入营业外支出;其他停工损失,如季节性停工、修理期间的停工等原因发生的停工损失,应计入制造费用。停工时车间应填列停工报告单,经有关部门审核后的停工报告单,作为停工损失核算的根据。

二、不单独核算停工损失

不单独核算停工损失的企业,不设"停工损失"账户,直接反映在"制造费用"或"营业外支出"等账户中。辅助生产一般不单独核算停工损失。季节性生产企业在季节性停工期间

停工损失的
归集与分配

所发生的费用,不作为"停工损失",可采用预提方式处理,由生产期间的产品成本负担。

[例题 2-38] 宏远自行车厂基本生产一车间由于设备大修停工 6 天,停工期间应支付工人工资 8 840 元,应负担制造费用 2 300 元。基本生产二车间由于外部供电线路故障停工 2 天,停工期间应支付工人工资 6 600 元,应负担制造费用 1 300 元。基本生产一车间设备大修为正常停工,停工损失 8 840 元应计入成本中;基本生产二车间停工为非正常停工,应计入营业外支出。经交涉,供电局同意赔偿由于停工给企业造成的损失 3 500 元。

要求:根据资料编制会计分录。

解:编制会计分录如下:

借:其他应收款——供电局 3 500
　生产成本——基本生产一车间 11 140
　营业外支出——停工损失 4 400
　贷:应付职工薪酬——工资 15 440
　　制造费用——基本生产一车间 2 300
　　　——基本生产二车间 1 300

三、单独核算停工损失

单独核算停工损失的企业,应增设"停工损失"账户,并且在成本项目中增设"停工损失"项目。停工损失的归集和分配,是通过设置"停工损失"账户进行的。该科目应按车间和成本项目进行明细核算。根据停工报告单、各种费用分配表、分配汇总表等资料,在"停工损失"的借方归集停工期内发生、应列作停工损失的费用;应由过失方或保险公司负担的赔款,可从"停工损失"账户的贷方转"其他应收款"等账户的借方。期末,将停工损失从账户贷方结转,属于自然灾害的转入"营业外支出"账户的借方;应由本月产品成本负担的转入"生产成本——基本生产成本"账户的借方。在停工的车间生产多种产品时要采用合理的分配标准,将停工损失分配计入该车间各产品成本明细账停工损失成本项目。"停工损失"账户月末一般无余额。

[例题 2-39] 承接[例题 2-38]中的资料。

要求:根据资料编制会计分录。

解:编制会计分录如下。

借:停工损失——基本生产一车间 11 140
　　　——基本生产二车间 7 900
　贷:应付职工薪酬——工资 15 440
　　制造费用——基本生产一车间 2 300
　　　——基本生产二车间 1 300

借:制造费用——基本生产一车间 11 140
　其他应收款——供电局 3 500
　营业外支出——停工损失 4 400
　贷:停工损失——基本生产一车间 11 140
　　　——基本生产二车间 7 900

项目九　生产费用在完工产品与在产品之间的分配

任务一　在产品与完工产品概述

一、在产品的含义

在产品是指企业已经投入生产,但因没有完成全部生产过程而不能作为商品销售的产品。在产品有广义和狭义之分。广义的在产品是就整个企业来说的,它是指产品生产从投料开始到最终生产成产成品交付验收入库前的一切产品,包括正在车间加工的在产品、需要继续加工的半成品、等待验收入库的产成品、正在返修和等待返修的废品等。需要注意的是,对外销售的自制半成品属于商品,验收入库后不应列为在产品,不可修复废品也不包括在在产品之内。狭义的在产品是指就某一生产车间或某一生产步骤来说的,仅指本生产单位或本生产步骤正在加工中的那部分在产品。本任务所指的在产品是指狭义上的在产品。

二、完工产品的含义

企业的完工产品是指在产品完成生产过程且验收合格入库之后的产品,一般来说只指最终能够完工的产成品,包括产成品、自制材料、自制工具、模具等,以及为在建工程生产的专用设备和提供的修理劳务等。

三、期末在产品与完工产品之间的关系

生产企业要按月计算产品成本,包括完工产品和在产品的,期末在产品与完工产品的关系,是指期末在产品与本期完工产品如何来分配各自应该承担的费用。月末之前,企业发生的各项费用要素、辅助生产费用、制造费用、废品损失和停工损失等已经全部归集和分配到了"生产成本——基本生产成本"账户及所属各产品成本明细账中。该账户的本期发生额就是全部产品的成本费用,而且该种产品的全部成本费用已经归集到了相应的明细账中。每一种产品的生产成本就是本期发生的全部生产费用加上该账户的期初余额,并将本期发生的费用和期初费用之和在本期完工产品和期末在产品之间进行分配,从而计算出本期产成品的成本。

对于某产品而言,如果期末没有在产品,即全部产品均已完工,则该产品"生产成本——基本生产成本"明细账户中归集的全部生产费用就是完工产品成本,将完工产品成本除以完工产品数量,即得到产成品的单位成本;如果期末全部产品均未完工,即全部为在产品,则该产品"生产成本——基本生产成本"明细账户中归集的全部生产费用都是在

产品成本。这两种情况下,生产的产品月末要么全部完工,要么全部未完工,不涉及月末生产费用在完工产品和在产品之间进行归集与分配的问题。但是在实际工作中更常见的是期末既有完工产品,又有在产品,这时就需要将该种产品"生产成本——基本生产成本"账户中归集到的生产费用,即该产品本月发生的生产费用加上月初在产品的生产费用,采用适当的方法在本月完工产品和期末在产品之间进行分配,分别计算出完工产品成本和月末在产品成本。本月发生的生产费用和月初、月末在产品及本月完工产品成本四项费用的关系可用下面的公式表示:

$$月初在产品成本 + 本月生产费用 = 本月完工产品成本 + 月末在产品成本$$

$$本月完工产品成本 = 月初在产品成本 + 本月生产费用 - 月末在产品成本$$

在公式前两项已知的情况下,完工产品和月末在产品之间分配费用的方法通常有两种:一种是先确定月末在产品费用,再计算完工产品费用;另一种是将前两项之和在后两项之间按照一定的分配比例进行分配,同时算出完工产品成本和月末在产品成本。无论采用哪一种分配方法,都必须正确登记在产品数量,明确在产品收入、发出和结存的数量资料。在产品的核算资料应为账面金额资料和实际盘点资料。因此,企业一方面要做好在产品收发结存的日常核算工作,另一方面要做好在产品的定期清查工作。

四、在产品的收发结存管理

生产企业在产品品种规格和种类繁多,且流动性较大,日常的数量管理较复杂。从加强实物管理的角度出发,企业必须设置有关凭证账簿,来反映在产品的收入、发出和结存情况。在产品数量的核算通常有两种方式:一是通过账面核算资料确定;二是通过月末实地盘点资料确定。这样既可以从账面上随时掌握在产品的动态,又可以查清在产品的实存数量,从而为生产资金的运营和在产品的实物管理提供资料。采用账面核算资料管理在产品数量,企业需要设置"在产品收发结存账"(也称"在产品台账")来进行在产品收发结存的日常核算。该账应当按生产车间或分厂,以及产品的品种和在产品的名称来设置,以此反映各生产单位在产品的收入、发出和结存情况。在产品收发结存账还可以进一步按照加工工序(生产步骤)来组织在产品数量核算管理。该账根据有关领料凭证、产品检验凭证和产品入库单等原始凭证逐笔登记。"在产品收发结存账"的设置,可以使企业从账面随时掌握在产品动态,核对账面结存数与实际结存数,又可以为企业计算月末在产品成本提供资料。由于在产品品种多、数量大,当进行在产品数量的盘点核对时,可以直接根据"在产品收发结存账"(如表2-42所示)提供的月末在产品结存数量来计算月末在产品成本。

各车间应认真做好在产品的登记、验收和交接工作,并根据领料凭证、产成品检验凭证和产品交库凭证等资料,由车间核算人员逐笔及时登记在产品收发结存账。企业在做好日常在产品收发结存核算工作的同时,要定期进行在产品的盘点清查,以便随时掌握在产品数量。

表 2-42　在产品收发结存账

在产品名称：　　　　　　　　车间：基本生产一车间　　　　　　　　单位：件

日期	凭证	摘要	收入数量	转出		结存		
				合格品	废品	已完工	未完工	废品
合计								

五、在产品的清查

在产品的管理应与存货、固定资产等有形资产一样，定期或不定期地进行清查盘点，以做到在产品的账实相符，保证在产品实物的安全完整。在产品清查一般应在月末结账前进行，并采用实地盘点法。根据盘点结果编制"在产品盘存表"，表中列明在产品的账面数、实存数、盘盈数、盘亏数以及盘亏的原因和处理意见等，还应登记报废和毁损的在产品残值。企业会计人员应对在产品盘存表进行认真审核，并报经有关部门审批后，对清查的结果进行相应的会计处理。

在产品发生盘盈时，按计划成本或定额成本借记"生产成本——基本生产成本"账户，贷记"待处理财产损溢"账户；按管理权限报经批准后进行处理时，借记"待处理财产溢"账户，贷记"管理费用"账户，冲减管理费用。在产品发生盘亏或毁损时，在批准以前，也应先通过"待处理财产损溢"账户进行核算，发现盘亏或毁损时，按其成本，借记"待处理财产损溢"账户，贷记"生产成本——基本生产成本"账户，冲减在产品的账面价值。回收毁损在产品的残值时，借记"原材料""银行存款"等账户，贷记"待处理财产损溢"账户，冲减其损失。按规定核销时，应由过失单位或过失人员赔偿的部分，借记"其他应收款"账户；由于自然灾害造成的非常损失并收到保险公司赔款的部分，借记"银行存款"或"其他应收款"账户；扣除赔款后的非常损失的净损失借记"营业外支出"账户，其余无法收回的损失借记"管理费用"账户。

这里需要指出的是，企业发生非正常损失的在产品所耗用的购进货物或应税劳务的进项税额不得从销项税额中扣除。因此，非正常损失的在产品的价值应包括其实际成本和应负担的进项税额。在产品发生非正常损失时，应按非正常损失的价值借记"待处理财产损溢"账户，按非正常损失的成本贷记"生产成本——基本生产成本"账户，按非正常损失在产品应负担的增值税进项税额贷记"应交税费——应交增值税（进项税额转出）"账户。

对于库存半成品和辅助生产的在产品的数量和清查，应分别在"自制半成品"和"生产成本——辅助生产成本"账户中核算。

[例题 2-40]　奔腾汽车配件厂甲产品的在产品盘亏 25 件，毁损 10 件，成本共计 6 500 元，毁损的在产品残料入库价值 350 元。甲产品在产品的盘亏和毁损属于非正常损

失,其应负担的增值税进项税额为 845 元。该项损失已通知保险公司,并按保险条款相关内容开始理赔。

要求:根据以上资料编制会计分录。

解:(1)在产品盘亏、毁损以及残料入库等情况的会计分录如下。

借:待处理财产损溢	6 995	
原材料	350	
贷:应交税费——应交增值税(进项税额转出)		845
生产成本——基本生产成本		6 500

(2)财产理赔及在产品的盘亏和毁损损失批准的处理结果如下。

保险公司已确认赔偿 3 000 元,经批准非正常损失甲产品的盘亏和毁损的净损失计入营业外支出。

借:营业外支出	3 995	
其他应收款——XX 保险公司	3 000	
贷:待处理财产损溢		6 995

任务二　在产品成本的计算方法

完工产品和在产品在月末分配费用是成本核算中一项重要而复杂的工作。每月月末生产企业生产产品发生的各项生产费用,在各种产品之间进行分配后,还要在同一种产品的完工产品和在产品之间进行分配,最后计算得出各种产品的总成本和单位成本。生产企业的产成品经验收入库后,其成本从"生产成本——基本生产成本"账户的贷方转入"库存商品"账户的借方;由辅助生产车间生产完工的自制材料、自制工具和模具等,经仓库验收,其成本从"生产成本——辅助生产成本"账户的贷方分别转入"自制半成品""原材料""周转材料"等账户的借方。"生产成本"账户的借方期末余额是尚未加工完成的各种产品成本。企业应该根据在产品数量的多少、在产品数量变化的大小、各项成本费用比重的大小以及定额管理基础的好坏等条件来选择在完工产品与月末在产品之间分配费用的合理简便的分配方法。完工产品和月末在产品之间分配费用,通常采用不计算在产品成本法、固定成本计价法、消耗原材料计价法、约当产量法、完工产品成本计价法、定额成本计价法和定额比例法等,正确计算完工产品和在产品的实际成本,并将完工入库的产品成本结转至"库存商品"账户,如果在产品数量不大或者在产品期初期末数量变化不大的情况下可以不计算在产品成本。在企业日常的核算中,生产费用的分配方法一经确定,不能随意变更。下面分别具体介绍这些方法的核算原理。

一、不计算在产品成本法

不计算在产品成本法是指生产企业所生产的产品,由于数量较少、价值较低,且各月变动不大,月末不计算在产品成本,而本期归集的生产费用全部由完工产品承担的方法,此方法对本月完工产品成本影响很小。这种方法适用于月初与月末在产品费用很小的产品。因不计算在产品成本,本月发生的全部生产费用就是本月完工产品的总成本,它除以本月完工产品的产量,即可求得单位产品成本。例如,自来水厂、采掘企业等。其计算公式如下:

$$本月完工产品成本 = 本月发生生产费用$$

[例题 2-41]　奔腾汽车配件厂生产甲产品。因为甲产品生产周期较短,月末在产品数量很少,因此采用不计算在产品成本法。本月甲产品成本计算单登记的生产费用总额为 55 000 元,其中,直接材料费用 23 000 元,直接人工费用 21 000 元,制造费用 11 000 元。本月完工入库甲产品 450 件。

要求:根据奔腾汽车配件厂本月发生的生产费用资料,编制产品成本计算单和会计分录。

解:(1)根据资料,编制产品成本计算单如表 2-43 所示。

表 2-43　奔腾汽车配件厂产品成本计算单

产品:甲产品　　产量:1 000 件　　　　　2021 年 3 月　　　　　金额单位:元

摘要	直接材料	直接人工	制造费用	合计
本月生产费用	23 000	21 000	11 000	55 000
本月完工产品总成本	23 000	21 000	11 000	55 000
本月完工产品单位成本	23	21	11	55

(2)根据本月产品成本计算单,编制会计分录如下。

借:库存商品——甲产品　　　　　　　　　　　　　　55 000
　　贷:生产成本——基本生产成本——甲产品　　　　　　55 000

二、固定成本计价法

固定成本计价法是指各月月末在产品成本按年初在产品成本进行计价的一种方法。这种方法适用于那些月末在产品数量较大,但各月月末在产品数量比较稳定的产品。这是因为,如果月末在产品数量并不是很小却不计算在产品成本,那么就会使产品成本核算反映的在产品资金占用不实,不利于资金管理和对在产品实物的会计监督。由于在产品数量较小,或者在产品数量虽大,但各月之间在产品数量变动不大这两种情况下,月初、月末在产品成本的差额都不大,因此是否计算各月在产品成本的差额,对完工产品成本的影响不大。采用固定成本计价法方法,1~11 各月月末在产品成本按年初在产品成本固定不变,某种产品当月发生的生产费用就是该种产品本月完工产品的总成本。不论年末在产品数量变动与否,都应对年末在产品进行实地盘点,并以实际盘存数量为基础,重新计算确定年末在产品成本和 12 月份的完工产品总成本。

由于 1~11 份的月末在产品成本是固定的,这就简化了产品成本的计算工作。而 12 月份的在产品成本是通过实地盘点后重新计算的,从全年来看,完工产品的实际总成本的计算也是正确的。年度终了时,12 月份计算的在产品成本又可以作为下一年度 1~11 月份固定的月末在产品成本。

[例题 2-42]　奔腾汽车配件厂生产甲产品,月末在产品数量比较稳定,采用在产品按固定成本计价法。该产品年初在产品成本为 76 000 元,其中,直接材料费用 38 000 元,直接人工费用 22 000 元,制造费用 16 000 元。6 月份发生生产费用 98 000 元,其中,直接材料费用 66 000 元,直接人工费用 21 000 元,制造费用 11 000 元。本月完工入库甲产品 1 000 千克。要求:根据本月发生的生产费用资料,编制产品成本计算单和会计分录。

解:(1) 根据资料,编制产品成本计算单如表 2-44 所示。

表 2-44　奔腾汽车配件厂产品成本计算单

产品:甲产品　　　　产量:1 000 千克　　　　2021 年 6 月　　　　　　　　金额单位:元

摘要	直接材料	直接人工	制造费用	合计
月初在产品成本	38 000	22 000	16 000	76 000
本月生产费用	66 000	21 000	11 000	98 000
生产费用合计	104 000	43 000	27 000	174 000
本月完工产品总成本	66 000	21 000	11 000	98 000
本月完工产品单位成本	66	21	11	98
月末在产品成本	38 000	22 000	16 000	76 000

(2) 根据本月产品成本计算单,编制会计分录如下。

借:库存商品——甲产品　　　　　　　　　　　　　　　　　　98 000
　　贷:生产成本——基本生产成本——甲产品　　　　　　　　　　　98 000

三、消耗原材料计价法

消耗原材料计价法,是指月末在产品只按所消耗的原材料费用来计算确认,而消耗的职工薪酬和制造费用等全部由完工产品成本负担的一种计价方法。这方法适用于月末在产品数量较多、在产品数量变化较大、直接材料成本在生产成本中所占比重较大且材料在生产开始时就一次性全部投入的产品。例如,纸厂、酒厂等企业的产品,直接材料费用占产品成本总额的 70% 以上。在这样的情况下,各月末在产品数量较大且变化也较大,不合适采用不计算在产品成本法和固定成本计价法,需要对月末在产品成本进行具体核算。由于产品成本中原材料费用的比重较大,职工薪酬和制造费用的比重较小,是否计算这两项指标对计算在产品成本和完工产品成本影响并不大。因此,为了简化核算,加工费用全部由完工产品成本负担,月末在产品成本只计算原材料费用,而对职工薪酬和制造费用等其他费用忽略不计。其计算公式如下:

$$原材料单位成本 = \frac{原材料费用总额}{完工产品数量 + 月末在产品数量}$$

$$月末在产品材料成本 = 月末在产品数量 \times 原材料单位成本$$

$$本月完工产品成本 = 月初在产品材料成本 + 本月发生生产费用 - 月末在产品材料成本$$

[例题 2-43]　奔腾汽车配件厂生产甲产品。直接材料费用在在产品成本总额中所

占比重较大,因此在产品只计算直接材料成本。甲产品月初在产品总成本为28 600元,本月发生生产费用55 000元,其中:直接材料费用25 500元、直接人工费用20 500元,制造费用9 000元。甲产品本月完工9 000千克,月末在产品1 000千克,月末在产品的原材料一次性投入,直接材料费用按完工产品和月末在产品的数量比例分配。

要求:计算甲产品的有关成本,编制产品成本计算单和会计分录。

解:(1)月末在产品材料费用:

$$直接材料费用分配率=\frac{28\ 600+25\ 500}{9\ 000+1\ 000}=5.41(元/千克)$$

月末在产品的材料成本=1 000×5.41=5 410(元)

本月完工产品成本:

本月完工产品直接材料成本=9 000×5.41=48 690(元)

或=28 600+25 500−5 410=48 690(元)

本月完工产品总成本=48 690+20 500+9 000=78 190(元)

或 28 600+55 000−5 410=78 190(元)

(2)根据计算结果,编制产品成本计算单,如表2-45所示。

表2-45　奔腾汽车配件厂产品成本计算单

产品:甲产品　　　产量:9 000千克　　　2021年3月　　　金额单位:元

摘要	直接材料	直接人工	制造费用	合计
月初在产品成本	28 600			28 600
本月生产费用	25 500	20 500	9 000	55 000
生产费用合计	54 100	20 500	9 000	83 600
本月完工产品总成本	48 690	20 500	9 000	78 190
本月完工产品单位成本	5.41	2.28	1	8.69
月末在产品成本	5 410			5 410

(3)根据本月产品成本计算单,编制会计分录如下。

借:库存商品——甲产品　　　　　　　　　　　　　78 190

　　贷:生产成本——基本生产成本——甲产品　　　　　　　　78 190

约当产量法
应用

四、约当产量比例法

约当产量,是指生产企业的车间月末在产品的实际数量,按照其完工程度来折合的完工产品数量。约当产量比例法是将在产品按其完工程度折算为相当于完工产品的产量,然后以完工产品的产量和在产品的约当产量为依据,分配计算完工产品成本和月末在产品成本的一种方法。其中,在产品的约当产量是指将在产品按其投料程度(或加工程度)折算成相当于完工产品的数量。采用该种分配方法,在产品既要计算直接材料费用,又要计算直接人工费用、制造费用等其他加工费用。由于产品在生产加工过程中的加工程度和投料情况不同,因此必须按成本项目分别计算在产品的约当产量。要正确计算在产品的约当产量,首先要确定在产品的投料程度(也称投料率)和加工程度(也称加工率)。

分配直接材料时,约当产量按投料程度折算;分配其他成本项目时,约当产量按加工程度折算。约当产量比例法适用于月末在产品数量较多、各个月份之间月末在产品数量变化较大,并且产品成本中直接材料费和直接人工费等成本项目耗费的比重相差不大的产品。其计算公式如下:

$$在产品约当产量 = 在产品数量 \times 在产品加工程度 \div 投料率$$

$$约当总产量 = 本月完工产品数量 + 月末在产品约当产量$$

$$某项费用分配率 = \frac{月初在产品成本 + 本月发生的生产费用}{约当总产量}$$

$$月末在产品应分配的费用 = 月末在产品约当产量 \times 该项费用分配率$$

$$\begin{array}{l}本月完工产品应 \\ 分配的某项费用\end{array} = 完工产品产量 \times 费用分配率 = \begin{array}{l}月初在 \\ 产品费用\end{array} + \begin{array}{l}本月发生 \\ 的费用\end{array} - \begin{array}{l}月末在 \\ 产品费用\end{array}$$

下面按在产品的完工程度和投料程度来计算月末在产品的约当产量。在产品的约当产量应该按照直接材料、直接人工和制造费用等项目分别计算。

1. 按照直接材料成本项目计算期末在产品约当产量

约当产量法——投料程度的计算

月末在产品成本的直接材料费用与在产品的投料程度有直接关系。因此,确定分配直接材料费用的在产品约当产量一般按投料程度计算。在产品的投料程度是指在产品已投入材料费用占完工产品应投入材料费用的百分比。在生产过程中,原材料的投料方式通常有四种,即原材料在生产开始时一次性投入、原材料在生产中陆续投入、原材料在各工序开始时一次投入和原材料在各工序开始时逐步投入。下面就这四种情况分别计算在产品的约当产量。

1) 原材料在生产开始时一次性投入

直接材料费用在按完工产量和在产品数量分配时,如果原材料为生产开始时一次性投入生产的,那么单位完工产品的材料费用与单位在产品的材料费用相等,在产品约当产量的投料程度为100%。其计算公式为:

$$材料费用在产品的约当产量 = 月末在产品 \times 100\%$$

2) 原材料在生产中陆续投入

如果原材料是在生产开始之后随着生产进度陆续投入的,那么分配材料费用时在产品的约当产量应该按在产品完工程度折算。如果原材料投入程度与生产工时投入的进度完全一致,那么分配直接材料时,在产品完工程度的确定与分配加工费用一样。因此,在这种投料方式下,计算材料费用在产品约当产量的投料程度等于完工程度。其计算公式为:

$$材料费用在产品的约当产量 = 月末在产品 \times 在产品的完工程度$$

3) 原材料在各工序开始时一次投入

如果原材料按生产工序分次投入,并在每道工序开始时一次投入,那么应根据各道工序的材料消耗定额来计算投料程度,假定经过的工序以及当前工序的耗用量已全部投入。其计算公式为:

$$某工序投料程度 = \frac{前面各工序原材料消耗定额之和 + 本工序原材料消耗定额}{完工产品原材料消耗定额}$$

$$某工序在产品约当产量 = 该道工序在产品实际数量 \times 该道工序投料程度$$

4）原材料在各工序开始时逐步投入

如果原材料按生产工序分次逐步投入，那么应根据各工序的材料消耗定额来计算投料程度，假定经过的工序耗用量已投入，当前工序消耗量按 50% 计算。其计算公式为：

$$某工序投料程度=\frac{前面各道工序原材料消耗定额之和＋本道工序原材料消耗定额\times50\%}{完工产品材料消耗定额}$$

$$某道工序在产品约当产量=该道工序在产品实际数量\times该道工序投料程度$$

根据上述各投料程度分别乘以各该道工序的在产品数量，计算出各工序直接材料费用分配标准的在产品约当产量。如果企业不要求分步骤计算半成品的成本，那么将各工序在产品的约当产量相加，即为计算完工产品成本的在产品约当产量。

[例题 2-44]　奔腾汽车配件厂生产甲产品，该产品需经过三道工序生产完成。原材料是在生产开始时一次性投入。产品的原材料消耗定额为 1 500 千克，其中：第一道工序原材料消耗定额为 500 千克，第二道工序原材料消耗定额为 700 千克，第三道工序原材料消耗定额为 300 千克。月末在产品数量为第一道工序 100 件，第二道工序 300 件，第三道工序 200 件。当月完工产品为 436 件，月初在产品的原材料费用为 3 500 元，本月发生的原材料费用为 33 000 元。

要求：计算分配月末在产品和完工产品的原材料费用。

解：由于原材料是在生产开始时一次性投入，在产品和完工产品消耗材料数量相同，在产品的投料程度为 100%，各工序在产品的约当产量就等于在产品的实际数量，在分配原材料费用时，按完工产品和在产品数量比例进行分配。

$$原材料费用分配率=\frac{3\ 500＋33\ 000}{436＋600}=35.23（元/件）$$

$$完工产品原材料费用=436\times35.23=15\ 360.28（元）$$

$$月末在产品原材料费用=3\ 500＋33\ 000－15\ 360.28=21\ 139.72（元）$$

[例题 2-45]　承接[例题 2-44]中的已知条件，原材料在生产中陆续投入。

要求：计算分配月末在产品和完工产品的原材料费用。

解：按照原材料在生产中陆续投入的方式，且投料程度与生产工时投入的进度基本一致。如果分布在各道工序的在产品数量和单位产品在各工序的加工产量都比较均衡，后面各道工序在产品多加工的程度可以弥补前面各道工序少加工的部分，即在产品的加工程度按 50% 计算。

约当产量法——完工程度的计算

$$在产品约当产量=各道工序在产品数量\times50\%=（100＋300＋200）\times50\%=300（件）$$

$$原材料费用分配率=\frac{3\ 500＋33\ 000}{436＋300}=49.59（元/件）$$

$$完工产品原材料费用=436\times49.59=21\ 621.24（元）$$

$$月末在产品原材料费用=3\ 500＋33\ 000－21\ 621.24=10\ 381.68（元）$$

[例题 2-46]　承接[例题 2-44]中的已知条件，原材料在各工序开始时一次投入。

要求：计算分配月末在产品和完工产品的原材料费用。

解：由于原材料在各工序开始时一次投入，因此应根据各工序的材料消耗定额来计算投料程度。

$$第一道工序的投料程度=\frac{500}{1\,500}\times100\%=33.33\%$$

第一道工序在产品约当产量$=100\times33.33\%=33.33$(件)

$$第二道工序的投料程度=\frac{500+700}{1\,500}\times100\%=80\%$$

第二道工序在产品约当产量$=300\times80\%=240$(件)

$$第三道工序的投料程度=\frac{500+700+300}{1\,500}\times100\%=100\%$$

第三道工序在产品约当产量$=200\times100\%=200$(件)

月末在产品约当产量$=33+240+200=473$(件)

$$原材料费用分配率=\frac{3\,500+33\,000}{436+473}=40.15(元/件)$$

完工产品原材料费用$=436\times40.15=17\,505.4$(元)

月末在产品原材料费用$=3\,500+33\,000-17\,505.4=18\,994.6$(元)

[例题 2-47]　承接[例题2-46]中的已知条件,原材料在各工序开始时逐步投入。
要求:计算分配月末在产品和完工产品的原材料费用。

$$解:第一道工序的投料程度=\frac{500\times50\%}{1\,500}=16.67\%$$

第一道工序在产品约当产量$=100\times16.67\%=16.67$(件)

$$第二道工序的投料程度=\frac{500+700\times50\%}{1\,500}=56.67\%$$

第二道工序在产品约当产量$=300\times56.67\%=170$(件)

$$第三道工序的投料程度=\frac{500+700+300\times50\%}{1\,500}=90\%$$

第三道工序在产品约当产量$=200\times90\%=180$(件)

月末在产品约当产量$=17+170+180=367$(件)

$$原材料费用分配率=\frac{3\,500+33\,000}{436+367}=45.45(元/件)$$

完工产品原材料费用$=436\times45.45=19\,816.2$(元)

月末在产品原材料费用$=367\times45.45=16\,680.15$(元)

2. 按照直接材料成本项目以外的其他项目计算期末在产品约当产量

对于人工工资、制造费用等材料费用以外的其他费用,在分配在产品约当产量时通常按在产品的完工程度进行计算。这些费用的发生与完工程度密切相关,因为它们是随生产的过程而逐渐投入耗费的,产品的完工程度越高,在产品负担的人工工资、制造费用等也就越多。在产品完工程度的计算方法有以下两种。

1) 不分工序确定在产品的完工程度

不分工序确定在产品的完工程度,是指在各工序在产品数量和单位产品在各工序的加工量都相差不多的情况下,前后各工序加工程度可以互相抵补,那么全部在产品完工程度均可按照50%确定。

2) 分工序确定在产品完工程度

若各工序在产品数量及加工程度相差悬殊,为了保证成本计算的准确性,可以按照各工序的累计工时定额占完工产品工时定额的比例来计算在产品的完工程度,并在事前确定各工序在产品的完工率。其计算公式为:

$$某工序在产品的完工率＝\frac{前面各工序累计工时定额＋本工序工时定额×50\%}{完工产品工时定额}$$

$$某工序在产品的约当产量＝该工序在产品数量×该工序在产品完工率$$

上述公式中,因为该工序中各件在产品的完工程度不同,所以按本工序工时定额乘以50%计算。为简化计算工作量,在本工序一律按完工率50%来计算。由于在产品从上一道工序转入下一道工序,前面的工序是已经完成了的,因此前面工序的完工程度按100%计算。

[例题 2-48] 旭日工程器械厂生产甲产品。该产品的生产工艺需要经过三道工序完成,单位产品的工时定额为50工时,其中:第一道工序工时定额为25工时,第二道工序工时定额为10工时,第三道工序工时定额为15工时。月末在产品数量为第一道工序100件,第二道工序300件,第三道工序200件。当月完工产品为610件,月初在产品的人工工资和职工福利费为8 600元,制造费用为3 500元,本月发生的人工工资和职工福利费为34 600元,制造费用为17 200元。

要求:按不分工序确定在产品的完工程度的方法来计算分配月末在产品和完工产品的人工工资、职工福利费和制造费用。

解:在按不分工序确定在产品的完工程度的方法下,全部在产品的完工程度均可按照50%来确定。

在产品约当产量＝100×50%＋300×50%＋200×50%＝300(件)

或(100＋300＋200)×50%＝300(件)

300件和610件的比例在在产品和完工产品之间分配费用,计算如下:

月末在产品的人工工资和职工福利费＝(8 600＋34 600)×33%＝14 256(元)

月末在产品的制造费用＝(3 500＋17 200)×33%＝6 831(元)

月末完工产品的人工工资和职工福利费＝(8 600＋34 600)×67%＝28 944(元)

月末完工产品的制造费用＝(3 500＋17 200)×67%＝13 869(元)

[例题 2-49] 承接[例题 2-48]中的已知条件。

要求:按分工序确定在产品的完工程度的方法,计算分配月末在产品和完工产品的人工工资、职工福利费和制造费用。

解:第一工序的完工程度＝$\frac{25×50\%}{50}$×100%＝25%

第一工序在产品约当产量＝100×25%＝25(件)

第二工序的完工程度＝$\frac{25＋10×50\%}{50}$×100%＝60%

第二工序在产品约当产量＝300×60%＝180(件)

第三工序的完工程度 $=\dfrac{25+10+15\times 50\%}{50}\times 100\%=85\%$

第三工序在产品约当产量 $=200\times 85\%=170$（件）

月末在产品约当产量 $=25+180+170=375$（件）

人工工资和职工福利费分配率 $=\dfrac{8\,600+34\,600}{610+375}=43.86$（元/件）

完工产品的人工工资和职工福利费 $=610\times 43.86=26\,754.6$（元）

月末在产品的人工工资和职工福利费 $=375\times 43.86=16\,447.5$（元）

或 $8\,600+34\,600-26\,754.6=16\,447.5$（元）

制造费用分配率 $=\dfrac{3\,500+17\,200}{610+375}=21.02$（元/件）

完工产品制造费用 $=610\times 21.02=12\,822.2$（元）

月末在产品制造费用 $=375\times 21.02=7\,882.5$（元）

或 $3\,500+17\,200-12\,822.2=7\,882.5$（元）

假设本例中,该产品原材料是生产开始时一次性投入的,月初在产品数量为 120 件,月初在产品原材料费用为 15 500 元,本月投产 1 200 件,发生原材料费用 126 860 元。原材料费用直接按完工产品和在产品数量比例进行分配,则原材料费用分配计算如下（如遇尾差造成的小数取整数）:

原材料费用分配率 $=\dfrac{15\,500+126\,860}{610+600}=117.6529$（元/件）

完工产品原材料费用 $=610\times 117.6529=71\,768.27$（元）

月末在产品原材料费用 $=600\times 117.6529=70\,591.73$（元）

或 $15\,500+126\,860-71\,768.27=70\,591.73$（元）

根据上述计算,编制甲产品的产品成本计算单如表 2-46 所示。

表 2-46 产品成本计算单(约当产量比例法)

产品:甲产品　　　　　　　　　　　2021 年 5 月　　　　　　　　　　　金额单位:元

摘要	成本项目			
	直接材料	直接人工	制造费用	合计
月初在产品成本	15 500	8 600	3 500	27 600
本月生产费用	126 860	34 600	17 200	178 660
生产费用合计	142 360	43 200	20 700	206 260
完工产品数量(件)	610	610	610	
月末在产品约当产量(件)	600	375	375	
生产数量合计(件)	1 210	985	985	
费用分配率(元/件)	117.6529	43.8579	21.0152	
完工产品成本	71 768.27	26 753.30	12 819.29	111 340.86
单位成本	117.6529	43.8579	21.0152	
月末在产品成本	70 591.7	16 447.5	7 882.5	94 921.7

根据本月产品成本计算单,编制会计分录如下。

借:库存商品——甲产品　　　　　　　　　　　　　　　　111 340.86

　　贷:生产成本——基本生产成本——甲产品　　　　　　　　111 340.86

[例题2-50] 旭日工程器械厂生产 A、B、C 三种产品,其中 A、B 产品本月的期初在产品成本资料如表 2-47 所示。C 产品无期初在产品。三种产品本月发生费用资料如表 2-48 所示。

表 2-47　A、B 产品本月的期初在产品成本资料

金额单位:元

产品	原材料费用	燃料及动力费用	工资、福利费	制造费用	合计
A	34 154	820	1 296	4 092	40 362
B	15 270	1 185	2 384	4 768	23 607

表 2-48　A、B、C 产品本月发生费用资料

金额单位:元

分配表	产品		
	A	B	C
原材料费用分配表	277 046	184 730	245 000
耗用燃料费用分配表	4 900	6 125	7 480
外购及动力费用分配表	1 984	1 540	880
工资及福利费分配表	7 704	5 616	10 656
辅助生产费用分配表(蒸汽)	8 800	7 200	4 000
制造费用分配表	15 408	11 232	14 775

三种产品本月产品产量、在产品数量和完工程度如表 2-39 所示。

表 2-49　三种产品本月产品产量、在产品数量和完工程度

产品	完工数量(件)	期末在产品	
		数量(件)	完工程度
A	2 500	625	80%
B	3 125	1 725	50%
C	4 000	0	—

A 产品耗用的原材料是在生产开始时一次性投入的,B、C 产品耗用的原材料,则是随着加工进度逐步投入的。

要求:按约当产量比例法计算完工产品成本和在产品成本(填制产品成本计算单),并编制产品入库的会计分录。

解:A、B、C 三种产品的成本计算单如表 2-50、表 2-51、表 2-52 所示。

A 产品成本计算单,产成品:2 500 件;在产品:625 件;完工程度:80%。

表 2-50　A 产品成本计算单

金额单位:元

摘要	原材料费用	燃料及动力费用	工资与福利费	制造费用	合计
期初在产品成本	34 154	820	1 296	4 092	40 362
本期发生	277 046	15 684	7 704	15 408	315 842
合计	311 200	16 504	9 000	19 500	356 204
约当产量	3 125	3 000	3 000	3 000	
分配率	99.584	5.50	3	6.5	
完工产品成本	248 960	13 750	7 500	16 250	286 460
月末在产品成本	62 240	2 754	1 500	3 250	69 744

B 产品成本计算单,产成品:3 125 件;在产品:1 725 件;完工程度:50%。

表 2-51　B 产品成本计算单

金额单位:元

摘要	原材料费用	燃料及动力费用	工资与福利费	制造费用	合计
期初在产品成本	15 270	1 185	2 384	4 768	23 607
本期发生	184 730	14 865	5 616	11 232	216 443
合计	200 000	16 050	8 000	16 000	240 050
约当产量	3 987.5	3 987.5	3 987.5	3 987.5	
分配率	50.16	4.03	2.01	4.01	
完工产品成本	156 750	12 593.75	6 281.25	12 531.25	188 156.25
月末在产品成本	43 250	3 456.25	1 718.75	3 468.75	51 893.75

C 产品成本计算单,产品数量:4 000 件。

表 2-52　C 产品成本计算单

金额单位:元

摘要	原材料费用	燃料及动力费用	工资与福利费	制造费用	合计
期初在产品成本					
本期发生	245 000	12 360	10 656	14 775	282 791
合计	245 000	12 360	10 656	14 775	282 791
完工产品成本	245 000	12 360	10 656	14 775	282 791

根据上述成本计算单,编制会计分录如下。

借:库存商品——A 产品　　　　　　　　　　　　286 460
　　　　　　——B 产品　　　　　　　　　　　188 156.25
　　　　　　——C 产品　　　　　　　　　　　　282 791
　　贷:生产成本——基本生产成本——A 产品　　　286 460
　　　　　　　　　　　　　　——B 产品　　　188 156.25
　　　　　　　　　　　　　　——C 产品　　　　282 791

[例题 2-51]　旭日工程器械厂生产车间生产甲产品分三道工序加工,原材料随着生产进度陆续投入,本月投入材料费用总额为 19 598.04 元。单位产品原材料消耗定额为:第一道工序 50 千克,第二道工序 30 千克,第三道工序 20 千克。月末在产品完工程度均为本工序的 50%。其他资料如表 2-53 所示。

表 2-53　原材料费用分配表

金额单位:元

工序	项目	产量(件)	投料率	约当产量	材料成本
第一道	完工产品	100	50%	50	4 444
	月末在产品	20	25%	5	444.4
第二道	完工产品	90	80%	72	6 399.36
	月末在产品	10	65%	6.5	577.72
第三道	完工产品	60	100%	60	5 332.80
	月末在产品	30	90%	27	2 399.76
合计				220.5	19 598.04

要求:

(1) 计算各工序投料率及约当产量。

(2) 按约当产量分配各工序产品材料费用。

解:

(1) 投料率:

第一道工序:完工产品＝50÷100＝50%　　　　在产品＝50×50%÷100＝25%

第二道工序:完工产品＝(50＋30)÷100＝80%

　　　　　　在产品＝(50＋30×50%)÷100＝65%

第三道工序:完工产品＝(50＋30＋20)÷100＝100%

　　　　　　在产品＝(50＋30＋20×50%)÷100＝90%

(2) 约当产量:

第一道工序:完工产品＝100×50%＝50　　　　在产品＝20×25%＝5

第二道工序:完工产品＝90×80%＝72　　　　　在产品＝10×65%＝6.5

第三道工序:完工产品＝60×100%＝60　　　　在产品＝30×90%＝27

(3) 分配材料费用:

分配率＝19 598.04÷220.5＝88.88

第一道工序:完工产品＝50×88.88＝4 444(元)　在产品＝5×88.88＝444.4(元)

第二道工序:完工产品＝72×88.88＝6 399.36(元)　在产品＝6.5×88.88＝577.72(元)

第三道工序:完工产品＝60×88.88＝5 332.8(元)　在产品＝27×88.88＝2 399.76(元)

五、完工产品成本计价法

在产品按完工产品成本计价法计价,是指将在产品视同为完工产品来计算分配生产费用。此方法适用于月末在产品已接近完工,或者在产品已经加工完毕,但尚未验收或包装入库的产品。因为在这种情况下,在产品成本已经接近完工产品成本,为了简化产品成本核算工作,在产品可以视同完工产品,按两者的数量比例来分配原材料费用和各项加工费用。

[**例题 2-52**] 旭日工程器械厂生产甲产品。月初在产品费用和本月发生费用为:直接材料费用 23 500 元,直接人工费用 16 000 元,制造费用 7 400 元。本月完工入库产品 900 件,月末在产品 100 件,接近完工产品 100 件,已经完工但尚未验收入库产品 200 件。要求:按完工产品计价法计算分配各项费用。

解:(1) 产品成本计算单如表 2-54 所示。

表 2-54　产品成本计算单(完工产品成本计价法)

产品名称:甲产品　　　　　　　　2021 年×月　　　　　　产量 900 件　　　金额单位:元

摘要	成本项目			
	直接材料	直接人工	制造费用	合计
生产费用合计	23 500	16 000	7 400	46 900
完工产品数量(件)	900	900	900	900
月末在产品数量(件)	100	100	100	100
生产数量合计(件)	1 000	1 000	1 000	1 000
费用分配率(元/件)	23.5	16	7.4	46.9
完工产品成本	21 150	14 400	6 660	42 210
单位成本	23.5	16	7.4	46.9
月末在产品成本	2 350	1 600	740	4 690

(2) 根据本月产品成本计算单,编制会计分录如下。

借:库存商品——甲产品　　　　　　　　　　　　　　　　42 210
　　贷:生产成本——基本生产成本——甲产品　　　　　　　　　42 210

六、定额成本计价法

定额成本法

在产品按定额成本计价法计价,是指按照预先制定的定额成本计算月末在产品成本,然后从该种产品全部生产成本(月初在产品成本加本月生产成本)中减去月末在产品的定额成本,来计算完工产品成本。采用这种方法时,可根据实际结存的在产品数量、投料程度和加工程度,以及单位产品定额成本核算出月末在产品的定额成本。每月生产成本与定额之间的节约差异或超支差异全部计入当月完工产品成本。采用定额成本计价法的前提是事先经过调查研究、技术测定等,对各个加工阶段和生产工序上的在产品直接确定一个单位定额成本。该方法适用于定额管理基础比较好,各项消耗定额或费用定额比较准确、稳定,而且各月在产品数量变动不大的产品。其计算公式如下:

在产品定额材料成本 = 在产品数量×在产品材料消耗定额×材料单价
在产品定额人工成本 = 在产品数量×在产品工时消耗定额×小时人工费用
在产品定额制造费用 = 在产品数量×在产品工时消耗定额×小时费用率
在产品定额成本 = 在产品定额材料成本＋在产品定额人工成本＋在产品定额制造费用

[**例题 2-53**] 旭日工程器械厂生产甲产品,2021 年 8 月月末,在产品 220 件,完工产品 830 件,原材料于生产开始时一次性投入,在产品原材料单位定额 25 元,定额工时

2 400 小时,人工费用单位工时定额 1.8 元,制造费用单位工时定额 1 元。8 月月初在产品成本 27 500 元,其中直接材料费用 12 000 元,直接人工费用 8 000 元,制造费 7 500 元。8 月发生的生产费用 88 100 元,其中直接材料费用 42 500 元,直接人工费用 27 600 元,制造费用 18 000 元。

要求:根据上述资料,计算甲产品本月完工产品成本和月末在产品成本。

解:(1) 月末在产品成本(定额成本):

直接材料费用=220×25=5 500(元)

直接人工费用=2 400×1.8=4 320(元)

制造费用=2 400×1=2 400(元)

本月完工产品成本:

直接材料费用=12 000+42 500−5 500=49 000(元)

直接人工费用=8 000+27 600−4 320=31 280(元)

制造费用=7 500+18 000−2 400=23 100(元)

(2) 根据上述计算结果,编制产品成本计算单如表 2-55 所示。

表 2-55 产品成本计算单(完工产品成本计价法)

产品名称:甲产品　　　　　　　　　2021 年 8 月　　　　　　　　　金额单位:元

摘要	成本项目			
	直接材料	直接人工	制造费用	合计
月初在产品成本	12 000	8 000	7 500	27 500
本月生产费用	42 500	27 600	18 000	88 100
生产费用合计	54 500	35 600	25 500	115 600
完工产品数量(件)	830	830	830	830
月末在产品数量(件)	220	220	220	220
直接材料单位定额成本	25			
月末在产品定额工时		2 400	2 400	
单位工时定额成本		1.8	1	
完工产品总成本	49 000	31 280	23 100	103 380
完工产品单位成本	59.04	37.69	27.83	124.55
月末在产品成本	5 500	4 320	2 400	12 220

(3) 根据产品成本计算单,编制结转本月完工入库产品成本的会计分录如下。

借:库存商品　　　　　　　　　　　　　　　　　　103 380

　　贷:生产成本——基本生产成本——直接材料　　　49 000

　　　　　　　　　　　　　　——直接人工　　　　31 280

　　　　　　　　　　　　　　——制造费用　　　　23 100

[例题 2-54] 旭日工程器械厂生产的甲产品由甲、乙两个零件组成。原材料在每道工序开始时一次投入,甲、乙两个零件所耗原材料定额分别为 5 元和 6 元,各工序工时定额为:甲产品第一道工序 3 小时,第二道工序 6 小时;乙产品第一道工序 6 小时,第二道工序 4 小

时。在产品数量和每小时燃料与动力费、工资及福利费、制造费用等资料如表 2-56 所示。

要求:月末在产品按定额成本计价法,分配计算完工产品成本,并登记产品成本明细账。

表 2-56   月末在产品定额成本计算表

金额单位:元

| 零件号 | 所在工序 | 在产品数量(件) | 原材料费用 | | 工时 | | 燃料与动力费用(0.5 元) | 工资及福利费(0.6 元) | 制造费用(0.8 元) | 合计 |
			单件定额	定额费用	单件累计定额	定额工时				
甲	第一道	100	5	500	1.5/9	16.67	8.34	10.00	13.34	531.68
	第二道	80	5	400	6/9	53.33	26.67	32	42.67	501.34
乙	第一道	200	6	1 200	3/10	60	30	18	48	1 296
	第二道	100	6	600	8/10	80	40	24	64	728
	合 计			2 700		105.01	84	168.01	3 057.02	

解:产成品成本明细账如表 2-57 所示。

表 2-57   产成品成本明细账

金额单位:元

摘要	原材料费用	燃料与动力费用	工资及福利费	制造费用	合计
月初在产品(定额成本)	4 500	1 630	1 728	2 400	10 258
本月生产费用	13 200	3 835	4 930	8 356	30 321
合计	17 700	5 465	6 658	10 756	40 579
完工产品成本	15 000	5 359.99	6 574	1 0587.99	37 521.98
月末在产品(定额成本)	2 700	105.01	84	168.01	3 057.02

定额比例法

七、定额比例法

定额比例法是指月末按照完工产品和在产品的定额消耗量或定额费用的比例计算分配费用,计算完工产品和月末在产品成本的方法。其中,直接材料成本按直接材料的定额消耗量或定额成本比例分配;直接人工费用和制造费用按各自定额成本的比例分配,或者按定额工时比例分配。

定额比例法适用于定额管理工作较好的企业,即各项消耗定额和费用定额都比较稳定,月末在产品数量变动较大。因为月初和月末在产品费用之间与定额的差异要在完工产品与月末在产品之间按比例进行分配,所以定额比例法弥补了按定额成本核算在产品成本时,实际费用与定额成本的差异完全由完工产品负担的缺陷,提高了产品成本计算的准确性。采用定额比例法时,如果原材料费用按定额原材料费用比例分配,各项加工费按定额工时比例分配,其计算公式如下:

$$费用分配率 = \frac{月初在产品成本 + 本月生产成本}{完工产品定额原材料费用或定额工时 + 月末在产品定额原材料费用或定额工时}$$

$$费用分配率 = \frac{月初在产品成本 + 本月生产成本}{月初在产品定额原材料费用或定额工时 + 本月定额原材料费用或定额工时}$$

完工产品原材料费用 ＝ 完工产品定额原材料费用×原材料费用分配率

月末在产品原材料费用 ＝ 月末在产品定额原材料费用×原材料费用分配率

完工产品直接人工费用／制造费用 ＝ 完工产品定额工时×直接人工费用／制造费用分配率

月末在产品直接人工费用／制造费用 ＝ 月末在产品定额工时×直接人工费用／制造费用分配率

[例题 2-55]　旭日工程器械厂生产甲产品。月初在产品费用为：原材料费用 38 000 元，人工费用 8 600 元，制造费用 11 000 元；本月生产费用为：原材料费用 144 000 元，人工费用 10 800 元，制造费用 19 200 元，完工产品定额原材料费用为 150 000 元，定额工时为 9 000 小时。月末在产品的定额原材料费用为 50 000 元，定额工时为 3 000 小时。

要求：采用原材料费用按定额费用比例、人工费用及其他加工费用按定额工时比例的标准，计算费用分配率，并编制完工产品与月末在产品费用分配表。

解：(1) 本月各项费用计算如下：

$$原材料费用分配率＝\frac{182\ 000}{150\ 000＋50\ 000}＝0.91$$

$$人工费用分配率＝\frac{19\ 400}{9\ 000＋3\ 000}＝1.62$$

$$制造费用分配率＝\frac{30\ 200}{9\ 000＋3\ 000}＝2.52$$

完工产品原材料费用＝150 000×0.91＝136 500(元)

月末在产品原材料费用＝50 000×0.91＝45 500(元)

完工产品人工费用＝9 000×1.62＝14 580(元)

月末在产品人工费用＝3 000×1.62＝4 860(元)

完工产品制造费用＝9 000×2.52＝22 680(元)

月末在产品制造费用＝3 000×2.52＝7 560(元)

完工产品成本＝136 500＋14 580＋22 680＝173 760(元)

月末在产品成本＝45 500＋4 860＋7 560＝57 920(元)

(2) 根据上述计算结果，编制完工产品与月末在产品费用分配表如表 2-58 所示。

表 2-58　完工产品与月末在产品费用分配表

2021 年 8 月　　　　　　　　　　　　　　　　　　金额单位：元

项目		原材料费用	人工费用	制造费用	合计
月初在产品费用		38 000	8 600	11 000	57 600
本月生产费用		144 000	10 800	19 200	174 000
生产费用合计		182 000	19 400	30 200	231 600
费用分配率		0.91	1.62	2.52	
完工产品费用	定额	150 000	9 000		
	实际	136 500	14 580	22 680	173 760
月末在产品费用	定额	50 000	3 000		
	实际	45 500	4 860	7 560	57 920

(3) 根据完工产品与月末在产品费用分配表，编制会计分录如下。

借：库存商品——甲产品   173 760
  贷：生产成本——基本生产成本——甲产品   173 760

[例题 2-56] 旭日工程器械厂 2021 年 8 月甲产品明细账部分数据如表 2-59 所示（明细账"工资及福利费"栏的"定额"行登记的是定额工时数），采用定额比例法分配费用。原材料费用按定额费用比例分配，其他费用按定额工时比例分配。

要求：

(1) 计算原材料费用和其他各项费用的分配率。

(2) 分配计算完工产品和月末在产品成本。

(3) 登记甲产品成本明细账(8 月份)。

表 2-59 甲产品成本明细账(部分数据)

金额单位：元

月	日	摘要		原材料费用	工资及福利费	制造费用	合计
7	31	余额		3 541	2 987	3 376	9 904
8	31	本月生产费用		5 459	4 213	5 024	14 696
8	31	累计		9 000	7 200	8 400	24 600
8	31	完工产品	定额	1 700	3 500 小时		
			实际	5 100	4 200	4 900	14 200
8	31	月末在产品	定额	1 300	2 500 小时		
			实际	3 900	3 000	3 500	10 400

解：(1) 原材料费用分配率 $= \dfrac{3\ 541 + 5\ 459}{1\ 700 + 1\ 300} = 3$

完工产品原材料费用 $= 1\ 700 \times 3 = 5\ 100$(元)

月末在产品原材料费用 $= 1\ 300 \times 3 = 3\ 900$(元)

工资及福利费分配率 $= \dfrac{2\ 987 + 4\ 213}{3\ 500 + 2\ 500} = 1.2$

完工产品工资及福利费 $= 3\ 500 \times 1.2 = 4\ 200$(元)

月末在产品工资及福利费 $= 2\ 500 \times 1.2 = 3\ 000$(元)

制造费用分配率 $= \dfrac{3\ 376 + 5\ 024}{3\ 500 + 2\ 500} = 1.4$

完工产品的制造费用 $= 3\ 500 \times 1.4 = 4\ 900$(元)

月末在产品的制造费用 $= 2\ 500 \times 1.4 = 3\ 500$(元)

(2) 完工产品成本 $= 5\ 100 + 4\ 200 + 4\ 900 = 14\ 200$(元)

月末在产品成本 $= 3\ 900 + 3\ 000 + 3\ 500 = 10\ 400$(元)

任务三 完工产品成本的结转

生产企业生产产品发生的各项生产费用，已在各个产品之间进行了分配，并且在同种产品的完工产品和月末在产品之间进行了分配,因此计算出每种完工产品的成本,即从"生产成本——基本生产成本"账户及所属明细账户的贷方转出,转入有关账户的借方。结转完工产成品入库的成本时,借记"库存商品"账户;结转完工的自制材料、工具、模具等产品的成本时,分别借记"原材料""低值易耗品"等账户,贷记"生产成本——基本生产成本"账户。"生产成本——基本生产成本"账户期末借方余额就是基本生产在产品的成本,即在基本生产过程中占用的生产资金。

[例题 2-57]　甲、乙产品的成本明细账,如表 2-60、表 2-61 所示。

要求:编制产成品成本汇总表,并根据产成品成本汇总表编制产成品入库分录。

表 2-60　产品成本明细账

车间名称:基本生产车间　　　　　　　　　　　　　　　　　　　　产量:1 200 件
产品名称:甲产品　　　　　　　　　2021 年 5 月　　　　　　　金额单位:元

成本项目	月初在产品	本月生产费用	生产费用合计	月末在产品成本	产成品成本	
					总成本	单位成本
直接材料	25 600	378 500	404 100	17 500	386 600	322.17
直接人工	30 050	412 000	442 050	16 600	425 450	354.54
燃料及动力	8 900	13 500	22 400	9 200	13 200	11
制造费用	18 900	46 800	65 700	20 800	44 900	37.417
合计	83 450	850 800	934 250	64 100	870 150	725.13

表 2-61　产品成本明细账

车间名称:基本生产车间　　　　　　　　　　　　　　　　　　　　产量:1 280 件
产品名称:乙产品　　　　　　　　　2021 年 5 月　　　　　　　金额单位:元

成本项目	月初在产品	本月生产费用	生产费用合计	月末在产品成本	产成品成本	
					总成本	单位成本
直接材料	23 600	378 500	402 100	17 700	384 400	300.31
直接人工	30 250	412 000	442 250	18 300	423 950	331.21
燃料及动力	9 300	13 500	22 800	9 290	13 510	10.555
制造费用	18 800	46 800	65 600	21 800	43 800	34.219
合计	81 950	850 800	932 750	67 090	865 660	676.3

解:(1) 产成品成本汇总表如表 2-62 所示。

表 2-62　产成品成本汇总表

2021 年 5 月　　　　　　　　　　　　　　　　　　　金额单位:元

产品名称	成本项目				合计
	直接材料	直接人工	燃料及动力	制造费用	
甲产品	386 600	425 450	13 200	44 900	870 150
乙产品	384 400	423 950	13 510	43 800	865 660
合计	771 000	849 400	26 710	88 700	1 735 810

（2）根据产成品成本汇总表，编制产成品入库会计分录如下。

借：库存商品——甲产品　　　　　　　　　　　　　　　　870 150

　　　　——乙产品　　　　　　　　　　　　　　　　865 660

　　贷：生产成本——基本生产成本——甲产品　　　　　　　　870 150

　　　　　　　　　　　　——乙产品　　　　　　　　865 660

模 块 小 结

　　材料费用是企业在生产过程中使用材料所发生的费用，材料消耗的核算主要包括材料购入和发出成本、材料消耗的数量、材料的使用用途等内容。企业在生产过程中发生的材料费用，首先应按其发生的地点和用途进行归集，其次采用适当的方法进行分配，常见的分配方法有定额消耗量比例法和定额费用比例法。

　　职工薪酬是企业为获得职工提供的服务或因解除劳动关系而给予的职工以各种形式的补偿或报酬，其中包括短期薪酬、辞退福利、离职后福利和其他长期职工福利。

　　辅助生产车间在生产产品或者提供劳务时耗费的材料费用、人工费用、动力费用以及辅助生产车间的制造费用等，构成该种产品或劳务的辅助生产成本。

　　制造费用是指企业生产部门为生产产品或提供劳务而发生的、应计入产品成本但没有专设成本项目的各项生产费用。在会计期末时应该将制造费用合理地分配到有关产品的成本中。通常来说，如果一个车间只生产一种产品，那么所发生的制造费用可直接计入该种产品的成本；如果生产的是多种产品，制造费用则应该采用适当的分配方法，在各种产品之间进行分配。

　　分配完工产品和月末在产品之间的费用通常采用不计算在产品成本法、固定成本计价法、消耗原材料计价法、约当产量法、完工产品成本计价法、定额成本计价法和定额比例法等方法。

技 能 训 练

一、单项选择题

1. 甲产品经三道工序加工而成,每道工序的工时定额分别为:15 小时、25 小时、10 小时。各道工序在产品在本道工序的加工程度按工时定额的 50% 计算。第三道工序的累计工时定额为(　　)小时。

   A. 10　　　　　　　　B. 50　　　　　　　　C. 45　　　　　　　　D. 40

2. 在下列辅助生产成本的分配方法中,分配结果最正确的是(　　)。

   A. 交互分配法　　　　　　　　　　B. 直接分配法

   C. 计划成本分配法　　　　　　　　D. 代数分配法

3. 按照相关的原始凭证,外购燃料和动力费用的总额能够计入(　　)账户。

   A. 基本生产成本　　B. 辅助生产成本　　C. 应付账款　　　　D. 其他应付款

4. 制造费用除了按年度计划分配率分配以外,"制造费用"账户月末(　　)。

   A. 没有余额　　　　　　　　　　　B. 一定有借方余额

   C. 一定有贷方余额　　　　　　　　D. 有借方或贷方余额

5. 材料费用按产品材料定额成本比例分配法分配时,其适用的前提是(　　)。

   A. 产品的产量与所耗用的材料有密切的联系

   B. 产品的重量与所耗用的材料有密切的联系

   C. 几种产品共同耗用几种材料

   D. 各项材料消耗定额比较准确、稳定

6. 各月在产品数量变动较大的情况下,采用在产品按定额成本计价法将生产费用在完工产品和在产品之间进行分配时,可能导致的结果是(　　)。

   A. 月初在产品成本为负数　　　　　B. 本月发生的生产费用为负数

   C. 本月完工产品成本为负数　　　　D. 月末在产品成本为负数

7. 在各辅助生产车间相互提供劳务很少的情况下,适宜采用的辅助生产费用分配方法是(　　)。

   A. 直接分配法　　　　　　　　　　B. 代数分配法

   C. 计划成本分配法　　　　　　　　D. 交互分配法

8. 可修复废品修复前发生的费用应(　　)。

   A. 借记"废品损失"账户　　　　　　B. 借记"基本生产成本"账户

   C. 借记"原材料"账户　　　　　　　D. 保留在"基本生产成本"账户

9. 下列各项中,应计入产品成本的费用是(　　)。

   A. 职工教育经费　　　　　　　　　B. 生产车间管理人员工资及福利费

   C. 职工死亡丧葬补助费　　　　　　D. 支付给银行的手续费

10. 直接分配法是将辅助生产费用(　　)的方法。

    A. 直接计入基本生产成本

B. 直接计入辅助生产成本

C. 直接分配给辅助生产车间以外的各受益单位

D. 直接分配给所有受益单位

11. 辅助生产交互分配后的实际费用,应再在( )进行分配。

    A. 各基本生产车间

    B. 各辅助生产车间以外的受益单位之间

    C. 各受益的基本生产车间

    D. 各辅助生产车间

12. 计算计件工资费用,应以( )中产品的数量和质量为依据。

    A. 考勤记录   B. 工时记录   C. 质量记录   D. 产量记录

13. 下列辅助生产费用的各种分配方法中,分配结果最准确的是( )。

    A. 交互分配法   B. 直接分配法

    C. 计划成本分配法   D. 代数分配法

14. 甲产品8月在生产过程中发现的不可修复废品的生产成本为800元,入库后发现的不可修复废品的生产成本为400元,可修复废品的修复费用为300元,回收废品残料的价值为100元。据此计算该产品8月废品净损失是( )元。

    A. 1 000   B. 1 100   C. 1 400   D. 1 500

15. 采用交互分配法对辅助生产费用分配时,对外分配的费用总额是( )。

    A. 交互分配前的费用

    B. 交互分配前的费用加上交互分配转入的费用

    C. 交互分配前的费用减去交互分配转出的费用

    D. 交互分配前的费用加上交互分配转入的费用、减去交互分配转出的费用

二、多项选择题

1. 应计入产品成本的各种材料费用按其用途进行分配,应记入的账户有( )。

    A. 基本生产成本   B. 在建工程

    C. 管理费用   D. 制造费用

2. 采用约当产量法计算月末在产品成本,在产品的约当产量应按( )来计算。

    A. 投料程度   B. 完工程度

    C. 完工入库程序   D. 废品比例程度

3. 分配辅助生产费用,贷记"生产成本——辅助生产成本"账户时,对应的借方账户可能有( )。

    A. 生产成本——基本生产成本   B. 管理费用

    C. 制造费用   D. 营业费用

4. 几种产品共同耗用的动力费用,常用的分配标准有( )。

    A. 生产工时   B. 机器工时

    C. 产品重量   D. 生产工人工资

5. 采用约当产量比例法,必须正确计算在产品的约当产量,而在产品约当产量正确与否,取决于在产品完工程度的测定,测定在产品完工程度(完工率)的方法有( )。

A. 定额工时

B. 按 50％平均计算各工序完工率(完工程度)

C. 分工序分别计算完工率(完工程度)

D. 按定额比例法计算

6. 辅助生产成本明细账户余额的特点包括(　　　)。

A. 如果为自制材料和包装物、自制工具和模具等产品的生产成本明细账,结转完工入库产品成本后,期末借方余额为期末在产品成本

B. 如果为生产产品的成本明细账,期末分配给受益对象后,应有贷方余额。

C. 如果为供水、供电、供气、机修、运输等产品和劳务的生产成本明细账,期末分配给各受益对象以后,应无余额

D. 各种辅助生产成本明细账,一般应有期末借方余额

7. 下列各项,属于工资总额的组成部分的有(　　　)。

A. 计时工资 　　　　　　　　　 B. 生产工人工资

C. 计件工资 　　　　　　　　　 D. 津贴

8. 辅助生产费用按计划成本分配法计算的特点有(　　　)。

A. 分配结果最准确

B. 能反映和考核成本计划执行情况

C. 能反映各受益单位的成本

D. 便于分清各部门之间的责任

E. 辅助生产费用只分配一次

9. 辅助生产车间不设"制造费用"账户核算是因为(　　　)。

A. 辅助生产车间数量较少

B. 辅助生产车间规模较小

C. 辅助生产车间不对外提供商品

D. 制造费用较少

10. 根据"工资结算汇总表"和"直接人工费用分配表"进行分配结转工资费用的账务处理时,会计分录中对应的借方账户主要有(　　　)。

A. 生产成本 　　　 B. 管理费用 　　　 C. 制造费用 　　　 D. 财务费用

三、判断题

1. 约当产量法适用于月末在产品数量大、各月末在产品数量变化较大、其原材料费用在成本中所占比重较大的产品。 (　　　)

2. 定额消耗量比例法是以定额成本作为分配标准的。 (　　　)

3. 动力费用的归集与分配一般是通过编制"动力费用分配表"进行的。 (　　　)

4. 每月发生的成本全部由完工产品负担的成本分配方法适用于企业各月末在产品数量固定的产品。 (　　　)

5. 经过修理可以使用的废品不一定是可修复废品。 (　　　)

6. 对于车间管理人员的工资和企业管理部门的工资,都应记入"管理费用"账户。

(　　　)

---

7. 辅助生产与基本生产的最大区别是生产产品的目的不同。　　　　（　　）

8. "废品损失"账户期末一般无余额。　　　　　　　　　　　　　　（　　）

9. 基本生产车间发生的各项费用均应直接记入"基本生产成本"账户。（　　）

10. 职工福利费应按实发工资的14%计算提取。　　　　　　　　　　（　　）

四、实训操作题

1. 某生产车间生产甲产品分三道工序加工，原材料在每道工序开始时投入，本月投入材料费用总额为19 598.04元。单位产品原材料消耗定额为：第一道工序50千克，第二道工序30千克，第三道工序20千克。月末在产品完工程度均为本工序的50%。其他资料如下：

原材料费用分配表

金额单位：元

工序	项目	产量（件）	投料率	约当产量（件）	材料成本
第一道	完工产品	100			
	月末在产品	20			
第二道	完工产品	90			
	月末在产品	10			
第三道	完工产品	60			
	月末在产品	30			
合　计					

要求：（1）计算各工序投料率及约当产量。

（2）按约当产量分配各工序产品材料费用。（将计算结果填入表中，写出计算过程）。

2. 某生产车间生产甲产品分三道工序加工，本月发生直接人工费用9 310.18元，制造费用13 965.27元。单位产品工时定额为：第一道工序5小时，第二道工序2小时，第三道工序3小时。月末在产品完工程度均为本工序的50%。其他资料如下：

加工费用分配表

金额单位：元

工序	项目	产量（件）	完工率	约当产量（件）	直接人工费用	制造费用
第一道	完工产品	100				
	月末在产品	20				
第二道	完工产品	90				
	月末在产品	10				
第三道	完工产品	60				
	月末在产品	30				
合　计						

要求：（1）计算各工序完工率及约当产量。

    (2) 按约当产量分配各工序产品加工费用。(将计算结果填入表中,写出费用分
        配率计算过程)。

3. 某企业生产 A 产品,本月完工 500 件;本月发生制造费用 36 200 元。有关资料如下:

工序	定额工时	完工率	在产品数量(件)	约当产量(件)
1	10		120	
2	8		60	
3	2		160	
合计	20		340	

    要求:(1) 计算在产品完工率及在产品约当产量。

        (2) 分配计算完工产品和在产品应负担的制造费用。

4. 某企业基本生产车间生产甲、乙、丙三种产品。6 月份发生的生产工人计时工资共计
    14 700 元;甲产品完工 1 000 件,乙产品完工 400 件,丙产品完工 450 件;单件产品工
    时定额:甲产品 2.5 小时,乙产品 2.45 小时,丙产品 1.6 小时。

    要求:按定额工时比例分配甲、乙、丙产品生产工人工资及福利费。(将计算结果填入
    下表)

生产工人工资及福利费分配表   金额单位:元

产品名称	定额工时	分配率	生产工人计时工资	计提比例	职工福利费
甲产品					
乙产品					
丙产品					
合计					

5. 某企业大量生产甲产品,分两个步骤,分别由两个车间进行。第一车间为第二车间提
    供半成品,第二车间将半成品加工为产成品,采用逐步结转分步法计算产品成本。本
    月第一、第二车间发生的生产费用(不包括所耗半成品的费用)为:第一车间:原材料
    费用 12 600 元,工资及福利费 600 元,制造费用 12 200 元。第二车间:工资及福利费
    7 400 元,制造费用 17 700 元。本月初半成品库结存半成品 400 件,其实际成本
    20 600 元。本月第一车间完工入库半成品 500 件,第二车间从半成品库领用半成品
    700 件。本月第二车间完工入库产成品 350 件,在产品按定额成本计价,月初在产品
    定额成本:第一车间:原材料费用 3 800 元,工资及福利费 2 200 元,制造费用
    4 600 元;第二车间:半成品费用 12 200 元,工资及福利费 2 400 元,制造费用
    5 000 元。其中,月末在产品定额成本:第一车间:原材料费用 5 600 元,工资及福利费
    2 600 元,制造费用 5 200 元;第二车间:半成品费用 5 200 元,工资及福利费 1 000 元,
    制造费用 2 800 元。

    要求:根据上述资料,登记产品成本明细账和自制半成品明细账,按实际成本综合结
    转半成品成本(库存半成品成本采用全月一次加权平均法计算),计算产成品成本。

产品成本明细账

车间名称:第一车间　　产品名称:半成品甲　2021 年 4 月　　产量:500 件　　金额单位:元

成本项目	月初在产品定额费用	本月费用	生产费用合计	完工半成品成本	月末在产品定额费用
原材料					
工资及福利费					
制造费用					
合计					
单位成本					

自制半成品明细账

半成品名称:甲　　　　　　　　　　　　　　　　　　　　　　　　计量单位:件

月份	月初余额		本月增加		合计			本月减少	
	数量	实际成本	数量	实际成本	数量	实际成本	单位成本	数量	实际成本
4									
5									

产品成本明细账

车间名称:第二车间　　产品名称:产成品甲　　2021 年 4 月　　产量:350 件　　金额单位:元

成本项目	月初在产品定额费用	本月费用	生产费用合计	产成品成本		月末在产品定额费用
				总成本	单位成本	
半成品						
工资及福利费						
制造费用						
合计						

模块三　产品成本计算方法

 知识目标：

1. 了解品种法和分批法的概念和适用范围。

2. 熟悉一般分批法和简化分批法的计算原理、适用条件和特点。

3. 熟悉逐步结转分步法和平行结转分步法各自的含义、适用范围及其特点。

4. 掌握逐步结转分步法和平行结转分步法各自的成本计算程序。

5. 熟悉分类法的含义、适用范围和特点。

6. 掌握分类法的成本计算程序。

 能力目标：

1. 能够运用品种法进行产品成本的计算和账务处理。

2. 能够正确进行完工产品成本的结转工作。

3. 能够对各项费用进行正确的归集。

4. 能够结合企业具体情况，准确运用一般分批法和简化分批法。

5. 能够根据企业生产类型和管理要求选择合适的分步法。

6. 能够计算产成品的实际成本。

 素质目标：

1. 培养学生遵守法律、法规和国家统一会计制度的职业素养。

2. 培养学生的团队精神。

3. 培养学生诚实守信的做人原则。

4. 培养学生认真负责的工作态度。

生产的分类
及成本计算
方法

项目一　产品成本计算方法概述

任务一　生产类型特点和管理要求对成本计算的影响

一、制造业企业生产的主要类型及成本管理的要求

（一）制造业企业生产的主要类型

1. 生产按产品工艺特点分类，可分为单步骤生产和多步骤生产

（1）单步骤生产又称简单生产，其特点是产品在生产过程中，经过一个或者几个不间断的工艺过程，直接生产出产成品，生产的中间环节不需要分别计算半成品成本。这种生产的周期一般比较短，产品品种比较单一，核算成本较低。

（2）多步骤生产又称复杂生产，其特点是产品在生产过程中要经过几个不同的工艺过程，这些工艺过程是可以间断的，而且企业需要分别计算各个工艺过程所生产的半成品成本。多步骤生产又可以按劳动对象的加工程序分为连续加工式生产和平行加工式生产。

连续加工式生产是指原材料投入顺序经过若干步骤的逐步加工制成产成品的生产。这种生产方式除了最后步骤生产出完工产品，其余步骤的产品完工后都是企业自制的半成品，这些半成品主要用于下一步骤继续加工，直至最后加工成产品。平行加工式生产是指各种原材料投入到不同的加工部门制成所产产品的各种零部件，再将零部件装配成产成品的生产。机械制造企业大部分都属于这种类型的多步骤生产。

2. 生产按组织管理方式分类，可分为大量生产、批量生产和单件生产三种

（1）大量生产是指不断重复品种相同的产品生产。它的特点是陆续投入、陆续产出，不分批别，品种稳定，产量大。

（2）批量生产是指按规定的数量和规格进行批量生产。成批生产按每批生产数量的多少，又可分为大批生产和小批生产。大批生产的产品数量较多，通常在一段时间内连续不断地生产相同的产品，因而，其特点类似于大量生产。小批生产的产品数量较少，每批产品同时投产，往往也同时完工，它的特点类似于单件生产。

（3）单件生产是指根据客户的要求，制造个别的、性质特殊的产品生产，其特点是：制造时间长，而且在较长时期内一般不重复生产相同品种的产品。

（二）成本管理的要求

成本管理的要求是指企业在组织成本核算时，应以满足企业经营管理的需要为前提，从成本管理的实际需求出发，确定成本核算对象，分清主次，区别对待。例如，在大量大批复杂生产的企业里，尽管从工艺上看，生产类型是多步骤的，但如果成本管理不要求计算各生产步骤半成品的成本，企业也可以不计算各生产步骤的成本。

二、生产类型特点对成本计算的影响

由于成本计算方法取决于成本计算对象,因此,生产类型的特点对成本计算方法的影响主要表现在成本计算对象的确定上。除此之外,生产类型的特点对生产费用计入产品成本的程序、成本计算期的确定以及生产成本在完工产品与在产品之间的分配方法等方面也产生影响。

1. 对成本计算对象的影响

在大量大批单步骤的生产中,由于不间断地重复生产同类产品,中间又没有自制半成品存在,因而只能以产品的品种法作为成本计算对象来归集生产费用;而在大量大批多步骤生产中,由于各个步骤相对独立地生产半成品,生产费用完全可以按产品的生产步骤归集,因而就可以将各个加工步骤的产品作为成本计算对象,以计算各步骤半成品的成本;在单件或小批量生产中,由于产品是以客户的订单或批次组织生产的,因而就决定了可以按产品的订单或批次作为成本计算的对象,以某订单或批次归集生产费用,以计算订单或各批次产品的总成本。

2. 对生产费用计入产品成本程序的影响

生产费用计入产品成本程序,是指产品生产过程中发生的各种耗费,经过一系列的归集与分配,最后汇总成产品成本的步骤和方法。

在单件生产情况下,成本计算对象就是该件产品,因而生产该产品所发生的全部生产费用都可以直接计入该产品成本。在成批生产情况下,由于产品批次较多,产品生产所发生的生产费用,若能确定为生产某一批产品所发生的,则直接计入该批产品成本;若不能直接计入,则需要按一定标准分配计入各有关批次产品的成本。在大量多步骤生产情况下,生产费用计入产品成本的程序比较复杂。如果是分步骤计算半成品成本,则各步骤生产中发生的生产费用除了分别归集到各步骤产品中,还要将上步骤归集的半成品成本随着半成品的实物的转移而逐步结转到下步骤的产品成本中,直至累计到最后步骤,成为完工产品的成本。如果不需要计算各步骤半成品成本,则各生产步骤仅归集本步骤产品生产所发生的生产费用,并计算出由产成品负担的份额,最后合成完工产品的成本。

3. 对成本计算期的影响

成本计算期,是指生产费用计入产品成本所规定的起止时期。在大量大批生产情况下,由于产品生产不间断地进行,既不间断地投入也不间断地产出,在会计分期原则下,只能按月定期地计算产品成本,以满足分期计算损益的需要,这种成本计算期与会计报告期一致。在小批或单件生产情况下,各批产品的生产周期往往不同,而且批量小,生产不重复或重复少,这样,宜按照各批产品的生产周期计算产品成本,成本计算期与产品的生产周期一致,但与会计报告期不同。

4. 对产品成本在完工产品与在产品之间分配方法的影响

在大量大批生产情况下,由于成本计算期与产品的生产周期不一致,每月月末一般会有在产品存在,因而要将产品的生产成本采用适当的方法在完工产品与月末在产品之间分配。在单件或小批量生产情况下,由于成本计算期与产品生产周期一致,产品完工时才

计算完工产品的成本,因此,在报告期末时,一般不需要将产品成本在完工产品与在产品之间分配。

三、管理要求对成本计算的影响

企业对成本管理的要求不同,对成本计算方法(主要是成本计算对象)的确定也会产生影响。例如,在大量大批多步骤生产的企业,由于产品生产过程可以间断,并可分散在不同地点进行生产,这样客观上具备了按生产步骤计算半成品成本的条件。

在大量大批复杂生产的企业里,一般以每种产品及其所经过的加工步骤作为成本计算对象,采用分步法来计算产品成本。如果企业规模较小,成本管理上不要求计算产品所经过加工步骤的成本,只要求计算出每种产品的成本,这时,可采用品种法计算产品成本。因此,企业在选择成本计算方法时,除了要考虑生产类型的特点,还要考虑成本管理的要求。

管理要求对成本计算方法的影响主要有:①单步骤生产或管理上不要求分步骤计算成本的多步骤生产,以品种或批别为成本计算对象,采用品种法或分批法。②管理上要求分步骤计算成本的多步骤生产,以生产步骤为成本计算对象,采用分步法。③在产品品种、规格繁多的企业,管理上要求尽快提供成本资料,简化成本计算工作,可采用分类法计算产品成本。④在定额管理基础较好的企业,为了加强定额管理工作,可采用定额法。

任务二　产品成本计算的主要方法

一、产品成本计算的基本方法

如上所述,产品成本计算方法受企业生产类型和管理要求的特点影响。具体地说,生产类型的不同和管理要求的不同决定着产品成本的计算对象、成本计算期和生产费用在完工产品与产品之间的分配方法;不同的成本计算对象、成本计算期和生产费用在完工产品与在产品之间分配方法相互结合,形成了制造业企业产品成本计算的不同方法。其中起决定因素的是成本的计算对象,成本计算对象是区别不同成本计算方法的主要标志。产品成本的计算对象一般分为产品品种、产品的批别和生产步骤三种,因而产品成本计算的基本方法主要包括以下三种。

(1)品种法是以产品的品种为成本计算对象来归集生产费用,计算产品成本的一种方法。品种法主要适用于:①大批量单步骤生产的企业,如发电、采掘等行业。②多步骤,但不要求计算半成品成本的小型企业,如水泥厂、制砖厂、小型造纸厂等企业。品种法一般按月定期计算产品成本,不需要把生产费用在产成品和半成品之间进行分配。

(2)分批法是以产品的批次作为成本计算对象来归集生产费用,计算产品成本的一种方法。分批法主要适用于单件、小批的单步骤或者管理上不要求分步骤计算成本的多步骤生产,如修理作业、重型机床、船舶制造和专用设备等。由于在未完工时没有产成品,完工后又没有在产品,产成品和在产品不会同时并存,因而也不需要把生产费用在产成品和半成品之间进行分配。

(3) 分步法是以产品的品种及其所经过的生产步骤为成本计算对象归集生产费用,计算产品成本的一种方法。分步法适用于大量或大批的多步骤生产,如机械、纺织、造纸等。分步法由于生产的数量大,某一段时间上往往既有已完工的产品,又有未完工的在产品和半成品,不可能等全部产品完工后再计算成本。因为分步法一般是按月定期计算成本,并且要把生产费用在产品和半成品之间进行分配。

这三种方法是计算产品实际成本必不可少的方法。因为任何产品成本计算必然要采用其中一种或将其综合应用,所以将这三种方法称为成本计算的基本方法。这三种方法的比较如表 3-1 所示。

表 3-1　产品成本计算基本方法的比较

产品成本计算方法	成本核算对象	成本计算期	生产费用在完工产品和在产品之间的分配	生产特点及成本管理要求
品种法	产品品种	按月计算,与会计报告期间一致	单步骤生产一般不需要分配;多步骤生产一般需要分配	大量大批单步骤生产或管理上不要求分步骤计算成本的大量大批多步骤生产
分批法	产品批别	不定期计算,与生产周期一致	一般不需要分配	单件小批单步骤生产或管理上不要求分步骤计算成本的单件小批多步骤生产
分步法	产品品种及其所经过的步骤	按月计算,与会计报告期间一致	需要分配	管理上要求分步骤计算成本的大量大批多步骤生产

二、产品成本计算的辅助方法

在实际工作中,由于产品生产情况复杂多变,企业管理差异不一,为了简化计算工作或较好地利用管理条件,还需要采用一些其他的成本计算方法,如以下几种方法。

1. 分类法

在产品品种、规格繁多的企业,为了解决成本核算对象的分类问题,产生了产品成本计算的分类法。分类法的成本核算对象是产品的类别,它需要运用品种法等基本方法的原理计算出各类产品的实际总成本,再求得类别内各种品种(各种规格)产品的实际总成本和单位成本。

2. 定额法

在定额管理基础工作比较好的企业,可以将成本核算和成本控制结合起来,采用定额法计算产品成本。定额法将符合定额的费用和脱离定额的差异分别核算,以完工产品的定额成本为基础,加减脱离定额的差异、材料成本差异和定额变动差异来求得实际成本,解决了成本的日常控制问题。

3. 作业成本法

作业成本法是指以作业为基础,按成本动因来分配间接费用的方法。作业成本法以作业为中心,以成本动因(资源动因和作业动因)为间接费用分配标准,提高了间接费用分配的准确性。

4. 标准成本法

标准成本法是一种成本控制方法,也是一种特殊的成本计算方法。标准成本法与定额法不同,它只计算产品的标准成本,不计算产品的实际成本,实际成本脱离标准成本的差异直接计入当期损益。

5. 变动成本法

变动成本法是将直接材料、燃料和动力、直接人工和变动制造费用等变动成本计入产品生产成本,固定制造费用全部作为期间费用,在发生时直接计入当期损益的一种成本计算方法。

在上述方法中,分类法是为了适应一些企业产品品种规格繁多,成本计算工作量繁重的情况下而设计的一种简化成本计算方法。定额法是在定额管理基础较好的企业,为了加强生产费用和产品成本的定额管理,加强成本控制而采用的成本计算方法。分类法和定额法从计算产品实际成本的角度来说,不是必不可少的,因而是计算成本的辅助方法。这些辅助方法必须结合基本方法使用。

三、各种产品成本计算方法的综合应用

(一) 几种成本计算方法同时采用

在制造业企业里,一般既设有基本生产车间来生产企业的产品,又设有辅助生产车间为基本生产车间或其他部门提供工具或劳务。基本生产车间生产的产品要计算成本,辅助生产车间生产的工具或劳务等也要计算成本,但基本生产车间和辅助生产车间在生产特点和管理要求上会有不同,采用的成本计算方法也会不同。例如,在钢铁生产企业的炼铁、炼钢和轧钢,属于大量大批的多步骤生产,而且各步骤所产的半成品可以对外出售,因此,所产产品要采用分步法计算产品的成本,而设立的辅助生产车间则为基本生产部门制造工具、模具等,一般属于小批单件生产,所产产品则可采用分批法计算成本。

(二) 几种成本计算方法结合运用

有的制造业企业,除了同时采用几种计算方法,还会有以一种成本计算方法为主,结合其他成本计算方法的某些特点加以综合运用的情况。例如,在单件小批生产的机械产品企业中,其产品的主要生产过程是由铸造、机加工、装配等相关联的各个生产阶段组成,其最终产品应采用分批法进行成本计算;但从各个生产步骤看,由于其特点和管理要求不同,计算方法就有所不同。例如,在铸造阶段,由于品种少并可直接对外出售,可采用品种法进行成本计算;从铸造到机加工阶段,由于是连续或多步骤生产,因而就可以采用分步法计算成本。

企业生产情况复杂,管理多样,所采用的成本计算方法也是多种多样。学生在学习时应重点掌握基本方法,特别是典型方法——品种法的基本原理;应用时,则需要结合不同的生产特点和管理要求,并考虑企业规模大小和管理水平高低等实际情况,切勿不从实际出发生搬硬套某种成本计算方法。

品种法的工作原理

项目二　产品成本核算的品种法

任务一　认识品种法

一、品种法的含义

品种法是以产品品种作为计算对象来归集生产费用,计算产品成本的方法。品种法是产品成本计算中最基本的方法。因为,不论什么特点的工业企业,不论什么类型的产品生产,也不论管理要求如何,最终都必须按照产品品种算出产品成本。

二、品种法的特点

品种法的特点主要表现在以下三个方面。

1. 以产品品种作为成本计算对象,并据以设置产品成本明细账归集生产费用,计算产品成本

在运用品种法进行成本计算的企业,如果该企业仅生产一种产品,只需以该种产品作为成本计算对象,开设一张成本计算单,并按成本项目开设专栏,生产过程中发生的各项费用都是直接费用,可直接记入产品成本计算单中的相关成本项目中。如果企业生产多种产品,则需按产品品种分别作为成本计算对象,开设若干张成本计算单。生产过程中直接为某产品品种所发生的费用,直接记入该种产品成本计算单中的相关成本项目;几种产品共同发生的费用在采用一定的方法分配后再记入各种产品成本计算单中的相关成本项目。

2. 成本计算期与会计报告期一致,即按月定期计算产品成本

由于大量大批的生产是不间断的连续生产,无法按照产品的生产周期来归集生产费用和计算产品成本,因此只能定期按月计算产品成本,进而将本月销售收入与已售产品的生产成本配比,计算当月损益。因此,品种法一般按月计算,成本计算期与会计报告期一致,与产品生产周期不一致。

3. 月末一般要将生产费用在完工产品和在产品之间进行分配

在单步骤生产的企业,月末一般不存在尚未完工的产品,或者在产品的数量很小,可以不计算在产品成本,因而也就不需要将生产费用在完工产品和在产品之间进行分配。对于管理上不要求按照生产步骤计算产品成本的大量大批多步骤生产的企业,月末一般都有在产品且数量较多,这就需要将归集的生产费用按适当的方法在完工产品和在产品之间进行分配,以便计算出完工产品成本和月末在产品成本。

三、品种法的适用范围

品种法的适用范围表现在以下三个方面。

（1）品种法主要适用于大量大批的单步骤生产企业，如发电、采掘等企业。在这种类型的企业中，由于产品生产的工艺过程不能间断，没有必要，也不可能划分生产步骤计算产品成本，只能以产品品种作为成本计算对象。

（2）企业的辅助生产车间一般采用品种法计算产品成本。

（3）在大量大批多步骤生产的企业中，如果企业规模较小，而且管理上又不要求提供各步骤的成本资料时，那么也可采用品种法计算成本。

四、品种法成本计算程序

1. 按照产品品种设置有关成本明细账

企业应在"生产成本"总分类账户下，设置"基本生产成本"和"辅助生产成本"二级账户，同时按照企业确定的作为成本核算对象的产品品种，设置产品生产成本明细账（产品成本计算单），按照辅助生产车间或辅助生产提供的产品（劳务）品种，设置辅助生产成本明细账；在"制造费用"总分类账户下，按生产单位设置制造费用明细账。产品生产成本明细账和辅助生产成本明细账应当按照成本项目设专栏，制造费用明细账应当按费用项目设专栏。

2. 归集和分配本月发生的各项费用

根据各项费用发生的原始凭证和其他有关凭证，归集和分配材料费用、职工薪酬和其他各项费用。按产品品种归集和分配生产费用时，根据编制的会计分录，凡能直接记入有关生产成本明细账的，应当直接记入；不能直接记入的，应当按照受益原则分配，然后根据有关费用分配表分别记入有关生产成本明细账。各生产单位发生的制造费用，应先通过制造费用明细账归集，然后记入有关制造费用明细账。直接计入当期损益的管理费用、销售费用和财务费用，应分别记入有关期间费用明细账。

3. 分配辅助生产费用

根据辅助生产成本明细账归集的本月辅助生产费用总额，按照企业确定的辅助生产费用分配方法，分别编制各辅助生产单位的"辅助生产费用分配表"分配辅助生产费用。根据分配结果编制会计分录，分别记入有关产品成本明细账、制造费用明细账和期间费用明细账。辅助生产单位发生的制造费用，如果通过制造费用明细账归集，应在分配辅助生产费用前将制造费用明细账归集的制造费用分别转入各辅助生产成本明细账，并计入该辅助生产单位本期费用（成本）总额。

4. 分配基本生产单位制造费用

根据各基本生产单位制造费用明细账归集的本月制造费用，按照企业确定的制造费用分配方法，分别编制各生产单位的"制造费用分配表"。根据分配结果编制会计分录，分别记入有关产品生产成本明细账。

5. 计算本期（本月）完工产品实际总成本和单位成本

根据产品生产成本明细账归集的生产费用合计数（期初在产品成本加上本期生产费用），在本月完工产品和月末在产品之间分配生产费用，计算出本月完工产品的实际总成本和月末在产品成本。各产品完工产品实际总成本分别除以其实际总产量，即为该产品本月实际单位成本。

6. 结转完工产品成本

根据产品成本计算结果编制本月"完工产品成本汇总表",编制结转本月完工产品成本的会计分录,并分别记入有关产品生产成本明细账和库存商品明细账。

任务二　品种法实务

一、背景资料

益生饼干厂为大量大批生产组织形式、单步骤生产类型的小型企业,设有一个基本生产车间,大量生产甲、乙两种主要产品。该厂根据产品生产特点和成本管理要求,采用品种法计算产品生产成本。

二、成本计算程序

(一) 成本核算对象和账户设置

根据成本核算程序一步一步地对这个例题进行计算。首先,根据上述资料,益生饼干厂共生产甲、乙两种主要产品,因此要以甲产品和乙产品作为成本核算对象。由于只有一个基本生产车间,因此"生产成本"总分类账户下不需要分设"基本生产成本"和"辅助生产成本"二级账户,只按甲、乙两种产品开设产品成本计算单,并按直接材料、燃料和动力、直接人工和制造费用四个成本项目设专栏组织明细核算;"制造费用"总分类账户只按基本生产车间设一个明细账,并按费用项目设专栏组织明细核算。

(二) 生产费用在各成本核算对象之间的归集和分配

1. 材料费用

根据 4 月份的材料耗用汇总表,如表 3-2 所示。益生饼干厂在进行产品生产时,原材料分别用于不同产品的生产,因此,各产品生产时耗用的原材料可直接记入产品成本计算单,不需要进行分配。

品种法的实践应用——标准品种法

品种法的实践应用——简单品种法

表 3-2　益生饼干厂材料耗用汇总表

2021 年 4 月　　　　　　　　　　　　金额单位:元

领料用途	原材料	低值易耗品	合计
①产品生产耗用	160 000		160 000
其中:甲产品	100 000		100 000
乙产品	60 000		60 000
②车间一般消耗	4 000	6 000	10 000
其中:机物料消耗	4 000		4 000
劳保用品		6 000	6 000
③企业管理部门领用	2 000		2 000
合计	166 000	6 000	172 000

根据材料耗用汇总表,编制会计分录如下。

借:生产成本——甲产品   100 000
　　　　　——乙产品   60 000
　　制造费用——基本生产车间   10 000
　　管理费用   2 000
　　贷:原材料   166 000
　　　　周转材料——低值易耗品   6 000

2. 职工薪酬

益生饼干厂 4 月份的应付职工薪酬汇总表,如表 3-3 所示。产品生产工人的薪酬采用生产工时分配法在甲、乙两种产品之间进行分配。本月各种产品实际生产工时及直接人工费用分配表如表 3-4 所示。

表 3-3　益生饼干厂应付职工薪酬汇总表
2021 年 4 月　　　　　　　　　金额单位:元

人员类别	应付职工薪酬
基本生产车间	46 740
产品生产工人	45 600
车间管理人员	1 140
厂部管理人员	5 700
合　计	52 440

表 3-4　益生饼干厂直接人工费用分配表
2021 年 4 月　　　　　　　　　金额单位:元

产品	生产工时	分配率	分配金额
甲产品	6 500		
乙产品	3 500		
合计	10 000		45 600

根据应付职工薪酬汇总表和直接人工费用分配表,编制会计分录如下。

借:生产成本——甲产品   29 640
　　　　　——乙产品   15 960
　　制造费用——基本生产车间   1 140
　　管理费用   5 700
　　贷:应付职工薪酬   52 440

3. 固定资产折旧费用和无形资产摊销

益生饼干厂 4 月份的固定资产折旧费用和无形资产摊销费用计算表如表 3-5 所示。

表 3-5 固定资产折旧费用和无形资产摊销费用计算表

2021 年 4 月   金额单位:元

车间部门	提取的折旧费用	无形资产摊销额
基本生产车间	13 000	
企业管理部门	9 300	800
合计	22 300	800

根据固定资产折旧费用和无形资产摊销费用计算表,编制会计分录如下。

(1)计提折旧费用:

借:制造费用——基本生产车间　　　　　　　　　　　　　　　13 000

　　管理费用　　　　　　　　　　　　　　　　　　　　　　　9 300

　　贷:累计折旧　　　　　　　　　　　　　　　　　　　　　　　22 300

(2)无形资产摊销:

借:管理费用　　　　　　　　　　　　　　　　　　　　　　　　800

　　贷:累计摊销　　　　　　　　　　　　　　　　　　　　　　　　800

4. 外购电费

益生饼干厂 4 月的电费已经用银行存款支付,在进行费用分配时,各车间、部门需承担的电费由其用电度数决定,产品生产直接耗用的外购电费则需要采用生产工时分配法在甲、乙两种产品之间进行分配,其外购电力费用分配表如表 3-6 所示。

表 3-6 益生饼干厂外购电力费用分配表

2021 年 4 月   金额单位:元

车间部门	用电度数	生产工时	每度电分配金额	每生产工时分配金额	分配外购电力费用
基本生产车间	16 500				9 900
产品生产直接耗用	15 000	10 000		0.9	9 000
甲产品		6 500			5 850
乙产品		3 500			3 150
车间照明耗用	1 500				900
企业管理部门耗用	3 500				2 100
合　计	20 000		0.6		12 000

根据外购电力费用分配表,编制会计分录如下。

借:生产成本——甲产品　　　　　　　　　　　　　　　　　　5 850

　　　　　　　——乙产品　　　　　　　　　　　　　　　　　3 150

　　制造费用——基本生产车间　　　　　　　　　　　　　　　900

　　管理费用　　　　　　　　　　　　　　　　　　　　　　　2 100

　　贷:应付职工薪酬　　　　　　　　　　　　　　　　　　　　12 000

5. 以银行存款支付的其他费用

益生饼干厂4月以银行存款支付基本生产车间办公用品费1 600元,编制会计分录如下。

借:制造费用——基本生产车间   1 160
　　贷:银行存款   1 160

(三) 制造费用的分配

益生饼干厂4月发生的制造费用都将在"制造费用明细账"(如表3-7所示)中进行归集。月末,再根据"制造费用明细账"汇集的合计数,采用生产工时分配法将制造费用在甲、乙两种产品之间进行分配,其制造费用分配表如表3-8所示。

表3-7　益生饼干厂制造费用明细账

车间名称:基本生产车间　　　　　　　　　　　　　　　　　　　　金额单位:元

2020 年		凭证字号	摘要	机物料消耗	职工薪酬	折旧费	办公费	水电费	劳动保护费	合计
月	日									
4	30	表3-2	领用材料	4 000					6 000	10 000
4	30	表3-3	分配职工薪酬		1 140					1 140
4	30	表3-5	提取折旧费			13 000				13 000
4	30	表3-6	分配电费					900		900
4	30	略	购办公用品费				1 160			1 160
			本月合计	4 000	1 140	13 000	1 160	900	6 000	26 200
4	30		分配转出	4 000	1 140	13 000	1 160		6 000	26 200

表3-8　益生饼干厂制造费用分配表

2021 年 4 月　　　　　　　　　　　　　　　　　　　　　　　　　金额单位:元

产品	生产工时	分配率	分配金额
甲产品	6 500		17 030
乙产品	3 500		9 170
合计	10 000	2.62	26 200

根据制造费用明细账和制造费用分配表,编制会计分录如下。

借:生产成本——甲产品   17 030
　　　　　　——乙产品   9 170
　　贷:制造费用   26 200

经过上述生产费用在各成本核算对象之间的分配,甲、乙两种产品4月应当负担的材料费用、生产工人薪酬、电费和制造费用就可以分别登记在两种产品的产品成本计算单中,如表3-9、表3-10所示。

表 3-9　益生饼干厂产品成本计算单

产品名称:甲产品　　　　　　　　2021 年 4 月　　　　　　　　金额单位:元

摘要	成本项目				合计
	直接材料	燃料和动力	直接人工	制造费用	
月初在产品成本	20 000	442	4 218	1 780	26 440
耗用材料(表 3-2)	100 000				100 000
分配生产工人薪酬 (表 3-3)			29 640		29 640
分配产品生产用电费 (表 3-6)		5 850			5 850
分配制造费用(表 3-8)				17 030	17 030
本月发生生产费用	100 000	5 850	29 640	17 030	152 520
生产费用合计	120 000	6 292	33 858	18 810	178 960
结转本月完工 产品成本	100 000	5 720	30 780	17 100	153 600
月末在产品成本	20 000	572	3 078	1 710	25 360

表 3-10　益生饼干厂产品成本计算单

产品名称:乙产品　　　　　　　　2021 年 4 月　　　　　　　　金额单位:元

摘要	成本项目				合计
	直接材料	燃料和动力	直接人工	制造费用	
月初在产品成本	18 400	765	3 876	2 270	25 311
耗用材料(表 3-2)	60 000				60 000
分配生产工人薪酬 (表 3-3)			15 960		15 960
分配产品生产用电费 (表 3-6)		3 150			3 150
分配制造费用(表 3-8)				9 170	9 170
本月发生生产费用	60 000	3 150	15 960	11 440	88 280
生产费用合计	78 400	3 915	19 836	10 520	113 591
结转本月完工 产品成本	66 640	3 600	18 240	920	99 000
月末在产品成本	11 760	315	1 596		14 591

(四) 生产费用在本月完工产品和月末在产品之间的分配

1. 甲产品生产费用的分配

益生饼干厂甲产品本月完工 100 台,月末在产品 20 台。甲产品原材料于生产开始时一次投入,燃料和动力、直接人工、制造费用等成本在生产过程中陆续发生,在产品的完工程度按 50% 计算。采用约当产量法计算分配生产费用,并编制完工产品与月末在产品费用分配表,如表 3-11 所示。

表 3-11   益生饼干厂本月完工产品与月末在产品费用分配表

产品名称:甲产品   2021 年 4 月   金额单位:元

摘要		成本项目				合计
		直接材料	燃料和动力	直接人工	制造费用	
生产费用合计数		120 000	6 292	33 858	18 810	178 960
生产量	本月完工产品数量	100	100	100	100	100
	月末在产品数量	20	20	20	20	20
	月末在产品完工程度	100%	50%	50%	50%	
	月末在产品约当产量	20	10	10	10	
	生产量小计	120	110	110	110	
费用分配率		1 000	57.2	307.8	171	1 536
本月完工产品成本		100 000	5 720	30 780	17 100	153 600
月末在产品成本		20 000	572	3 078	1 710	25 360

2. 乙产品生产费用的分配

益生饼干厂乙产品本月完工 80 台,单位产品原材料消耗定额为 850 元,单位产品工时定额为 50 小时。月末盘点乙产品在产品原材料定额总成本为 12 000 元,工时总定额为 350 小时。采用定额比例法计算分配生产费用,并编制完工产品与月末在产品费用分配表,如表 3-12 所示。

表 3-12   益生饼干厂本月完工产品与月末在产品费用分配表

产品名称:乙产品   2021 年 4 月   金额单位:元

摘要		成本项目				合计
		直接材料	燃料和动力	直接人工	制造费用	
生产费用合计数		78 400	3 915	19 836	11 440	113 591
总定额	本月完工产品总定额	68 000	4 000	4 000	4 000	
	月末在产品总定额	12 000	350	350	350	
	总定额合计	80 000	4 350	4 350	4 350	
费用分配率		0.98	0.9	4.56	2.63	
本月完工产品总成本		66 640	3 600	18 240	10 520	99 000
月末在产品成本		11 760	315	1 596	920	14 591

3. 完工产品成本汇总表的编制和完工产品成本的结转

根据甲、乙两种产品“完工产品与月末在产品费用分配表”中计算出的完工产品成本及各成本项目的构成,以及这两种产品的完工产品数量,可以完成“完工产品成本汇总表”的编制。结转完工产品成本会计分录如下。

借:库存商品——甲产品   153 600
　　　　　　——乙产品   99 000
　贷:生产成本——甲产品   153 600
　　　　　　——乙产品   99 000

分批法的工作原理

项目三　产品成本核算的分批法

任务一　认识分批法

一、分批法的含义

分批法是按照产品批次归集生产费用、计算产品成本的一种方法。在小批单件生产的企业中,企业的生产活动基本是根据订货单位的订单签发工作号来组织生产的,按产品批次计算产品成本,往往与按订单计算产品成本一致,因而分批法也叫订单法。

二、分批法的适用范围

分批法适用于单件小批生产类型的企业,主要包括以下几种。

(1)单件小批生产的重型机械、船舶、精密工具、仪器等制造企业。

(2)不断更新产品种类的时装等制造企业。

(3)新产品的试制、机器设备的修理作业以及辅助生产的工具、器具、模具的制造企业等。

三、分批法的特点

1. 成本计算对象是产品的批别

由于在单件小批生产类型的企业中,生产活动是根据购货单位的订单组织的,因此,分批法也称订单法。但严格说来,按批别组织生产,并不一定就是按订单组织生产,还要结合企业自身的生产负荷能力,来合理组织安排产品生产的批次与批量。

(1)如果一张订单中要求生产好几种产品,为了便于考核分析各种产品的成本计划执行情况,加强生产管理,就要将该订单按照产品的品种划分成几个批别组织生产。

(2)如果一张订单中只要求生产一种产品,但数量极大,超过企业的生产负荷能力,或者购货单位要求分批交货的,也可将该订单分为几个批别组织生产。

(3)如果一张订单中只要求生产一种产品,但该产品属于价值高、生产周期长的大型复杂产品(如万吨轮),也可将该订单按产品的零部件分为几个批别组织生产。

(4)如果在同一时期接到的几张订单要求生产的都是同一种产品,为了更经济合理地组织生产,也可将这几张订单合为一批组织生产。

2. 成本核算期与会计报告期不一致,但与产品的生产周期一致

采用分批法计算产品成本的企业,虽然各批产品的成本计算单仍按月归集生产费用,但是只有在该批产品全部完工时才能计算其实际成本。由于各批产品的生产复杂程度不同、质量数量要求不同,生产周期也就各不相同。有的批次当月投产,当月完工;有的批次要经过数月甚至数年才能完工。可见,完工产品的成本计算因各批次的生产周期而异,是

不定期的。

3. 完工产品与在产品之间的费用分配视情况而定

如果是单件生产,产品完工以前,成本核算单中所记生产费用都是在产品成本;产品完工时,其所记的生产费用就是产成品成本。因而在月末核算成本时,没有完工产品和在产品之间分配费用的问题。如果是小批生产,由于产品批量小,批内产品一般都能同时完工。月末核算成本时,由于产品批量小,往往全部已经完工,或者全部没有完工,因而通常也不需要在完工产品和在产品之间分配费用。但在批内产品跨月陆续完工的情况下,月末核算成本时,一部分产品已完工,另外一部分尚未完工,这时就有必要在完工产品和在产品之间分配费用,以便正确核算产成品成本和月末在产品成本。由于小批生产的批量不大,批内产品跨月陆续完工的情况不多,可用简单的分配方法,即按核算单位成本、定额单位成本或最近期相同产品的实际单位成本核算产品成本,并从成本核算单中转出,以其余额作为在产品成本。如果批内产品跨月完工的情况较多,期末批内完工产品数量占全部批量的比重较大,为了正确核算产品成本,就要根据具体情况采用适当的分配方法,将生产费用在完工产品和在产品之间进行分配。

四、分批法的类型

根据间接计入费用的分配和处理方式的不同,分批法可分为以下两种类型。

(一) 典型分批法

1. 典型分批法的概念及其适用范围

典型分批法即间接计入费用的当月分配法,是指将当月发生的间接计入费用全部分配给各成本核算对象,并计入各批成本明细账或成本计算单,而不论各成本核算对象的产品是否已经完工的一种方法。

典型分批法一般适用于生产周期比较短的小批、单件生产企业。

2. 典型分批法的成本核算程序

(1) 产品投产时,按批别或订单设置产品成本明细账(或成本计算单)。

(2) 各月份按批别或订单归集和分配生产费用,编制各种费用汇总分配表,登记产品的成本明细账(或成本计算单)。

(3) 产品完工月份,计算该批产品自开工之日起所发生的总成本和单位成本,并结转完工产品成本。

(二) 简化分批法

有些小批单件生产企业或车间,订单多、生产周期长,而实际每月完工的订单并不多。在这种情况下,如果仍将当月发生的各项生产费用全部分配给各批产品,而不论各批产品完工与否,会因产品批次众多而使得费用分配的核算工作量非常繁重,此时,为简化核算,可采用简化分批法。

1. 简化分批法的概念及其适用范围

简化分批法也叫不分批计算在产品成本的分批法或累计间接计入费用分配法,是指在分批法的成本计算中,只对每月已经完工批次产品进行间接计入费用的分配,对未完工批次产品应负担的间接计入费用,暂时将总额累加,待其完工后再计算的一种方法。

在工作中,对于每月发生的间接计入费用,先将其在基本生产成本二级账中,按成本项目分别累计起来,只有在有产品完工的那个月份,才对完工产品,按照其累计工时的比例分配间接计入费用,计算完工产品成本;全部在产品应负担的间接计入费用,以总数反映在基本成本二级账中,不进行分配,不分批计算。

简化分批法一般适用于生产批次较多,月末未完工产品批次也较多的情况。

2. 简化分批法的特点

与一般分批法相比,简化分批法具有以下特点:

(1) 需设立基本生产二级账,按成本项目汇总登记各批别产品当月发生和累计发生的生产费用、生产工时,分配完工产品的间接计入费用,核算完工产品总成本和在产品总成本。

(2) 仍应按产品批次设立基本生产明细账,与基本生产二级账平行登记。但是,在各批产品完工之前,该基本生产明细账只需登记直接材料费用和生产工时,不分配间接计入费用。只有在月末存在完工产品的情况下,才进行完工产品间接计入费用的分配,核算完工产品总成本和单位成本。

(3) 在完工之前,各批产品每月发生的间接计入费用无须按月在各批产品之间分配登记,而是先累计登记,待产品完工时再进行间接计入费用的分配登记。因此,全部产品的在产品成本只是以总数反映在基本生产明细账中,并不分批计算在产品成本。

综上所述,简化分批法之所以能简化产品成本的核算工作,主要是因为它能通过累计间接费用分配率,将在各批产品之间分配间接计入费用的工作以及在完工产品和月末在产品之间分配费用的工作合并在一起进行。也就是说,生产费用的横向分配工作和纵向分配工作在产品完工时是依据同一费用分配率一次性完成的,从而大大简化了生产费用的分配和登记工作。月末完工产品的批别越多,其核算工作就越简化。

在简化分批法下,未完工的在产品不分配间接费用,即不分批计算在产品成本。

3. 简化分批法的成本核算程序

(1) 设立基本生产成本二级账,登记所有批次产品的累计生产费用和工时资料。

(2) 按批次设置基本生产成本明细账,登记该批次产品完工前的直接材料费用和生产工时。

(3) 计算累计间接计入费用分配率,进行完工产品的成本计算与期末生产费用分配。

$$某项累计间接计入费用分配率 = \frac{全部批次产品间接计入费用}{生产全部批次产品累计工时}$$

$$\begin{array}{l}某批完工产品应负担的\\某项间接计入费用\end{array} = 该批完工产品耗费工时 \times 该项累计间接计入费用分配率$$

五、分批法的成本计算程序

按照分批法计算产品成本时,其成本计算的一般程序可以归纳为以下几个步骤:

(1) 按产品批次或订单设置产品成本计算单。在产品生产开始时,财会部门应根据企业生产管理部门下达的每一份生产通知单设置产品成本计算单,并在产品成本计算单注明产品批次以及生产通知单所提供的其他需要说明的信息。

(2)根据有关费用分配的记账凭证归集和分配生产费用。某批次或订单发生的材料费用和工资费用,直接记入其成本计算单的"直接材料"和"直接工资"项目中;辅助生产车间发生的直接费用,直接记入"辅助生产成本明细账";各生产车间发生的间接费用,按照费用发生的地点,先归集在"制造费用明细账"。

(3)期末,将辅助生产车间归集的制造费用分配转入辅助生产成本明细账,再汇集辅助生产车间发生的费用,按其提供的劳务数量,在各批次或订单产品、制造费用以及其他受益对象之间进行分配。对于辅助生产车间生产的产品,应计算其完工产品成本,从辅助生产成本明细账中转出。

(4)将基本生产车间"制造费用明细账"中归集的制造费用进行汇总,根据投产的批次或订单的完成情况,选择采用"当月分配法"或"累计分配法"分配制造费用。

(5)当某批产品批量较大,又存在跨月陆续完工或分次交货情况时,应在批次内计算完工产品成本和月末在产品成本。计算方法一般有两类:第一类,先计算出完工产品成本(根据计划成本、定额成本、近期同类产品实际成本),将生产费用减去完工产品成本,挤出月末在产品成本的方法;第二类,采用适当的方法,分配计算出批次内完工产品成本和月末在产品成本,一般采用约当产量法和定额比例法等具体方法。

(6)计算完工产品总成本和单位成本。月末将各批完工产品成本以及批次内陆续完工产品的成本加以汇总,编制"完工产品成本汇总表",结转完工入库产品的成本和单位成本。

任务二 一般分批法实务

分批法的实践应用——一般分批法

一、背景资料

黔江集团下属的东南公司设有一个基本生产车间,按生产任务通知单(工作令号)分批组织生产,属于小批生产组织类型的企业。根据其自身的生产特点和管理要求,采用一般分批法计算投产各批产品的生产成本。

黔江集团下属的东南公司 2021 年 9 月 1 日投产的甲产品 100 件,批号为 901♯,在 9 月份全部完工;9 月 10 日投产乙产品 150 件,批号为 902♯,当月完工 40 件;9 月 15 日投产丙产品 200 件,批号为 903♯,尚未完工。

(1)本月发生的各项费用如下:

① 901♯产品耗用原材料 125 000 元;902♯产品耗用原材料 167 000 元;903♯产品耗用原材料 226 000 元;生产车间一般耗用原材料 8 600 元。

② 生产工人工资 19 600 元;车间管理人员工资 2 100 元。

③ 车间耗用外购的水电费 2 400 元,以银行存款付讫。

④ 计提车间负担的固定资产折旧费 3 800 元。

⑤ 车间负担的其他费用 250 元,以银行存款付讫。

（2）其他有关资料如下：

① 该企业的职工福利费按工资总额的14%计提。

② 原材料采用计划成本计价，差异率为+4%。

③ 生产工人工资按耗用工时比例分配，其中：901♯产品工时为18 000小时；902♯产品工时为20 000小时；903♯产品工时为11 000小时。

④ 制造费用按耗用工时比例进行分配。

⑤ 902♯产品完工40件，按定额成本转出，902♯产品定额单位成本为：直接材料费用1 100元，直接人工费用75元，制造费用60元。

二、成本计算程序

（一）各项费用的归集和分配

（1）根据资料，编制原材料费用分配表，如表3-13所示。

表3-13　原材料费用分配表

2021年9月　　　　　　　　　　　　　　　　　　　　　金额单位：元

应借账户		成本项目	计划成本	材料差异额	材料实际成本
基本生产账户	901♯产品	直接材料	125 000	5 000	130 000
	902♯产品	直接材料	167 000	6 680	173 680
	903♯产品	直接材料	226 000	9 040	235 040
小计			518 000	20 720	538 720
制造费用	机物料消耗	材料费	8 600	344	8 944
合计			526 600	21 064	547 664

根据原材料费用分配表，编制会计分录如下。

```
借：生产成本——基本生产成本——901♯产品          125 000
                    ——902♯产品          167 000
                    ——903♯产品          226 000
     制造费用——基本生产车间                       8 600
   贷：原材料                                              526 600
借：生产成本——基本生产成本——901♯产品            5 000
                    ——902♯产品            6 680
                    ——903♯产品            9 040
     制造费用——基本生产车间                         344
   贷：材料成本差异                                         21 064
```

（2）根据资料，编制工资及职工福利费分配表，如表3-14所示。

表 3-14　工资及职工福利费分配表

2021 年 9 月　　　　　　　　　　　　　　　　　金额单位：元

应借账户		工资				职工福利费	合计
		生产工人		其他人员	合计		
		工时	分配金额				
基本生产成本	901♯产品	18 000	7 200		7 200	1 008	8 208
	902♯产品	20 000	8 000		8 000	1 120	9 120
	903♯产品	11 000	4 400		4 400	616	5 016
小计		49 000	19 600		19 600	2 744	22 344
制造费用				2 100	2 100	294	2 398
合计			19 600	2 100	21 700	3 038	24 738

根据工资及职工福利费分配表，编制会计分录如下。

借：生产成本——基本生产成本——901♯产品　　　　　　　　7 200

　　　　　　　　　　　　　　——902♯产品　　　　　　　　8 000

　　　　　　　　　　　　　　——903♯产品　　　　　　　　4 400

　　制造费用——基本生产车间　　　　　　　　　　　　　　2 100

　　贷：应付职工薪酬——职工工资　　　　　　　　　　　　　　　21 700

借：生产成本——基本生产成本——901♯产品　　　　　　　　1 008

　　　　　　　　　　　　　　——902♯产品　　　　　　　　1 120

　　　　　　　　　　　　　　——903♯产品　　　　　　　　　616

　　制造费用——基本生产车间　　　　　　　　　　　　　　　294

　　贷：应付职工薪酬——职工福利费　　　　　　　　　　　　　　3 038

（3）折旧费、水电费及其他费用的核算。

① 支付本月的水电费：

借：制造费用——基本生产车间　　　　　　　　　　　　　　2 400

　　贷：银行存款　　　　　　　　　　　　　　　　　　　　　　2 400

② 提取固定资产折旧费：

借：制造费用——基本生产车间　　　　　　　　　　　　　　3 800

　　贷：累计折旧　　　　　　　　　　　　　　　　　　　　　　3 800

③ 本月发生的其他费用：

借：制造费用——基本生产车间　　　　　　　　　　　　　　　250

　　贷：银行存款　　　　　　　　　　　　　　　　　　　　　　　250

（4）制造费用的归集和分配。

根据资料，编制费用明细账和制造费用分配表如表 3-15、表 3-16 所示。

表 3-15 制造费用明细账

2021 年 9 月

金额单位:元

2021 年		摘要	材料费	工资	福利费	水电费	折旧费	其他	合计
月	日								
9	30	消耗材料	8 600						8 600
	30	结转成本差异	344						344
	30	结算工资		2 100					2 100
	30	计提福利费			294				294
	30	支付水电费				2 400			2 400
	30	计提折旧费					3 800		3 800
	30	其他费用						250	250
	30	本月合计	8 944	2 100	294	2 400	3 800	250	17 788
	30	分配转出	8 944	2 100	294	2 400	3 800	250	17 788

表 3-16 制造费用分配表

2021 年 9 月

金额单位:元

应借账户		成本项目	实用工时	分配率	应分配金额
基本生产成本	901♯产品	制造费用	18 000		6 534
	902♯产品	制造费用	20 000		7 260
	903♯产品	制造费用	11 000		3 994
合计			49 000	0.3630	17 788

根据制造费用分配表,编制会计分录如下。

借:生产成本——基本生产成本——901♯产品   6 534

         ——902♯产品   7 260

         ——903♯产品   3 994

 贷:制造费用——基本生产车间   17 788

（二）完工产品的成本计算和结转

根据资料,编制 901♯、902♯和 903♯产品的基本生产成本明细账,如表 3-17、表 3-18、表 3-19 所示。

表 3-17 基本生产成本明细账

批号:901♯   开工日期:9 月 1 日

产品名称:甲产品   批量:100 件   完工:100 件   完工日期:9 月 30 日

金额单位:元

2021 年		凭证		摘要	成本项目			合计
月	日	种类	号数		直接材料	直接人工	制造费用	
9	30			原材料费用分配表	130 000			130 000

(续表)

2021年		凭证		摘要	成本项目			合计
月	日	种类	号数		直接材料	直接人工	制造费用	
	30			工资及职工福利费分配表		8 208		8 208
	30		略	制造费用分配表			6 534	6 534
	30			合计	130 000	8 208	6 534	144 742
	30			结转完工产品成本	130 000	8 208	6 534	144 742
	30			单位成本	1 300	82.08	65.34	1 447.42

表 3-18 基本生产成本明细账

批号:902#   开工日期:9 月 10 日

产品名称:乙产品   批量:150 件   完工:40 件   完工日期:9 月 30 日

金额单位:元

2021年		凭证		摘要	成本项目			合计
月	日	种类	号数		直接材料	直接人工	制造费用	
9	30			原材料费用分配表	173 680			173 680
	30			工资及职工福利费分配表		9 120		9 120
	30		略	制造费用分配表			7 260	7 260
	30			合计	173 680	9 120	7 260	190 060
	30			结转完工产品成本	44 000	3 000	2 400	49 400
	30			月末在产品成本	129 680	6 120	4 860	140 660

表 3-19 基本生产成本明细账

批号:903#   开工日期:9 月 15 日

产品名称:丙产品   批量:200 件   完工:0 件   完工日期:9 月 30 日

金额单位:元

2021年		凭证		摘要	成本项目			合计
月	日	种类	号数		直接材料	直接人工	制造费用	
9	30			原材料费用分配表	235 040			235 040
	30			工资及职工福利费分配表		5 016		5 016
	30		略	制造费用分配表			3 994	3 994
	30			合计	235 040	5 016	3 994	244 050

根据成本计算单,编制结转 901#、902# 完工产品成本的会计分录如下。

借:库存商品——901#产品   144 742

　　　　　——902#产品   49 400

　　贷:生产成本——基本生产成本——901#产品   144 742

　　　　　　　　　　　　　　　——902#产品   49 400

分批法的实践应用——简化分批法

任务三 简化分批法实务

一、背景资料

永惠工厂设有一个基本生产车间,小批量生产 201♯、202♯ 两种产品,采用简化分批法计算成本。201♯、202♯ 产品均为 2021 年 5 月投产,上月末均没有完工产品。有关资料如下:

(1) 2021 年 6 月初在产品成本及耗用工时资料已列入基本生产成本二级账(如表 3-20)产品成本明细账的"月初累计发生数"中。

表 3-20 基本生产成本二级明细账

金额单位:元

2021 年		摘要	直接材料费用	生产工时	直接人工费用	制造费用	合计
月	日						
6	1	月初累计发生数	175 000	4 250	61 600	114 000	350 600
	30	本月发生费用	40 000	1 970	125 000	167 000	332 000
	30	本月末累计发生额	215 000	6 220	186 600	281 000	682 600
		累计间接费用分配率			30	45.18	
	30	结转完工产品成本	163 000	4 070	122 100	183 882.6	468 982.6
	30	月末在产品成本	52 000	2 150	64 500	97 117.4	213 617.4

(2) 2021 年 6 月份发生经济业务如下:

① 领用材料费用 85 000 元,其中:201♯ 耗用 3 000 元、202♯ 耗用 10 000 元,基本生产车间一般消耗 45 000 元。

② 分配职工薪酬等费用 145 000 元,其中:工人工资 125 000 元,车间管理人员工资 20 000 元。

③ 基本生产车间计提固定资产折旧费 15 000 元。

④ 以银行存款支付生产车间其他支出费用 87 000 元。

⑤ 耗用工时 1 970 小时,其中 201♯ 570 小时、202♯ 1 400 小时。

⑥ 月末,201♯ 全部完工,202♯ 完工 2 件,按计划成本和定额工时结转:单位产品计划材料费用为 16 500 元,定额工时为 750 小时。

二、成本计算程序

(一) 归集直接材料费用

借:生产成本——基本生产成本——201♯产品　　　　　　　　30 000
　　　　　　　　　　　　　　　——202♯产品　　　　　　　　10 000
　　制造费用——基本生产车间　　　　　　　　　　　　　　45 000
　　贷:原材料　　　　　　　　　　　　　　　　　　　　　　　　　　85 000

简化分批法完工产品的成本计算和结转-1

（二）归集职工薪酬费用

　　借：生产成本——基本生产成本　　　　　　　　　　　　125 000

　　　　　制造费用——基本生产车间　　　　　　　　　　　　20 000

　　　　　　贷：应付职工薪酬——工资　　　　　　　　　　　　　　　　145 000

（三）归集车间固定资产折旧费用

　　借：制造费用——基本生产车间　　　　　　　　　　　　　15 000

　　　　　　贷：累计折旧　　　　　　　　　　　　　　　　　　　　　　15 000

（四）归集其他支出

　　借：制造费用——基本生产车间　　　　　　　　　　　　　87 000

　　　　　　贷：银行存款　　　　　　　　　　　　　　　　　　　　　　87 000

　　根据费用归集的会计分录，登记有关明细账，如表 3-21 所示。其中：直接材料登记到生产成本三级明细账、直接人工登记到生产成本二级明细账、制造费用登记到制造费用明细账。

表 3-21　制造费用明细账

金额单位：元

2021 年		摘要	机物料费	职工薪酬	折旧费	其他	合计
月	日						
6	30	机物料费	45 000				45 000
	30	工资		20 000			20 000
	30	折旧费			15 000		15 000
	30	其他				87 000	87 000
	30	合计	45 000	20 000	15 000	87 000	167 000
	30	月末结转	45 000	20 000	15 000	87 000	167 000

（五）月末，结转制造费用

　　借：生产成本——基本生产成本　　　　　　　　　　　　167 000

　　　　　　贷：制造费用——基本生产车间　　　　　　　　　　　　　167 000

（六）计算确定间接费用分配率

　　基本生产成本二级账中归集的直接人工费用、制造费用等间接费用，在批号产品全部完工的时候，应该进行分配，以正确计算完工产品成本。本月的间接费用分配率计算如下：

直接人工累计分配率＝186 600÷6 220＝30

（七）月末计算完工批号产品生产成本

　　根据以上资料，对月末全部完工的批号产品的生产成本进行计算，并登记生产成本明细账。

　　（1）201# 全部完工，全部作为完工成本。根据二级账中计算出的分配率，计算该项间接费用的完工成本，登记 201# 产品生产成本明细账，如表 3-22 所示。

表 3-22　产品成本明细账

批号：

产品名称：201#　　　　　　　　完工日期：2021 年 6 月

投产日期：2021 年 5 月

产量：50 件

金额单位：元

2021年		摘要	直接材料费用	生产工时	直接人工费用	制造费用	合计
月	日						
3	31	月初累计发生数	100 000	2 000			100 000
4	30	本月发生费用	30 000	570			30 000
	30	本月末累计发生额	130 000	2 570			0
		累计间接费用分配率			30	45.18	
	30	分配转入间接费用			77 100	116 112.6	193 512.6
	30	生产费用合计	130 000	2 570	77 100	116 112.6	323 212.6
		结转完工产品成本	130 000	2 570	77 100	116 112.6	323 212.6
		完工产品单位成本	2 600		1 542	2 322.25	6 464.25

（2）202#全部完工且完工数量较少，根据单位计划成本结转直接材料的完工成本，直接人工费用和制造费用同样根据二级账中计算出的分配率，计算完工成本。登记202#产品生产成本明细账，如表 3-23 所示。

202#完工产品分配直接人工费用＝1 500×30＝45 000（元）

202#完工产品分配制造费用＝1 500×45.18＝67 770（元）

201#完工产品总成本＝33 000＋45 000＋67 770＝145 770（元）

表 3-23　产品成本明细账

批号：

产品名称：202#　　　　　　　　完工日期：2021 年 6 月

投产日期：2021 年 5 月

产量：2 件

金额单位：元

2021年		摘要	直接材料费用	生产工时	直接人工费用	制造费用	合计
月	日						
3	31	月初累计发生数	75 000	2 250			75 000
4	30	本月发生费用	10 000	1 400			10 000
	30	本月末累计发生额	85 000	2 650			0
		累计间接费用分配率			30	45.18	
	30	分配转入间接费用			45 000	67 770	112 770
	30	生产费用合计	85 000	2 650	45 000	67 770	197 770
		结转完工产品成本	33 000	2 650	22 500	67 770	145 770
		完工产品单位成本	16 500		1 542	33 885	72 885

（八）结转完工产品成本

借：库存商品——201♯产品　　　　　　　　　　　　　　　　323 212.6

　　　　——202♯产品　　　　　　　　　　　　　　　　145 770

贷：生产成本——基本生产成本——201♯产品　　　　　　　　323 212.6

　　　　　　　　　　——202♯产品　　　　　　　　　　　145 770

分步法的工作原理

项目四　产品成本核算的分步法

任务一　认识分步法

认识分步法

一、分步法的含义

产品成本核算的分步法，是以产品品种的生产步骤作为产品成本核算对象的一种成本核算方法。

二、分步法的特点

1. 以各个加工步骤的各种产品作为成本计算对象，并据以设置基本生产成本明细账

在计算产品成本时，按照产品的生产步骤设立产品成本明细账。如果只生产一种产品，成本计算对象就是该种产成品及其所经过的各生产步骤，产品成本明细账应该按照产品的生产步骤开设。如果生产多种产品，成本计算对象则应是各种产成品及其所经过的各生产步骤。产品成本明细账应该按照每种产品的各个生产步骤开设。在进行成本计算时，应按步骤分产品归集和分配生产费用，单设成本项目的直接计入费用，直接计入各成本计算对象；单设成本项目的间接计入费用，单独分配计入各成本计算对象；不单设成本项目的费用，一般是先按车间、部门等，归集为制造费用，月末再直接计入或者分配计入各成本计算对象。

2. 产品成本计算期与会计报告期一致，即按月进行，与生产周期不一致

在大量、大批的多步骤生产中，由于生产过程较长，可以间断，而且往往都是跨月陆续完工，因此，成本计算一般都是按月、定期进行，即在分步法下，成本计算期与会计报告期一致，而与产品的生产周期不一致。

3. 月末要将生产费用在完工产品与在产品之间进行分配

由于大量、大批多步骤生产的产品往往跨月陆续完工，月末各步骤一般都存在未完工的在产品。因此，在计算成本时，还需要采用适当的分配方法，将汇集在各种产品、各生产步骤产品成本明细账中的生产费用，在完工产品与在产品之间进行分配，计算各产品、各生产步骤的完工产品成本和在产品成本。

三、分步法的适用范围

分步法适用于大量、大批生产,在管理上要求分步骤核算产品成本的多步骤生产企业。例如,冶金企业、纺织企业、造纸企业,以及大量、大批生产的机械制造企业等。在这些生产企业中,产品生产可以分为若干个生产步骤进行,如钢铁企业可分为炼钢、轧钢等步骤;纺织企业可以分为纺纱、织布等步骤;造纸企业可以分为制浆、制纸、包装等步骤;机械制造企业可以分为铸造、加工、装配等步骤。在具体的生产过程中,从原材料的投入到产品的制造完成,除最后一个步骤外,其他各个步骤所生产完成的都是半成品。为了适应这些生产企业的生产特点和成本管理要求,不仅需要按照产品品种核算成本,而且还要求按照生产步骤核算成本。

四、分步法的种类

分步法按是否需要计算和结转各步骤半成品成本,分为逐步结转分步法和平行结转分步法两种。逐步结转分步法,指的是按各加工步骤归集生产费用,计算各加工步骤半成品成本,而且半成品成本随半成品实物转移而在各加工步骤之间顺序结转,最后计算出产成品成本的一种成本计算方法。平行结转分步法,指的是各加工步骤只计算本步骤发生的生产费用和这些生产费用中应计入产成品成本的份额,将相同产品各步骤计入产成品的份额平行结转、汇总,计算出产成品成本的一种方法。

任务二　综合逐步结转分步法实务

一、综合逐步结转分步法的含义

综合逐步结转分步法,是指上一生产步骤的半成品成本转入下一生产步骤时,是以"半成品"或"直接材料"综合项目记入下一生产步骤成本计算单的方法。

二、综合逐步结转分步法的特点

(1)成本计算对象是各生产步骤生产的半成品或产成品。
(2)产品成本计算期与会计报告期一致。
(3)各步骤半成品结转与实物转移步调一致。
(4)若半成品通过半成品库收发,需通过"自制半成品"账户核算。若半成品不通过半成品库收发,则上步骤半成品成本直接结转入下一步骤。
(5)一般月末需将生产费用在完工产品与在产品之间进行分配。

三、综合逐步结转分步法的适用范围

综合逐步结转分步法适用于大量大批连续式复杂性生产的企业。这种类型的企业,有的不仅将产成品作为商品对外销售,而且生产步骤所产半成品也经常作为商品对外销售。例如,钢铁厂的生铁、钢锭,纺织厂的棉纱等,都需要计算半成品成本。

分步法的实践应用—逐步结转分步法(1)

综合结转(模拟)

综合结转(账簿式)

四、综合逐步结转分步法的成本核算程序

计算出第一步骤的半成品成本,第二步骤生产领用第一步骤的半成品,将第一步骤半成品的成本转入第二步骤,再加上本步的生产费用,计算出第二步骤半成品的成本。以此类推,直至计算出完工产成品的生产成本。

半成品不通过仓库收发,即半成品完工后,为下一步骤直接领用,如图 3-1 所示:

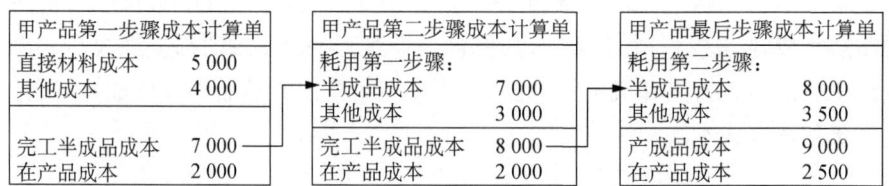

图 3-1 半成品领用步骤图 1

半成品通过仓库收发,即半成品完工后,不为下一步骤直接领用而通过半成品库收发,如图 3-2 所示:

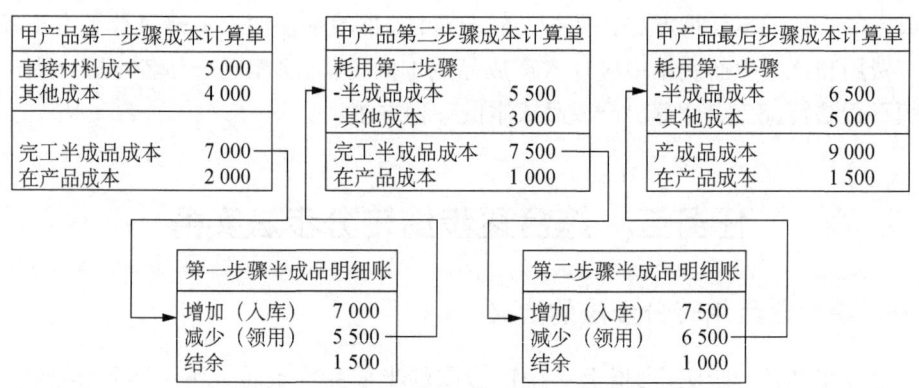

图 3-2 半成品领用步骤图 2

需注意的是综合逐步结转分步法计算出的每一步骤半成品或产成品成本均为累计成本。也就是说既包括本步骤的生产费用也包括以前生产步骤的生产费用。

五、综合逐步结转分步法的分类

综合逐步结转分步法,有按实际成本综合结转法与按计划成本综合结转法两种方法。

（一）按实际成本综合结转

按实际成本综合结转时,各步骤所耗上一步骤的半成品费用,应根据所耗半成品的数量乘以半成品的实际单位成本计算。由于各月所产半成品的单位成本不同,因而所耗半成品的单位成本要采用先进先出法或加权平均法等方法计算。为了提高各步骤成本计算的及时性,在半成品月初余额较大,本月所耗半成品全部或者大部分是以前月份所产的情况下,本月所耗半成品费用也可按上月月末的加权平均单位成本计算。

假定某工业企业的甲种产品生产分两个步骤,分别由两个车间进行。第一车间生产

按实际成本核算的综合结转法

半成品,交半成品库验收;第二车间按照所需数量向半成品库领用。第二车间所耗半成品费用按全月一次加权平均单位计算。两个车间月末的在产品均按定额成本计价。

其成本计算程序如下:

(1) 根据各种费用分配表、半成品交库单和第一车间在产品定额成本资料,登记第一车间甲产品成本明细账。根据第一车间的半成品交库单(单中所列半成品按交库数量和该车间甲产品成本明细账中的半成品单位成本计价),编制结转半成品成本的会计分录如下。

借:自制半成品——甲种半成品
　　贷:生产成本——基本生产成本——第一车间——甲种产品

(2) 根据计价后的第一车间半成品交库单和第二车间领用半成品的领用单,登记自制半成品明细账。根据第二车间领用半成品的领用单(单中所列半成品按领用数量和自制半成品明细账中的累计单位成本计价),编制结转半成品成本的会计分录如下。

借:生产成本——基本生产成本——第二车间——甲种产品
　　贷:自制半成品——甲种半成品

(3) 根据各种费用分配表、半成品领用单、产成品交库单,以及第二车间在产品定额成本资料,登记第二车间甲产品成本明细账。根据第二车间产成品交库单(单中所列产成品按交库数量和该车间甲产品成本明细账中的产成品单位成本计价),编制结转产成品成本的会计分录如下。

借:产成品——甲种产成品
　　贷:生产成本——基本生产成本——第二车间——甲种产品

实际成本综合结转法实例如下:

万平工厂从 2021 年 11 月份开始生产 A 产品,该产品经过三个生产车间加工,一车间投入原材料加工成甲半成品,二车间领用甲半成品加工成乙半成品,三车间领用乙半成品加工成 A 产成品,原材料在一车间生产时一次性投入,各步骤的在产品在本步骤的完工程度均为 50%,该企业要求计算每个车间的半成品成本和产成品成本。其产量资料和费用资料如表 3-24、表 3-25 所示。

表 3-24　产量资料

2021 年 11 月　　　　　　　　　　　　　　　　　　　　　　　单位:件

项目	一车间	二车间	三车间
投入产量	10	9	7
本月完工	9	7	6
月末在产品	1	2	1

表 3-25　费用资料

2021 年 11 月　　　　　　　　　　　　　　　　　　　　　　金额单位:元

车间	直接材料费用	直接人工费用	制造费用
一车间	1 000	760	570

车间	直接材料费用	直接人工费用	制造费用
二车间	—	560	400
三车间	—	390	260

各步骤成本计算程序和方法如表 3-26、表 3-27 和表 3-28 所示。

表 3-26　第一车间基本生产成本明细账

产品名称:甲半成品　　　　　　　　2021 年 11 月　　　　　　　　金额单位:元

项目	直接材料	直接人工	制造费用	合计
本月生产费用	1 000	760	570	2 330
单位产品成本	100	80	60	240
完工半成品成本	900	720	540	2 160
月末在产品成本	100	40	30	170

表 3-27　第二车间基本生产成本明细账

产品名称:乙半成品　　　　　　　　2021 年 11 月　　　　　　　　金额单位:元

项目	自制半成品	直接人工	制造费用	合计
本月生产费用	2 160	560	400	3 120
单位产品成本	240	70	50	360
完工半成品成本	1 680	490	350	2 520
月末在产品成本	480	70	30	600

表 3-28　第三车间基本生产成本明细账

产品名称:A 产成品　　　　　　　　2021 年 11 月　　　　　　　　金额单位:元

项目	自制半成品	直接人工	制造费用	合计
本月生产费用	2 520	390	260	3 170
单位产品成本	360	60	40	460
完工产成品成本	2 160	360	240	2 760
月末在产品成本	360	30	20	410

(二) 按计划成本综合结转

按计划成本综合结转,自制半成品日常收发的明细核算均按计划成本计价,在半成品实际成本计算出来后,再以实际成本与计划成本对比,计算半成品成本差异额和差异率,调整领用半成品的计划成本。采用这种方法,自制半成品明细账的"收入""发出"和"结存"栏以及从第二步骤开始的产品成本计算单中的"自制半成品"项目都设置了"计划成本""实际成本"和"成本差异"专栏,这里的半成品成本差异率、差异额的计算与原材料按计划成本核算条件下的材料成本差异额、差异率的计算完全相同,就不再列举。

按计划成本综合结转法实例如下：

万平工厂采用按计划成本结转法计算各步骤产品成本（假定甲半成品的计划成本为250元，乙半成品的计划成本为365元，并假定入半成品库），其产量资料、费用资料如表3-29、表3-30所示。

表 3-29 产量资料

2021 年 11 月　　　　　　　　　　　　　　　　　　单位：件

项目	一车间	二车间	三车间
月初在产品	1	2	1
投入产量	13	12	10
本月完工	12	10	9
月末在产品	2	4	2

表 3-30 费用资料

2021 年 11 月　　　　　　　　　　　　　　　　　　金额单位：元

车间	直接材料费用	直接人工费用	制造费用
一车间	1 300	1 000	750
二车间	—	770	550
三车间	—	570	380

第一车间甲半成品成本计算方法如表3-31所示。

表 3-31 第一车间基本生产成本明细账

产品名称：甲半成品　　　　　　　　2021 年 11 月　　　　　　　　金额单位：元

项目	直接材料	直接人工	制造费用	合计
月初在产品成本	100	40	30	170
本月生产费用	1 300	1 000	750	3 050
合计	1 400	1 040	780	3 220
单位产品成本	100	80	60	240
完工产品成本	1 200	960	720	2 880
月末在产品成本	200	80	60	340

第一车间的甲半成品完工12件入库，并假定本月份领用12件，半成品明细账的登记方法如表3-32所示。

表 3-32 自制半成品明细账

半成品名称：甲半成品　　　　　　数量：件　　　　　　计划单位成本：250 元

月份	月初结存			本月增加			合计						本月减少		
	数量	计划成本	实际成本	数量	计划成本	实际成本	合计	计划成本	实际成本	成本差异	差异率		数量	计划成本	实际成本
	①	②	③	④	⑤	⑥	⑦=①+④	⑧=②+⑤	⑨=③+⑥	⑩=⑨-⑧	⑪=⑩/⑧		⑫	⑬	⑭=⑬+⑬×⑪
2				12	3 000	2 880	12	3 000	2 880	−120	−4%		12	3 000	2 880

第二车间乙半成品成本计算表,如表 3-33 所示。

表 3-33　第二车间基本生产成本明细账

半成品名称:乙半成品　　　　本月完工:10 件　　　　月末在产品:4 件　　　　金额单位:元

2021年		凭证	摘要	半成品			直接工资	制造费用	合计
月	日	编号		计划成本	成本差异	实际成本			
11	30	略	月初在产品	500	-20	480	70	50	600
	30		本月生产费用	3 000	-120	2 880	770	550	4 200
	30		合计	3 500	-140	3 360	840	600	4 800
	30		分配率	250	-10	240	70	50	360
	30		完工产品成本	2 500	-100	2 400	700	500	3 600
	30		月末在产品成本	1 000	-40	960	140	100	1 200

第二车间完工乙半成品 10 件入库,第三车间假定领用 10 件,则乙半成品入库和领用在自制半成品明细账上的登记方法如表 3-34 所示。

表 3-34　自制半成品明细账

半成品名称:乙半成品　　　　计量单位:件　　　　计划单位成本:365 元

月初结存			本月增加			合计						本月减少		
数量	计划成本	实际成本	数量	计划成本	实际成本	合计	计划成本	实际成本	成本差异	差异率		数量	计划成本	实际成本
①	②	③	④	⑤	⑥	⑦=①+④	⑧=②+⑤	⑨=③+⑥	⑩=⑨-⑧	⑪=⑩/⑧		⑫	⑬	⑭=⑬+⑬×⑪
1	365	360	10	3 650	3 600	11	4 015	3 960	-55	-1.37%		10	3 650	3 600

第三车间 A 产成品成本计算表,如表 3-35 所示。

表 3-35　第三车间基本生产成本明细账

产品名称:A 产品　　　　　　　　　　　　　　　　　　　　　　完工数量:9 件

月末在产品数量:2 件　　　　　　　　　　　　　　　　　　　　金额单位:元

2021年		凭证	摘要	半成品			直接工资	制造费用	合计
月	日	编号		计划成本	成本差异	实际成本			
11	30	略	月初在产品	365	-5	360	30	20	410
	30		本月生产费用	3 650	-50	3 600	570	380	4 550
	30		合计	4 015	-55	3 960	600	400	4 960
	30		分配率	365	-5	360	60	40	460
	30		完工产品成本	3 285	-45	3 240	540	360	4 140
	30		月末在产品成本	730	-10	720	60	40	820

由以上各例可知,各个生产步骤领用上一步骤的半成品,就相当于领用原材料。因

此,综合结转半成品成本的核算就相当于各生产步骤领用原材料核算。按实际或计划成本综合结转半成品成本的核算原理与按材料实际或计划成本进行产品所耗原材料的核算原理基本相同。

按计划成本综合结转半成品成本与按实际成本综合结转半成品成本相比较,可以简化和加速半成品核算与产品成本的计算工作;在各步骤的产品成本明细账中,可反映半成品的成本差异,在分析各步骤制造成本时,还可剔除以前步骤半成品成本变动对本步骤产品成本的影响,有利于分清经济责任,也便于对各工艺环节的成本实施控制和考核。

六、综合逐步结转分步法的成本还原

分步法的实践应用—逐步结转分步法(2成本还原)

(一) 综合逐步结转分步法的成本还原方法

采用综合逐步结转分步法结转半成品成本,各步骤所耗半成品的成本是以"半成品"或"直接材料"项目综合反映,这样计算出来的产成品成本,不能提供按原始成本项目反映的成本资料,因而不能反映产品成本的实际构成和水平。因此,为了从整个企业角度分析和考核产品成本的构成,应将按综合结转法计算出的产成品成本进行成本还原,即将产成品成本还原为按原始成本项目反映的成本。

一般按本月所产半成品的成本结构进行还原,即从最后一个步骤开始,把各步骤所耗上一步骤半成品的综合成本,按上一步骤所产半成品成本的结构,逐步分解、还原成按原始成本项目反映的产成品成本。成本还原的方法常用的有以下两种:

1. 项目比重还原法

项目比重还原法是指按半成品的成本结构进行还原。一般按本月所产半成品的成本结构进行还原,即从最后一个步骤开始,把各步骤所耗上一步骤半成品的综合成本,按上一步骤所产半成品成本的结构,逐步分解、还原成按原始成本项目反映的产成品成本。采用这种方法进行成本还原的计算程序如下:

(1) 计算成本还原分配率,它是指产成品成本中半成品成本占上一步骤所产该种半成品总成本的比重,其计算公式如下:

$$成本还原分配率 = \frac{产成品耗用上步骤半成品成本合计}{生产该种半成品成本合计} \times 100\%$$

(2) 计算半成品成本还原,它是用成本还原分配率乘以生产该种半成品成本项目的金额,其计算公式如下:

$$半成品成本还原 = 成本还原分配率 \times 生产该种半成品成本项目金额$$

(3) 计算还原后产品成本,它是用还原前产品成本加上半成品成本还原计算的,其计算公式如下:

$$还原后产品成本 = 还原前产品成本 + 半成品成本还原$$

(4) 如果成本计算需经两个以上的步骤,则需重复①至③步骤进行再次的还原,直至还原到第一步骤为止。

2. 成本还原率法

成本还原率法是指按照完工产品中半成品成本占上一步骤完工半成品的比重进行还原。

其成本还原的计算程序如下：

（1）计算成本还原分配率。这里的成本还原分配率是指各步骤完工产品成本构成，即各成本项目占全部成本的比重。其计算公式如下：

$$成本还原分配率=\frac{上步骤完工半成品各成本项目的金额}{上步骤完工半成品各成本合计}\times100\%$$

（2）将半成品的综合成本进行分解。分解的方法是用产成品成本中半成品的综合成本乘以上一步骤生产的该种半成品的各成本项目的比重。其计算公式如下：

$$半成品成本还原＝产成品耗用上步骤半成品的成本\times成本还原分配率$$

（3）计算还原后成本。还原后成本是根据还原前成本加上半成品成本还原计算的，其计算公式如下：

$$还原后产品成本＝还原前产品成本＋半成品成本还原$$

（4）如果成本计算有两个以上的步骤，第一次成本还原后，还有未还原的半成品成本，乘以前一步骤该种半成品的各个成本项目的比重。后面的还原步骤和方法同上，只有还原到第一步骤为止，才能将半成品成本还原为原来的成本项目。

实际工作中，为简化核算，可按其所耗半成品总成本与该种半成品生产总成本的比率，即按还原分配率进行还原。

（二）综合逐步结转分步法的成本还原实例

假定甲产品生产分三个步骤，由第一车间、第二车间、第三车间分别进行。三个车间产品所耗的原材料或半成品均是在生产开始时一次投入的。半成品通过半成品库收发。第二车间、第三车间所耗半成品费用按全月一次加权平均单位成本计算。三个车间的完工产品与月末在产品之间的费用分配采用约当产量比例法。各步骤之间的成本结转采用综合逐步结转分步法计算产品成本。根据半成品和产成品交库单以及在产品盘点、统计资料汇总的产品的有关实物量和在产品的完工程度资料，如表3-36所示。

表 3-36 产品的有关实物量和在产品的完工程度资料

项目	第一车间	第二车间	第三车间
月初在产品数量（件）	400	300	300
本月投产数量（件）	1 800	1 700	1 700
本月完工产品数量（件）	2 000	1 800	1 800
月末在产品数量（件）	200	200	200
在产品完工程度	50%	50%	50%

根据上月第一车间产品成本明细账所记录的月末在产品成本和本月的各种生产费用

分配表,登记第一车间产品成本明细账中"本月费用"一行的有关数据;根据表 3-36 所提供的有关第一车间的资料,将第一车间的月初在产品成本与本月费用的合计数,采用约当产量比例法进行分配,计算出本月完工半成品成本和月末在产品成本,并据以登记产品成本明细账。第一车间产品成本明细账如表 3-37 所示。

表 3-37 第一车间产品成本明细账

金额单位:元

摘要		成本项目			合计
		直接材料	直接人工	制造费用	
月初在产品成本		48 000	10 200	15 000	73 200
本月费用		227 000	78 000	96 300	401 300
合计		275 000	88 200	111 300	474 500
产品产量(件)	完工产品数量	2 000	2 000	2 000	
	在产品约当产量	200	100	100	
	合计	2 200	2 100	2 100	
单位成本(费用分配率)		125	42	53	220
转出半成品成本		250 000	84 000	106 000	440 000
在产品成本		25 000	4 200	5 300	34 500

根据第一车间的半成品交库单所列交库数量和甲产品成本明细账中完工转出的半成品成本,编制会计分录如下。

借:自制半成品——甲种半产品 440 000
　　贷:生产成本——基本生产成本——第一车间——甲种半产品 440 000

根据计价后的第一车间的半成品交库单和第二车间领用单,登记自制半成品明细账,如表 3-38 所示。

表 3-38 自制半成品明细账

金额单位:元

月份	月初余额		本月增加		合计			本月减少	
	数量(件)	实际成本	数量(件)	实际成本	数量(件)	实际成本	单位成本	数量(件)	实际成本
1	200	46 200	2 000	440 000	2 200	486 200	221	1 700	375 700
2	500	110 500							

根据第二车间半成品领用单(单中按所列领用数量和自制半成品明细账中单位成本计价),编制会计分录如下。

借:生产成本——基本生产成本——第二车间——甲种半成品 375 700
　　贷:自制半成品——甲种半成品 375 700

根据各种生产费用分配表、半成品领用单登记第二车间甲产品成本明细账中"本月费用"一行的有关数据;根据前面所提供的有关资料,将第二车间的月初在产品成本与本月费用的合计数,采用约当产量比例法进行分配,计算出完工半成品成本与月末在产品成本,并据以登记产品成本明细账。第二车间产品成本明细账如表 3-39 所示。

表 3-39　第一车间产品成本明细账

金额单位:元

摘要		成本项目			合计
		直接材料	直接人工	制造费用	
月初在产品成本		70 300	7 940	8 420	86 660
本月费用		375 700	64 260	82 780	522 740
合计		446 000	72 200	91 200	609 400
产品产量(件)	完工产品数量	1 800	1 800	1 800	
	在产品约当产量	200	100	100	
	合计	2 000	1 900	1 900	
单位成本(费用分配率)		223	38	48	309
转出半成品成本		401 400	68 400	86 400	556 200
在产品成本		44 600	3 800	4 800	53 200

根据第二车间的半成品交库单所列交库数量和第二车间甲产品成本明细账中完工转出的半成品成本,编制会计分录如下。

借:自制半成品——甲种半成品　　　　　　　　　　　　556 200
　　贷:生产成本——基本生产成本——第一车间——甲种半产品　556 200

根据第二车间计价后的半成品交库单和第三车间领用半成品的领用单,登记自制半成品明细账,如表 3-40 所示。

表 3-40　自制半成品明细账

金额单位:元

月份	月初余额		本月增加		合计			本月减少	
	数量(件)	实际成本	数量(件)	实际成本	数量(件)	实际成本	单位成本	数量(件)	实际成本
1	300	94 800	1 800	556 200	2 100	651 000	310	1 700	527 000
2	400	124 000							

根据第三车间半成品领用单(单中按所列领用数量和自制半成品明细账中单位成本计价),编制会计分录如下。

借:生产成本——基本生产成本——第三车间——甲种半成品　527 000
　　贷:自制半成品——甲种半成品　　　　　　　　　　　　527 000

根据各种生产费用分配表、半成品领用单登记第三车间甲产品成本明细账中"本月费用"一行的有关数据;根据前面所提供的有关资料,将第三车间的月初在产品成本与本月费用的合计数,采用约当产量比例法进行分配,计算出本月完工产品成本和月末在产品成本,并据以登记产品成本明细账。第三车间产品成本明细账如表 3-41 所示。

表 3-41 第一车间产品成本明细账

金额单位:元

摘要		成本项目			合计
		直接材料	直接人工	制造费用	
月初在产品成本		95 000	7 200	8 640	110 840
本月费用		527 000	63 100	78 760	668 860
合计		622 000	70 300	87 400	779 700
产品产量(件)	完工产品数量	1 800	1 800	1 800	
	在产品约当产量	200	100	100	
	合计	2 000	1 900	1 900	
单位成本(费用分配率)		311	37	46	394
转出半成品成本		559 800	66 600	82 800	709 200
在产品成本		62 200	3 700	4 600	70 500

根据第三车间的产成品交库单,编制会计分录如下。

借:库存商品——甲产品　　　　　　　　　　　　　　　　　709 200

　　贷:生产成本——基本生产成本——第三车间——甲种半成品　709 200

根据上述计算结果,分别按照项目比重法和成本还原率法进行成本还原:

(1) 按照项目比重法,编制产品成本还原计算表如表 3-42 所示。

表 3-42 产品成本还原计算表

产量:1 800 件

金额单位:元

项目	成本项目	还原前产品成本	本月生产半成品成本	还原分配率	半成品成本还原	还原后总成本	还原后单位成本
按第二步骤半成品成本结构进行还原	直接材料						
	半成品	559 800	401 400	0.721683	403 998	403 998	224.44
	直接人工	66 600	68 400	0.122977	68 843	135 443	75.25
	制造费用	82 800	86 400	0.15534	86 959	169 759	94.31
	合计	709 200	556 200		559 800	709 200	394
按第一步骤半成品成本结构进行还原	直接材料		250 000	0.568182	229 544	229 544	127.52
	半成品	403 998					
	直接人工	135 443	84 000	0.190909	77 127	212 570	118.1
	制造费用	169 759	106 000	0.240909	97 327	267 086	148.38
	合计	709 200	44 000			709 200	394

(2) 按照还原分配率法,编制产品成本还原计算表如表 3-43 所示。

表 3-43　产品成本还原计算表

产量:1 800 件　　　　　　　　　　　　　　　　　　　　　　　　　　　金额单位:元

项目	成本项目	还原前产品成本	本月生产半成品成本	还原分配率	半成品成本还原	还原后总成本	还原后单位成本
按第二步骤半成品成本结构进行还原	直接材料			559 800÷556 200=1.006473			
	半成品	559 800	401 400		403 998	403 998	224.44
	直接人工	66 600	68 400		68 843	135 443	75.25
	制造费用	82 800	86 400		86 959	169 759	94.31
	合计	709 200	556 200		559 800	709 200	394
按第一步骤半成品成本结构进行还原	直接材料		250 000	403 998÷440 000=0.918177	229 544	229 544	127.53
	半成品	403 998					
	直接人工	135 443	84 000		77 127	212 570	118.09
	制造费用	169 759	106 000		97 327	267 086	148.38
	合计	709 200	44 000			709 200	394

注:在以上两个成本还原计算表中有些数字不完全相符是计算过程中的尾差造成的。

任务三　分项逐步结转分步法实务

一、分项逐步结转分步法的含义

分项逐步结转分步法是指将上步骤半成品成本按各成本项目的实际金额分别计入下步骤的相对应的各成本项目。由于这种方法各成本项目的金额不相互混淆,因此不必进行成本还原。

二、分项逐步结转分步法的特点

分项逐步结转分步法的特点是将各步骤所耗用的上一步半成品成本,按照成本项目分项转入各该步骤产品成本明细账的各个成本项目中,如果半成品通过半成品库收发,在自制半成品明细账中登记半成品成本时,也要按照成本项目分别登记。

假定某工业企业的甲种产品生产分两个步骤,分别由两个车间进行。第一车间生产半成品,交半成品库验收;第二车间按照所需数量向半成品库领用。第二车间所耗半成品费用按全月一次加权平均单位计算。两个车间月末的在产品均按定额成本计价。

三、分项逐步结转分步法的成本核算程序

(1)根据第一车间甲产品成本明细账,以及半成品的交库单和领用单,登记自制半成品明细账。

(2)根据各种费用分配表、半成品领用单、自制半成品明细账、产成品交库单和第二车间在产品定额成本资料,登记第二车间甲产品成本明细账。

采用分项逐步结转法,不需要进行成本还原,一般适用于在管理上不要求计算各步骤完工产品所耗半成品费用和本步骤加工费用,而要求按原始成本项目计算产品成本的企业。

四、分项逐步结转分步法实例

富源工厂甲产品生产分两个步骤,分别由两个车间进行。第一车间生产 A 半成品,完工后交半成品仓库验收,第二车间从仓库领用 A 半成品加工甲产品。领用 A 半成品成本按全月一次加权平均单位成本计算。两个车间的月末在产品均按定额成本计价。成本计算采用分项逐步结转方式。该企业 2021 年 3 月有关产量记录和生产费用资料如表 3-44、表 3-45 所示,期初自制半成品资料如表 3-46 所示。

表 3-44　产品产量资料

2021 年 3 月　　　　　　　　　　　　　　　　　单位:件

摘要	一车间	二车间
月初在产品	30	40
本月投入(或领用上步骤)	190	240
本月完工交库	200	260
月末在产品	20	20

表 3-45　生产费用资料

2021 年 3 月　　　　　　　　　　　　　　　　　金额单位:元

摘要	车间	成本项目			合计
		直接材料	直接人工	制造费用	
月初在产品成本	一车间	7 500	4 200	4 800	16 500
	二车间	11 200	10 400	12 000	33 600
本月发生费用	一车间	53 500	38 600	42 400	134 500
	二车间	—	29 760	44 480	74 240
月末在产品成本 (单位定额成本)	一车间	250	140	160	550
	二车间	280	260	300	840

表 3-46　期初自制半成品资料

2021 年 3 月　　　　　　　　　　　　　　　　　金额单位:元

半成品名称	数量(件)	成本项目			合计
		直接材料	直接人工	制造费用	
A 半成品	100	28 000	20 300	22 900	71 200

甲产品成本分项结转方式逐步结转分步法的成本计算过程如下:

根据各种费用分配表、半成品交库单和第一车间在产品定额成本资料,登记基本生产成本明细账,如表 3-47 所示。

表 3-47　基本生产成本明细账

车间名称:第一车间　　　　　　　　　　产品名称:A 半成品　　　　　　　　　金额单位:元

2021 年		摘要	数量	成本项目			合计
月	日			直接材料	直接人工	制作费用	
		月初在产品定额成本	30	7 500	4 200	4 800	16 500
3	1	本月生产费用	190	53 500	38 600	42 400	134 500
3	31	生产费用合计	220	61 000	42 800	47 200	151 000
	31	完工半成品成本转出	200	56 000	40 000	44 000	140 000
		半产品单位成本		280	200	220	700
		在产品单位定额成本		250	140	160	550
3	31	月末在产品定额成本	20	5 000	2 800	3 200	11 000

在表 3-47 基本生产成本明细账中,"月初在产品定额成本"应根据上月基本生产成本明细账中月末在产品定额成本登记;"本月生产费用"应根据本月各种费用分配表登记;"月末在产品定额成本"应根据月末在产品数量以及单位产品材料费用定额、人工费用定额和制造费用定额计算登记。"完工产品成本"应根据基本生产成本明细账中生产费用合计减去月末在产品定额成本计算登记。

借:自制半成品——A 半成品　　　　　　　　　　　　　　140 000

　　贷:生产成本——基本生产成本——第一车间(A 半成品)　　140 000

根据第一车间的 A 半成品交库单,登记自制半成品明细账,如表 3-48 所示。

表 3-48　自制半成品明细账

半成品名称:A 半成品　　　　　　　　　计量单位:件　　　　　　　　　金额单位:元

摘要	数量	成本项目			合计
		直接材料	直接人工	制造费用	
月初余额	100	28 000	20 300	22 900	71 200
本月增加	200	56 000	40 000	44 000	140 000
合计	300	84 000	60 300	66 900	211 200
单位成本		280	201	223	704
本月减少	240	67 200	48 240	53 520	168 960
月末余额	60	16 800	12 060	13 380	42 240

在上表自制半成品明细账中,"本月增加"行应根据第一车间 A 半成品交库单所列数额登记;"单位成本"采用加权平均法计算求得,"本月减少"行的数量,应根据第二车间领用半成品的领用单所列领用数量登记填列,各项目实际成本应根据领用数量乘以各成本项目单位成本计算填列。"月末余额"应根据累计的数量和实际成本减去本月减少的数量和实际成本计算填列。

借:生产成本——基本生产成本——第二车间(甲产品)　　　168 960

　　贷:自制半成品——A 半成品　　　　　　　　　　　　　　168 960

根据各种费用分配表、半成品领用单、自制半成品明细账、完工产品交库单和第二定额成本资料,登记填列第二车间甲产品基本生产成本明细账,如表 3-49 所示。

表 3-49　基本生产成本明细账

车间名称:第二车间　　　　　　　　产品名称:甲产品　　　　　　　　金额单位:元

2021年		摘要	数量	成本项目			合计
月	日			直接材料	直接人工	制作费用	
		月初在产品定额成本	40	11 200	10 400	12 000	33 600
3	1	领用 A 半成品成本	240	67 200	48 240	53 520	168 960
3	31	本月其他费用			29 760	44 480	74 240
	31	生产费用合计	280	78 400	88 400	110 000	276 800
		完工产品成本	260	72 800	83 200	104 000	260 000
		产成品单位成本		280	320	400	1 000
		在产品单位定额成本		280	260	300	840
3	31	月末在产品定额成本	20	5 600	5 200	6 000	16 800

在上表基本生产成本明细账中,"领用半成品成本"应根据半成品领用单所列领用数量和实际成本计算填列;"本月其他费用"应根据人工费用分配表和制造费用分配表填列;"完工产成品成本"应根据生产费用合计减去按定额成本计价的月末在产品成本计算填列。

借:库存商品——甲产品　　　　　　　　　　　　　　　　260 000

　　贷:生产成本——基本生产成本——第二车间(甲产品)　　　　260 000

任务四　平行结转分步法实务

一、平行结转分步法的含义

平行结转分步法又称不计算半成品成本的分步法,是指不计算各步骤的半成品成本,只将各生产步骤应计入相同产成品成本的份额平行汇总,以求得产成品成本的方法。

二、平行结转分步法的特点

采用平行结转分步法时,半成品成本并不随半成品实物的转移而结转,而是各步骤发生的费用就记入该步骤的基本生产明细账中,月终,将相同产品的各个生产步骤应计入产成品成本的"份额"平行结转、汇总,核算出该种产品的产成品成本。其主要特点:半成品实物逐步结转,但半成品成本并不逐步结转;半成品在各步骤间转移,无论是否通过半成品库收发,均不通过"自制半成品"账户进行总分类核算;将每一生产步骤发生的费用在产成品和尚未最后制成的在产品之间进行分配,核算出各生产步骤发生的费用中应计入产成品成本的"份额"。这里的在产品包括:正在本步骤加工中的在产品(狭义在产品);本步骤已经完工转入以后各步骤继续加工的半成品;已入半成品库准备进一步加工、尚未最终形成产成品的半成品;未验收入库的完工产品和待返修的废品。这里的在产品是广义的在产品概念,是从整个企业的角度而言的在产品;将各步骤费用中应计入产成品成本的

分步法的实践应用—平行结转分步法(1)

"份额"平行结转,汇总核算出产成品的总成本和单位成本。

三、平行结转分步法的适用范围

平行结转分步法适用于下列企业。

（1）半成品无独立经济意义或虽有半成品但不要求单独计算半成品成本的企业,如砖瓦厂、瓷厂等。

（2）一般不计算零配件成本的装配式复杂生产企业,如大批量生产的机械制造企业。

平行结转分步法费用的分配

四、平行结转分步法的计算程序

（1）按每种产品的品种及其所经过的生产步骤设置"产品成本计算单"归集生产费用。各步骤"产品成本计算单"仅归集本步骤发生的费用,不反映耗用上一步骤半成品成本。

（2）各步骤不计算完工半成品成本,只计算本步骤生产费用中应计入产品成本的"份额"。月末,采用一定的分配方法,将归集在各步骤"产品成本计算单"上的生产费用合计,在完工产品应负担的"份额"和广义在产品之间进行分配,从而计算出每一生产步骤应计入产品成本的"份额"。

（3）月末,各步骤要从"产品成本计算单"上转销应由本月完工产品负担的"份额",平行汇总,计算出完工产品成本。

（4）将各步骤"产品成本计算单"上归集的生产费用合计,扣除应计入产品成本的份额,其余额就是月末广义在产品成本。

平行结转分步法的成本核算程序如图 3-3 所示。

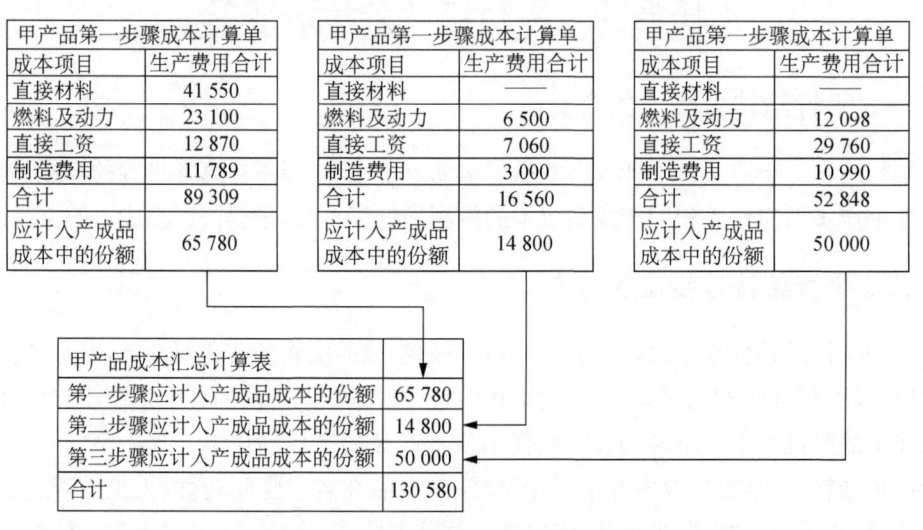

图 3-3　平行结转分步法的成本核算程序

五、平行结转分步法实例

平行结转分步法的关键在于合理计算各步骤应计入产成品成本中的"份额"。各步骤应计入产成品成本的"份额",一般按下列公式计算:

$$某步骤计入\atop产成品成本份额 = 产成品数量 \times \frac{单位产成品耗用}{该步骤半成品数量} \times \frac{该步骤半成品}{单位成本}$$

其中,在实际计算时,"该步骤半成品单位成本",要分成本项目进行确定,即分成本项目计算它的分配率。计算时可采用定额比例法或约当产量法求得。

(一) 按定额比例法计算各步骤产品成本份额

在定额比例法下,分配率的计算公式为:

$$某步骤某项\atop 费用分配率 = \frac{该步骤该项目期初费用 + 该步骤该项目本月发生费用}{产成品定额量(工时)\atop 或定额费用} + \frac{月末广义在产品定额消耗量}{(工时)或定额费用}$$

$$月末广义在产品定额消耗量(工时)或定额费用 = 月初广义在产品定额消耗量(工时)$$

或:

$$定额费用 + 本月投入定额消耗量(工时)或定额费用 - \frac{月末产成品定额消耗量(工时)}{或定额费用}$$

分步法的实践应用—平行结转分步法(2)

$$月末产成品定额消耗量\atop(工时)或定额费用 = 本月产成品数量 \times 单位产成品的消耗定额(工时)或费用定额$$

$$某步骤某项费用应\atop 计入产成品成本的份额 = 产成品定额消耗量(工时)或定额费用 \times 某步骤某项费用分配率$$

下面用一个简单的例子说明它的基本计算原理。

假定某产品本月产成品数量为 40 件。该产成品的工时定额为 100 小时,其中第一步骤为 30 小时。第一步骤月初广义在产品的定额工时为 3 200 小时,本月投入定额工时 2 200 小时。第一步骤月初广义在产品制造费用为 38 000 元,本月发生制造费用 16 000 元。

解:第一步骤制造费用在产成品与广义在产品之间按定额比例法分配计算如下:

第一步骤制造费用分配率=(38 000+16 000)÷(3 200+2 200)=10(元/小时)

产成品第一步骤定额工时=40×30=1 200(小时)

月末广义在产品第一步骤定额工时=3 200+2 200-1 200=4 200(小时)

第一步骤制造费用应计入产成品的份额=1 200×10=12 000(元)

第一步骤广义在产品应分配的制造费用=4 200×10=42 000(元)

(二) 按约当产量法计算各步骤产品成本份额

在约当产量法下,一般是先以某产品的完工产成品和期末广义在产品为产量基数,计算各步骤各项费用计入产品成本单位费用分配率,然后按完工产品数量,计算各步骤各项费用计入产品成本的份额。其计算公式如下:

$$某步骤某项费用分配率 = \frac{该步骤该项目期初费用 + 该步骤该项目本月发生费用}{产成品数量 + 该步骤期末广义在产品约当产量}$$

$$某步骤分配材料费用的期末\atop 广义在产品约当产量 = \frac{已经本步骤加工而留存}{以后各步骤的半成品数量} + \frac{本步骤期末}{在产品数量} \times \frac{本步骤期末}{在产品投料程度}$$

$$某步骤分配工资、制造费用的\atop 期末广义在产品约当产量 = \frac{已经本步骤加工而留存}{以后各步骤的半成品数量} + \frac{本步骤期末}{在产品数量} \times \frac{本步骤期末}{在产品加工程度}$$

$$某步骤某项费用应计入\atop 产成品成本的份额 = 产成品数量 \times \frac{单位产成品需要}{该步骤半成品数量} \times \frac{该步骤该项目费用应}{计入产成品单位费用分配率}$$

$$某步骤某项费用\atop 期末在产品成本 = \frac{该步骤该项目}{费用在产品成本} + \frac{该步骤该项费用}{本期发生额} - \frac{该步骤该项费用应计入}{产成品成本的份额}$$

下面举例说明约当产量法的具体应用。

某企业生产的甲产品经过三个生产车间完成。原材料于生产开始时一次性投入,各生产车间在产品完工程度均为50%。由于该产品在各步骤的半成品不对外出售,管理上也不需要核算各步骤半成品生产成本,所以为简化核算,企业采用平行结转分步法计算产品成本,采用约当产量比例法计算各步骤应计入产成品成本的份额。单位产成品均消耗各生产步骤的半成品2件。其8月份有关生产情况和生产费用如表3-50、表3-51所示。

表3-50　产品生产情况表

单位:件

摘要	一车间	二车间	三车间	产成品
月初在产品数量	8	14	22	
本月投入或上车间转让数量	110	90	92	
本月完工或转入下车间数量	90	92	100	100
期末各车间在产品数量	28	12	14	
加工程度	50%	50%	50%	

表3-51　生产费用表

金额单位:元

车间	摘要	成本项目			合计
		直接材料	直接人工	制造费用	
一车间	月初在产品成本	5 030	1 880	960	7 870
	本月生产费用	25 000	5 680	3 240	33 920
二车间	月初在产品成本		950	680	1 630
	本月生产费用		4 330	3 520	7 850
三车间	月初在产品成本		540	660	1 200
	本月生产费用		4 810	3 941	8 751

根据上述资料,用约当产量法计算各生产车间应计入产品成本的份额如下:

解:(1) 计算第一车间成本。

直接材料成本:

第一车间期末广义在产品约当产量＝28×100%＋12＋14＝54(件)

材料费用分配率＝(5 030＋25 000)÷(100＋54)＝195(元/件)

原材料费用应计入产成品成本份额＝100×195＝19 500(元)

期末广义在产品的原材料费用＝5 030＋25 000－19 500＝10 530(元)

直接工资成本:

第一车间期末广义在产品约当产量＝28×50%＋12＋14＝40(件)

工资费用分配率＝(1 880＋5 680)÷(100＋40)＝54(元/件)

直接工资应计入产成品成本份额＝100×54＝5 400(元)

期末广义在产品直接工资费用＝1 880＋5 680－5 400＝2 160(元)

制造费用成本：

制造费用分配率＝(960＋3 240)÷(100＋40)＝30(元/件)

制造费用应计入产成品成本份额＝100×30＝3 000(元)

期末广义在产品制造费用＝960＋3 240－3 000＝1 200(元)

将上述计算结果,列入基本生产成本明细账(用成本计算单替代),如表3-52所示。

表3-52 第一车间成本计算单

产品名称:甲产品　　　　　　　完工产品产量:100件　　　　　　　金额单位:元

月	日	摘要	成本项目			合计
			直接材料	直接工资	制造费用	
8	1	月初在产品成本	5 030	1 880	960	7 870
	31	本月发生生产费用	25 000	5 680	3 240	33 920
	31	合计	30 030	7 560	4 200	41 790
	31	单位费用分配率	195	54	30	279
	31	应计入产成品成本份额	19 500	5 400	3 000	27 900
	31	期末在产品成本	10 530	2 160	1 200	13 890

(2)计算第二车间成本。

在产品约当产量：

第二车间期末广义在产品约当产量＝12×50％＋14＝20(件)

直接工资成本：

工资费用分配率＝(940＋4 330)÷(100＋20)＝44(元/件)

工资费用应计入产成品成本份额＝100×44＝4 400(元)

期末广义在产品直接工资费用＝20×44＝880(元)

制造费用：

制造费用分配率＝(680＋3 520)÷(100＋20)＝35(元/件)

制造费用应计入产成品成本份额＝100×35＝3 500(元)

期末广义在产品制造费用＝20×35＝700(元)

将上述计算结果列入成本计算单,如表3-53所示。

表3-53 第二车间成本计算单

产品名称:甲产品　　　　　　　完工产品产量:100件　　　　　　　金额单位:元

月	日	摘要	成本项目			合计
			直接材料	直接工资	制造费用	
8	1	月初在产品成本		950	680	1 630
	31	本月发生生产费用		4 330	3 520	7 850
	31	合计		5 280	4 200	9 480
	31	单位费用分配率		44	35	79
	31	应计入产成品成本份额		4 400	3 500	7 900
	31	期末在产品成本		880	700	1 580

（3）计算第三车间成本。

在产品约当产量：

第三车间期末广义在产品约当产量＝14×50％＝7（件）

直接工资成本：

工资费用分配率＝（540＋4 810）÷（100＋7）＝50（元/件）

工资费用应计入产成品成本份额＝100×50＝5 000（元）

期末广义在产品直接工资费用＝50×7＝350（元）

制造费用：

制造费用分配率＝（660＋3 941）÷（100＋7）＝43（元/件）

制造费用应计入产成品成本份额＝100×43＝4 300（元）

期末广义在产品制造费用＝43×7＝301（元）

将上述计算结果列入成本计算单，如表 3-54 所示。

表 3-54　成本计算单

金额单位：元

月	日	摘要	成本项目			合计
			直接材料	直接工资	制造费用	
8	1	月初在产品成本		540	660	1 200
	31	本月发生生产费用		4 810	3 941	8 751
	31	合计		5 350	4 601	9 951
	31	单位费用分配率		50	43	93
	31	应计入产成品成本份额		5 000	4 300	9 300
	31	期末在产品成本		350	301	651

由上述举例可以看出，平行结转分步法由于不计算各步骤半成品成本，只是平行汇总各步骤应计入产成品成本的份额，因而能加速成本计算；另外，由于产成品成本是按原始成本项目直接平行汇总计算的，直接反映了产成品的原始成本构成，因此不需要成本还原，大大简化了成本计算工作。由于各步骤不计算和结转半成品成本，不能提供各步骤耗用前一步骤半成品成本资料，也不能正确反映各步骤在产品成本状况。这样，既不利于在产品的资金管理和实物管理，也不利于各步骤成本耗费水平的分析和考核工作。因而这种方法适用于半成品种类较多，管理上又不要求提供各步骤半成品成本资料的产品。

逐步结转分步法与平行结转分步法最本质的差别在于以下两点：

（1）成本流转顺序与产品加工顺序是否一致——逐步结转分步法下，成本流转顺序与产品加工顺序一致，即"顺次"；平行结转分步法下，成本流转顺序与产品加工顺序不一致，各步骤同时计算产品成本，即"平行"。

（2）半成品是否作为成本对象——逐步结转分步法下，半成品属于成本对象，需要计算半成品成本；平行结转分步法下，半成品不是成本对象，不计算半成品成本。

具体来说，逐步结转分步法和平行结转分步法的差别如表 3-55 所示。

表 3-55　逐步结转分步法及平行结转分步法差异

项目	逐步结转分步法	平行结转分步法
基本特点	按照产品加工顺序,各步骤逐步(顺次)计算半成品成本,最后步计算最终完工产品成本	成本流转与产品加工顺序不一致,不计算半成品成本,各步骤平行(同时)计算最终完工产品成本和(广义)在产品成本
成本流转顺序	各步骤逐步(顺次)计算产品成本,成本流转顺序与产品加工顺序一致——半成品成本随半成品实物的转出而转出	各步骤平行(同时)计算产品成本,成本流转顺序与产品加工顺序不一致——半成品成本不随半成品实物的转出而转出
完工产品与在产品的认定	(1)计算半成品成本——半成品是成本对象; (2)完工产品是指各步骤的完工产品,最后一个步骤的完工产品是最终完工产品,前序各步骤的完工产品是指该步骤的半成品; (3)在产品是指各步骤尚在加工中的在产品	(1)不计算半成品成本——半成品不是成本对象; (2)完工产品是指最终完工产品; (3)在产品是指没有最终完工的产品(包括半成品)——广义在产品
完工产品与在产品成本分配的性质	由于成本流转顺序与产品加工顺序一致,并且计算半成品成本,因此,完工产品与在产品之间的成本分配,是各步骤分别按顺序进行的: (1)分别进行——各步骤的完工产品(半成品、最后步骤的产成品)与该步骤的在产品(各步骤尚在加工中的在产品)之间的分配; (2)顺序进行——上一步骤的完工产品与在产品的成本分配完成之前,无法得出上步骤的半成品成本,从而下步骤生产领用上步骤的半成品成本(即发出半成品成本)也无法确定,则下步骤的完工产品与在产品之间的成本分配无法进行	由于各步骤平行(同时)计算产品成本,并且不计算半成品成本,因此,完工产品与在产品之间的成本分配,是各步骤平行(同时)进行的,没有先后顺序之分。 (1)分配的性质——成本"份额"的分配:各个生产步骤的待分配费用总计(月初在产品成本+本月生产费用)中,一部分"份额"计入到最终完工产品成本中去,剩余的"份额"计入到没有最终完工的广义在产品成本中去。 (2)"份额"分配的标准——"受益"标准,即该步骤参与了其加工:各步骤均参与了最终完工产品的加工,因此完工产品应承担所有步骤的成本份额;某步骤参与了哪些广义在产品的加工,这些广义在产品就应承担该步骤的成本份额,就属于该步骤的广义在产品。
是否需要进行成本还原	在逐步综合结转方式下,最终完工的产成品成本中,所包含的前述生产步骤的半成品成本,是按照一个成本项目("半成品"或"直接材料")反映的,需要进行成本还原——把产成品成本中所耗半成品成本里面的前面各生产步骤发生的料、工、费分解出来	由于不计算半成品成本,不涉及成本还原的问题

项目五　产品成本计算的辅助方法

任务一　分　类　法

一、分类法的概念

分类法是以产品的类别作为成本核算对象,归集生产费用,计算各类产品实际成本,然后再按照一定的分配标准,在类内产品之间进行成本分配,计算类内不同品种产品成本的一种辅助方法。

二、分类法的特点

分类法与企业成本核算的品种法、分批法和分步法相比,具有以下特点。

产品成本计算的辅助方法—分类法的工作原理及应用

1. 以产品的类别作为成本核算对象

采用分类法计算产品成本时,先要根据产品的结构、所用原材料及工艺技术过程的不同,将产品划分为若干类别,然后以产品类别为成本核算对象,按照产品的类别设置成本计算单,归集生产费用,计算各类产品成本。

在按类别计算各类产品成本时,应根据企业生产的特点和管理要求,分别采用品种法、分批法、分步法等成本核算的基本方法。因此,分类法不是成本核算独立的基本方法,而是辅助方法。因此采用分类法,其成本计算期的确定,所生产费用在完工产品和在产品之间的分配等,都取决于它所依托的成本计算的基本方法。

2. 类内产品成本按一定方法分配确定

采用分类法计算各类产品成本的同时,还需要在类别内采用适当的方法,将成本在各规格或品种的产品之间进行分配,计算出各种(品种或规格)产品的设计总成本和单位成本。

三、分类法的适用范围

分类法适用于产品品种、规格繁多,并且可以按照一定要求和标准划分类别的企业或企业的生产车间。产品品种、规格繁多的企业,如果按产品的品种、规格来归集生产费用,计算产品成本,则其成本计算工作极为繁重。在这种情况下,如果不同品种、规格的产品可以按照一定标准分类,就可以采用分类法来计算产品成本,从而大大简化成本核算工作。分类法与产品生产的类型没有直接联系,只要企业或生产车间的产品可以按照其性质、用途、生产工艺过程和原材料消耗等方面的特点划分为一定的类别,如同类产品、联产品以及副产品的成本计算等都可以采用分类法,因而分类法可以在各种类型的生产中应用。

1. 同类产品

同类产品是指产品的结构、性质、用途以及使用的原材料、生产工艺过程等大体相同,规格和型号不一的产品。例如,灯泡厂生产的同一类别不同瓦数的灯泡、食品厂生产的各种饼干和面包等,都可以归为同类产品,适合采用分类法计算其成本。

2. 联产品

联产品是指企业利用相同的原材料,在同一生产过程中,同时生产出的几种使用价值不同,但具有同等地位的主要产品。例如,炼油企业在原油加工过程中提炼出的各种汽油、煤油、柴油等,都属于联产品。对于一般企业来说,采用分类法只是为了简化成本核算工作,可采用或不采用,而对于联产品生产企业来说,由于联产品所用的原理和工艺过程相同,生产过程中所发生的各项生产费用本来就连在一起,构成联产品的共同成本,也称联合成本。因此联合成本的归集和在各种联产品之间分配,适宜采用分类法计算其成本。

3. 副产品

副产品是指企业在生产产品的过程中,附带生产出的那些非主要产品,如洗煤生产过程中生产出的煤泥、制电生产过程中生产出的甘油等副产品,主副产品之间的成本划分,适宜采用分类法。

四、分类法的成本计算程序

（1）按产品类别设置产品成本计算单（生产成本明细账），计算出该类产品实际总成本。企业应当根据生产经营的特点和成本管理的要求，选择品种法或分批法、分步法等成本计算的基本方法，计算出各类别产品的实际总成本。

（2）选择合理的分配标准，分配计算类别内各种产品的实际成本归集计算出各类别产品的实际总成本后，要选择合理的分配标准，在类别内的各种产品之间进行分配，计算出各种产品的完工成本。如前所述，分配标准可采用产品的重量、体积或定额消耗量、定额费用等。为了简化分配工作，企业通常采用系数分配法，即将选用的分配标准折算成相对固定的系数，按照固定的系数分配类内各种产品的成本。系数的确定一般选择产量较大、生产较为稳定、规格适中的产品作为标准产品，把此产品单位系数定为"1"；将同类内其他各种产品的分配标准额与标准产品的分配标准额相比，计算出其他产品的分配标准。其他各种产品的分配标准额与标准产品的分配标准额的比率，即系数，其计算公式如下：

$$单位产品系数 = \frac{该种产品的分配标准（定额成本、产量等）}{标准产品分配标准（定额成本、产量等）}$$

$$某种产品总系数 = 该种产品的实际产量 \times 该产品单位产品系数$$

$$费用分配率 = 该类别完工产品的总成本（分成本项目） \div 各种产品总系数之和$$

$$某种产品应分配的成本 = 该种产品的总系数 \times 分配率$$

系数分配法（系数法）又称简化的分类法，方便实用，系数一经确定，不得随意变更，本书将以此种方法为例计算成本。

五、分类法实例

[例题 3-1]　某企业对甲产品进行分离加工，生产出 A、B、C 三种产品。其产量为：A 产品 100 千克，B 产品 600 千克，C 产品 400 千克。本月生产费用合计为：直接材料费用 5 090.40 元，直接人工费用 1 696.80 元，制造费用 3 393.60 元。产品全部完工。单位销售单价：A 产品 10 元，B 产品 8 元，C 产品 5 元。

要求：以 A 产品为标准产品，采用系数法分配计算三种产品成本（按售价折算系数）。

解：（1）折算系数：A 产品＝1　　B 产品＝8÷10＝0.8　　　C 产品＝5÷10＝0.5

（2）标准产量：A 产品＝1 000（千克）　　　　B 产品＝600×0.8＝480（千克）

C 产品＝400×0.5＝200（千克）　　　　标准产量合计＝1 680（千克）

（3）费用分配：直接材料分配率＝5 090.40÷1 680＝3.03（元/千克）

A 产品材料费用＝1 000×3.03＝3 030（元）

B 产品材料费用＝480×3.03＝1 454.4（元）

C 产品材料费用＝200×3.03＝606（元）

直接人工分配率＝1 696.80÷1 680＝1.01（元/千克）

A 产品人工费用＝1 000×1.01＝1 010（元）

B 产品人工费用＝480×1.01＝484.8（元）

C 产品人工费用＝200×1.01＝202（元）

制造费用分配率＝3 393.60÷1 680＝2.02(元/千克)

A产品制造费用＝1 000×2.02＝2 020(元)

B产品制造费用＝480×2.02＝969.6(元)

C产品制造费用＝200×2.02＝404(元)

A产品成本＝3 030＋1 010＋2 020＝6 060(元)

B产品成本＝1 454.4＋484.8＋969.6＝2 908.8(元)

C产品成本＝606＋202＋404＝1 212(元)

[**例题3-2**] 某企业采用分类法进行产品成本计算,B类产品分为甲、乙、丙三个品种,甲为标准产品。类内费用分配的方法是原材料按定额费用系数为标准。其他费用按定额工时比例分配。B类完工产品总成本为480 920元,其中:直接材料费用为269 700元,直接工资为96 760元,制造费用为114 460元。产量及定额资料如表3-56所示。

表3-56 产量及定额资料表

金额单位:元

品名	产量(件)	单位产品原材料费用定额	单位产品工时定额
甲	400	240	20 小时
乙	600	312	15 小时
丙	300	216	22 小时

要求:

(1)填制B类产品系数计算表。

(2)填制B类产品成本计算单。

解:

(1)填制B类产品系数计算表,如表3-57所示。

表3-57 B类产品系数计算表

金额单位:元

品名	原材料费用	
	单位产品定额	系数
甲	240	1
乙	312	1.3
丙	316	0.9

(2)填制B类产品成本计算单,如表3-58所示。

表3-58 B类产品成本计算单

金额单位:元

项目	产量(件)	原材料费用系数	原材料费用总系数	工时定额	定额工时	直接材料费用	直接工资	制造费用	合计
分配率						186	4.1	4.85	
甲	400	1	400	20	8 000	74 400	32 800	38 800	146 000
乙	600	1.3	780	15	9 000	145 080	43 650	43 650	225 630
丙	300	0.9	270	22	6 600	50 220	27 060	32 010	109 290
合计			1 450		23 600	269 700	96 760	114 460	480 920

任务二　联产品、副产品的成本核算

一、联产品的含义

联产品是指用同样的原材料,经过一道或系列工序的加工,同时生产出的几种地位相同但用途不同的主要产品。例如,炼油厂以原油为原料,经过一定的生产工艺过程,加工成汽油、煤油、柴油等各种燃料油。联产品与同类产品不同,同类产品是指在产品品种、规格繁多的企业或车间,按一定的标准归类的产品,其目的是便于采用分类法简化产品成本计算工作。联产品的生产是联合生产,其特点是同一资源在同一生产过程中投入,分离出两种或两种以上的主要产品,其中个别产品的产出,必然伴随联产品同时产出。

联产品的产出,有的要到生产过程终了时才分离出来,有的可能在生产过程中的某个步骤先分离出来,有些产品分离出来后,还需继续加工。联产品分离出来时的生产步骤称为"分离点"。分离点是联产品的联合生产程序结束、各种产品可以辨认的生产交界点。

二、联产品的计算方法

(一) 实物量分配法

实物量分配法,是指将联合成本按各联产品实物量(如重量、长度或容积等)进行分配的一种方法。其计算公式如下:

$$联合成本分配率 = \frac{联合成本}{各种联产品实物量之和}$$

$$某产品应分配的联合成本 = 该种联产品实物量 \times 联合成本分配率$$

(二) 相对销售价值分配法

相对销售价值分配法,是按照各种联产品的销售收入比例来分配联合成本的方法。这种方法认为联产品是同时产出的,从销售中获得收益,理应在各种产品之间按比例进行分配,即售价较高的联产品应成比例地负担较高份额的联合成本,售价较低的联产品应成比例地负担较低份额的联合成本。其计算公式如下:

$$联合成本分配率 = \frac{联合成本}{各种联合产品销售价之和}$$

$$某联产品应分配的联合成本 = 该种联产品销售收入 \times 联合成本分配率$$

(三) 系数分配法

系数分配法是将各种联产品的实际产量乘以事先制定的各联产品的系数,把实际产量换算成相对生产量,然后按各联产品的相对生产量比例来分配联产品的联合成本。系数分配法的关键是系数的确定要合理。实践中系数的确定标准有的是用各联产品的技术特征(如重量、体积、质量性能、含量和加工难易程度等),也有的是采用各种联产品的经济指标(如定额成本、售价等)。

三、联产品成本核算实例

东翔集团下属的建福公司第二分厂 2021 年 10 月生产甲、乙、丙三种联产品,本月实际产量为:甲产品 40 000 千克;乙产品 20 000 千克;丙产品 15 000 千克。各种产品的市场售价为:甲产品 15 元;乙产品 24 元;丙产品 12 元。联产品分离前的联合成本为 1 008 000 元(本例为了简化成本计算,不分成本项目计算)。

(1)根据资料,假设采用系数分配法计算甲、乙、丙产品的成本,如表 3-59 所示。

表 3-59　联产品成本计算单(系数分配法)

2021 年 10 月　　　　　　　　　　　　　　　　　　　　　金额单位:元

品名	实际产量	系数	标准产量	分配率	各产品总成本	各产品单位成本
甲产品	40 000	1	40 000		480 000	12
乙产品	20 000	1.6	32 000		384 000	19.2
丙产品	15 000	0.8	12 000		144 000	9.6
合计	75 000		84 000	12	1 008 000	

注:确定甲产品为标准产品,系数定为"1",按产品售价计算乙、丙产品的系数分别为:乙产品系数=24÷15=1.6;丙产品系数=12÷15=0.8。

根据表 3-59 的成本计算单和产品入库单,编制结转完工入库产品成本的会计分录如下。

借:库存商品——甲产品　　　　　　　　　　　　　　　　480 000
　　　　　　——乙产品　　　　　　　　　　　　　　　　384 000
　　　　　　——丙产品　　　　　　　　　　　　　　　　144 000
　　贷:生产成本——基本生产成本　　　　　　　　　　　　　　1 008 000

(2)根据资料,假设采用实物量分配法计算甲、乙、丙产品的成本,如表 3-60 所示。

表 3-60　联产品成本计算单(实物量分配法)

2021 年 10 月　　　　　　　　　　　　　　　　　　　　　金额单位:元

品名	实际产量	分配率	各产品总成本	各产品单位成本
甲产品	40 000		537 600	13.44
乙产品	20 000		268 800	13.44
丙产品	15 000		201 600	13.44
合计	75 000	13.44	1 008 000	

根据上表的成本计算单和产品入库单,编制结转完工入库产品成本的会计分录如下。

借:库存商品——甲产品　　　　　　　　　　　　　　　　537 600
　　　　　　——乙产品　　　　　　　　　　　　　　　　268 800
　　　　　　——丙产品　　　　　　　　　　　　　　　　201 600
　　贷:生产成本——基本生产成本　　　　　　　　　　　　　　1 008 000

(3)根据资料,假设采用销售价值分配法计算甲、乙、丙产品的成本,如表 3-61 所示。

表 3-61 联产品成本计算单(销售价值分配法)

2021 年 10 月   金额单位:元

品名	实际产量	单价	销售价值	分配率	各产品总成本	各产品单位成本
甲产品	40 000	15	600 000		480 000	12
乙产品	20 000	24	480 000		384 000	19.2
丙产品	15 000	12	180 000		144 000	9.6
合计	75 000		1 260 000	0.8	1 008 000	

根据表 3-61 的成本计算单和产品入库单,编制结转完工入库产品成本的会计分录如下。

借:库存商品——甲产品   480 000
　　　　　——乙产品   384 000
　　　　　——丙产品   144 000
　　贷:生产成本——基本生产成本   1 008 000

四、副产品的成本核算

(一)副产品的含义

副产品是指使用同种原材料在同一生产过程中生产主要产品的同时,附带生产出一些非主要产品,或利用生产中的废料加工而成的产品,如肥皂厂生产出来的甘油;炼油厂在炼油过程中产出的渣油、石油焦等。

副产品和联产品都是投入同一原材料,经过同一生产过程同时生产出来的。但联产品全都是主要产品,而副产品则是伴随着主要产品生产出来的,其价值较低。由于副产品和主要产品是同一原材料经过同一生产过程生产出来的,其成本与主要产品成本在分离步骤前是共同发生的,这也决定了副产品的经济价值较小,在企业全部产品中所占的比重也较小,因此在计算成本时,可采用简单的计算方法,即先确定副产品成本,然后从分离前联合成本中扣除,其余额就是主要产品成本。

副产品合理的计价,是正确计算主副产品成本的重点。如果副产品计价过高,则有可能把产品的超支差转嫁到副产品上;如果副产品计价过低,则有可能把销售副产品的亏损转嫁到主产品上,不利于产品的成本管理。

(二)副产品成本计算方法

副产品的计价方法一般有以下三种。

(1)副产品不计价,对分离后不再加工且价值较低(与主要产品相比其微)的副产品,可不负担分离前的联合成本,即副产品只计数量,不计金额,联合成本全部由主产品负担,将副产品的销售收入直接作为主要产品的销售收入处理。这种方法一般适用于副产品分离后不再加工,而且其价值较低的情况。采用这种方法的优点是手续简便,但由于副产品成本是由主产品负担的,从而会影响主产品成本的准确性。

(2)副产品按照副产品的销售价格减去销售税费和销售利润后的余额计价,这种情况往往以其销售价格作为计价的依据。通常按售价减去销售费用和销售税金后的金额确定副产品成本,从联合成本中扣除。可以从材料成本项目中扣除,也可以按比例从各成本项目中扣除。这种方法适用于副产品价值较高的情况。如果副产品在分离后还需进步加工才能出售,则按这方法确定副产品成本时,还应从售价中扣除分离后的加工费。

(3) 副产品按计划单位成本计价,在副产品加工处理时间不长、费用不多的情况下,为简化核算,副产品也可按计划单位成本计价。从主、副产品生产费用总额中扣除按计划成本计算的副产品成本后的余额,即为主要产品的成本。

(三) 副产品成本核算实例

畅享集团下属的建福公司第三分厂在生产主要产品——丁产品的同时,附带生产出 A 副产品,A 副产品分离后需进一步加工后才能出售。2021 年 11 月共发生联合成本 155 000 元,其中:直接材料费用 77 500 元;直接人工费用 31 000 元;制造费用 46 500 元。A 副产品进一步加工发生直接人工费 2 000 元;制造费用 2 500 元。本月生产 A 产品 1 000 千克,A 副产品 200 千克,A 副产品的市场售价 150 元/千克,单位税金和利润为 50 元。

根据资料,按 A 副产品既要负担专属成本,又要负担分离前联合成本的方法计算 A 产品成本和 A 副产品成本,如表 3-62、表 3-63 所示。

表 3-62　主产品成本计算单

品名:丁产品　　　　　　　　　　　2021 年 11 月　　　　　　　　　　金额单位:元

摘要	成本项目			合计
	直接材料	直接人工	制造费用	
生产费用合计	77 500	31 000	46 500	155 000
结转副产品负担的联合成本	7 750	3 100	4 650	15 500
本月完工了产品的生产成本	69 750	27 900	41 850	139 500
单位成本	69.75	27.9	41.85	139.5

表 3-63　副产品成本计算单

品名:A 副产品　　　　　　　　　　2021 年 11 月　　　　　　　　　　金额单位:元

摘要	成本项目			合计
	直接材料	直接人工	制造费用	
分摊的联合成本	7 750	3 100	4 650	15 500
可归属的成本		2 000	2 500	4 500
A 副产品总成本	7 750	5 100	7 150	20 000
单位成本	38.75	25.5	35.75	100

注:副产品应负担的联合总成本=200×(150−50)−(2 000+2 500)=15 500(元),本例中对副产品应负担的联合总成本,按分离前的联合成本的成本项目构成比例分配给副产品的各成本项目,其中:分配率=15 500÷155 000=0.1,则:直接材料=77 500×0.1=7 750(元);直接人工=31 000×0.1=3 100(元);制造费用=46 500×0.1=4 650(元)。

根据表 3-63 的成本计算单和产品入库单,编制结转完工入库产品成本的会计分录如下。

借:库存商品——丁产品　　　　　　　　　　　　　　　139 500

　　　　　　——A 副产品　　　　　　　　　　　　　　　20 000

　　贷:生产成本——基本生产成本　　　　　　　　　　　　　159 500

产品成本计算的辅助方法—定额法的工作原理及其运用

任务三　定　额　法

一、定额法的含义

定额法是以定额成本为基础,控制生产费用日常实际支出,核算和分析生产费用脱离定额的差异和原因,月末加、减各种成本差异和定额变动,求得实际成本的一种成本核算与管理的方法。

二、定额法的特点

1. 事前控制

事前制定产品的消耗定额、费用定额和定额成本,作为降低成本的目标,对产品成本进行事前控制。

2. 事中控制

在生产费用发生的当时,将符合定额的费用和发生的差异分别核算,加强对成本差异的日常核算、分析和控制。

3. 事后控制

每月月末,在定额成本的基础上加、减各种成本差异,核算产品的实际成本,为成本的定期考核和分析提供资料。

三、定额法的适用范围

定额法是企业为了将成本核算和成本控制结合起来而采用成本计算的一种辅助方法,它不是成本核算的独立的、基本的成本核算方法,通常与生产类型没有直接关系,它主要适用于产品已经定型、产品品种比较稳定、各项定额比较齐全准确、原始记录比较健全的大量大批生产企业。

四、定额法的核算程序

定额法成本
核算程序-1

(一) 制定产品定额成本

根据企业现行消耗定额和费用定额,按照产品品种和规定的成本项目,分别制定产品定额成本,并编制各产品定额成本计算表。

(二) 按成本计算对象设置产品成本明细账

成本项目设"期初在产品成本""本月产品费用""生产费用累计""完工产品成本"和"月末在产品成本"等专栏,各栏又分为"定额成本""脱离定额差异""定额变动差异""材料成本差异"各小栏。

(三) 调整定额成本

在定额成本修订的当月,应调整月初在产品的定额成本,计算月初定额变动差异。

(四) 核算脱离定额差异

在生产费用发生时,按成本项目将符合定额的费用和脱离定额的差异分别核算,并予以汇总。

(五) 在本月完工产品和月末在产品之间分配成本差异

月末,企业应将月初结转和本月发生的脱离定额差异、材料成本差异和定额变动差异分别汇总,按确定的成本计算基本方法,按一定标准在完工产品和在产品之间进行分配。

(六) 计算本月完工产品的实际总成本和单位成本

以本月完工产品的定额成本为基础,加上各项成本差异,计算出本月完工产品的实际总成本,并计算完工产品的实际单位成本。

模 块 小 结

　　品种法,是指以产品的品种作为成本核算对象,用以归集生产费用并计算产品成本的方法,适用于大量大批单步骤生产,生产规模较小而且管理上又不要求按照生产步骤计算产品成本的大量大批多步骤生产,如企业内部供水、供电、供汽等辅助生产单位。品种法的特点是以产品品种作为成本核算对象,成本计算定期按月进行,有期末在产品时需要在完工产品和期末在产品之间分配生产费用。

　　分批法,是指以产品的批次订单作为成本核算对象,用以归集生产费用、计算产品成本的方法,适用于单件小批类型的单步骤生产或管理上不要求分步骤计算成本的多步骤生产企业,提供机器设备修理等劳务的企业或企业的生产单位,从事新产品试制、自制设备等生产任务的生产单位。分批法的特点是以产品批次订单作为成本核算对象,成本计算期与生产周期一致,一般不需要在完工产品和期末在产品之间分配生产费用。

　　分步法,是指以产品的品种及其所经生产步骤作为成本核算对象来归集生产费用、计算产品成本的方法。分步法主要适用于管理上要求分步计算成本的大量大批多步骤生产企业。

　　逐步结转分步法,是按照生产步骤逐步计算并结转半成品成本,直到最后步骤计算出产成品成本的方法,也称计算半成品成本的分步法。平行结转分步法,是将各生产步骤应计入相同产成品成本的份额平行汇总以求得产成品成本的方法。平行结转分步法按照生产步骤归集费用,但只计算完工产成品在各生产步骤的成本"份额",不计算和结转各生产步骤的半成品成本,因此,也称不计算半成品成本的分步法。平行结转分步法主要适合成本管理上要求分步归集费用,但没有半成品对外销售,不要求计算半成品成本的企业。分步法的特点是以产品的品种及其所经生产步骤作为成本核算对象。

　　分类法,是以产品的类别作为成本核算对象,用以归集生产费用计算出各类产品实际成本,再在类别内产品之间进行成本分配计算出类别内各种产品成本的方法。分类法主要适用于产品品种、规格繁多,并且可以按照一定要求和标准划分为类别的企业或企业的生产单位。分类法的特点是以产品的类别作为成本核算对象,需要采用一定方法,在类别内产品之间进行成本分配。

　　定额法,是以产品定额成本为基础,加上(或减去)脱离定额的差异、材料成本差异和定额变动差异,来计算产品实际成本的方法。定额法的特点是事前制定产品的定额成本,分别核算符合定额的费用和脱离定额的差异,以定额成本为基础,加上或减去各种成本差异来求得实际成本。

技 能 训 练

品种法

一、单项选择题

1. 直接用于产品生产的燃料费用,应记入的会计科目是(　　)。
   A. "制造费用"　　　　　　　　　　　B. "管理费用"
   C. "销售费用"　　　　　　　　　　　D. "生产成本——基本生产成本"

2. 在不设"直接燃料和动力"成本项目的情况下,直接用于产品生产的动力费用在发生时,应记入的会计科目是(　　)。
   A. "制造费用"　　　　　　　　　　　B. "管理费用"
   C. "销售费用"　　　　　　　　　　　D. "生产成本——基本生产成本"

3. 基本生产车间耗用的机物料费用,应记入的会计科目是(　　)。
   A. "生产成本——基本生产成本"　　　B. "管理费用"
   C. "生产成本——辅助生产成本"　　　D. "制造费用"

4. 产品销售过程中发生的各项费用,应记入的会计科目是(　　)。
   A. "制造费用"　　B. "管理费用"　　C. "销售费用"　　D. "财务费用"

5. 在下列辅助生产费用的分配方法中,计算分配工作最为简便的是(　　)。
   A. 直接分配法　　B. 顺序分配法　　C. 交互分配法　　D. 代数分配法

6. 在下列辅助生产费用的分配方法中,分配结果最为准确的是(　　)。
   A. 直接分配法　　　　　　　　　　　B. 代数分配法
   C. 交互分配法　　　　　　　　　　　D. 计划成本分配法

7. 企业在生产多种产品时,几种产品共同耗用的生产工人的计时工资属于(　　)。
   A. 直接计入费用　　　　　　　　　　B. 间接计入费用
   C. 间接生产费用　　　　　　　　　　D. 制造费用

8. 基本生产车间计提的固定资产折旧费,应借记(　　)科目。
   A. "生产成本——基本生产成本"　　　B. "管理费用"
   C. "制造费用"　　　　　　　　　　　D. "销售费用"

9. 企业行政管理部门计提的固定资产折旧费,应借记(　　)科目。
   A. "制造费用"　　　　　　　　　　　B. "财务费用"
   C. "管理费用"　　　　　　　　　　　D. "销售费用"

10. 生产费用要素中的税金,发生或支付时应借记(　　)科目。
    A. "生产成本——辅助生产成本"　　　B. "制造费用"
    C. "管理费用"　　　　　　　　　　　D. "销售费用"

11. 长期待摊费用的摊销期限应该是(　　)。
    A. 1 年以内　　　B. 1 年以上　　　C. 2 年以内　　　D. 视情况而定

12. 下列方法中,属于辅助生产费用的分配方法的是( )。

    A. 计划成本分配法   B. 年度计划分配率分配法

    C. 约当产量比例法   D. 定额比例法

13. 辅助生产费用的直接分配法,是将辅助生产费用( )。

    A. 直接计入基本生产成本的方法

    B. 直接计入辅助生产成本的方法

    C. 直接分配给辅助生产车间以外各受益单位的方法

    D. 直接分配给所有受益单位的方法

14. 辅助生产费用的交互分配法,进行一次交互分配时是在( )。

    A. 各受益单位之间进行分配

    B. 辅助生产车间之间进行分配

    C. 辅助生产车间以外受益单位之间进行分配

    D. 各受益的基本车间之间进行分配

15. 在交互分配法下,辅助生产费用交互分配后的实际费用,应在( )。

    A. 辅助生产车间以外的受益单位之间进行分配

    B. 各受益单位之间进行分配

    C. 各辅助生产车间之间进行分配

    D. 各受益的基本车间之间进行分配

二、多项选择题

1. 基本生产车间领用的材料费用,按照其用途进行分配,可能记入的会计科目有( )。

    A.“生产成本——基本生产成本”   B.“制造费用”

    C.“管理费用”   D.“销售费用”

2. 分配材料费用的标准有( )。

    A. 材料定额消耗量   B. 材料定额费用

    C. 产品体积   D. 产品工时定额

3. 分配产品生产工人工资费用的标准一般有( )。

    A. 产品的售价   B. 产品的体积

    C. 产品的实际生产工时   D. 产品的定额生产工时

4. 计入产品成本的各种职工薪酬费用,按其用途分配,应记入的会计科目有( )。

    A.“销售费用”   B.“生产成本——基本生产成本”

    C.“制造费用”   D.“管理费用”

5. 进行辅助生产费用分配时,可能借记的会计科目有( )。

    A.“生产成本——基本生产成本”   B.“生产成本——辅助生产成本”

    C.“制造费用”   D.“管理费用”

6. 生产经营过程中发生的职工薪酬费用,按照其用途进行分配,可能记入的会计科目有
    ( )。

    A.“生产成本——基本生产成本”   B.“制造费用”

    C.“销售费用”   D.“管理费用”

7. 用于企业生产经营的固定资产的折旧费用,按照其用途进行分配,可能记入的会计科目有(　　)。

A. "生产成本——基本生产成本"　　　B. "制造费用"

C. "销售费用"　　　D. "管理费用"

8. 用于企业生产经营的低值易耗品的摊销,按照其用途进行分配,可能记入的会计科目有(　　)。

A. "生产成本——基本生产成本"　　　B. "制造费用"

C. "销售费用"　　　D. "管理费用"

9. 计入产品成本的职工薪酬费用有(　　)。

A. 生产工人的薪酬费用　　　B. 车间或分厂管理人员的薪酬费用

C. 生产车间技术人员的薪酬费用　　　D. 企业专设销售机构人员的薪酬费用

10. 经过要素费用的分配,记入"基本生产成本"科目借方的费用,已经分别记入各产品成本明细账的(　　)成本项目。

A. "直接人工"　　　B. "直接材料"

C. "直接燃料和动力"　　　D. "制造费用"

三、判断题

1. 直接生产费用都是直接计入费用,间接生产费用都是间接计入费用。　　　(　　)

2. 若辅助生产车间未设置"制造费用"明细账,则对于直接或间接用辅助生产的各项费用,均记入"生产成本——辅助生产成本"科目。　　　(　　)

3. 为了简化核算,当月增加的固定资产当月不计提折旧,从下月起计提折旧,当月减少的固定资产当月照提折旧,下月起停止计提折旧。　　　(　　)

4. 基本生产车间直接用于产品生产,但没有专设成本项目的各项费用,应先记入"制造费用"科目。　　　(　　)

5. 基本生产车间间接用于产品的各项费用应先记入"制造费用"科目。　　　(　　)

6. 各项期间费用均不计入产品成本,应全部直接计入当期损益。　　　(　　)

7. 由几种产品生产共同耗用的、构成产品实体的原材料费用,可以直接计入各种产品成本。　　　(　　)

8. 由几种产品共同耗用的原材料费用,在材料消耗定额比较准确的情况下,可以按照产品的原材料定额消耗量或原材料定额费用比例分配。　　　(　　)

9. 各种产品共同耗用的原材料费用按材料定额消耗量比例分配与按材料定额费用比例分配的计算结果是不相同的。　　　(　　)

10. 基本生产车间用于生产的低值易耗品,其摊销额应计入制造费用。　　　(　　)

四、计算题

大恒工厂生产甲、乙两种产品,都是单步骤的大量生产,采用品种法计算产品成本。该厂设一个基本生产车间,供电和供水两个辅助生产车间。辅助生产车间的制造费用通过"制造费用"科目核算。该厂3月份的生产费用资料如下:

(1) 各项货币支出。根据3月份付款凭证汇总的各项货币支出(假定均用银行存款支付)为:

基本生产车间：办公费 3 933 元，运输费 1 370 元，取暖费 4 260 元，其他费用 9 260 元。

供电车间：外购动力费 31 210 元，办公费 430 元，其他费用 320 元。

供水车间：办公费 550 元，其他费用 50 元。

（2）职工薪酬费用：

基本生产车间：生产工人工资 569 500 元，管理人员工资 7 250 元。

供电车间：生产工人工资 21 000 元，管理人员工资 3 600 元。

供水车间：生产工人工资 25 000 元，管理人员工资 4 200 元。

基本生产车间生产工人工资系计时工资，在甲、乙两种产品之间按产品的实用工时比例分配。实用工时为：甲产品 60 000 小时，乙产品 40 000 小时。为了简化计算，按工资总额一定比例提取的其他职工薪酬费用此处从略。

（3）固定资产折旧费用：

2 月份的折旧额：基本生产车间 6 000 元，供电车间 500 元，供水车间 800 元。

2 月份增加的固定资产折旧额：基本生产车间 500 元。

（4）材料费用：

根据 3 月份材料领退料凭证汇总的材料费用为：

甲产品：直接材料费用 7 600 元。

乙产品：直接材料费用 38 500 元。

辅助生产车间：

供电车间：直接材料费用 3 200 元。

供水车间：直接材料费用 2 500 元。

基本生产车间：机物料消耗费用 4 962 元，劳动保护费 3 830 元。

供电车间：机物料消耗费用 790 元，其他费用 200 元。

供水车间：机物料消耗费用 580 元，其他费用 120 元。

（5）辅助生产费用：

该厂规定辅助生产费用按计划成本分配。辅助生产的计划单位成本为：每度电 0.35 元，每吨水 1.6 元。辅助生产的成本差异全部计入管理费用。供电车间供电 176 000 度。各单位耗电度数：供水车间动力用电 14 400 度，照明用电 1 100 度；基本生产车间动力用电 148 500 度，照明用电 4 500 度；行政管理部门用电 7 500 度。供水车间提供水 21 500 吨。各单位耗水吨数：供电车间 1 500 吨，基本生产车间 18 000 吨，行政管理部门 2 000 吨。

基本生产车间的动力费用，按照产品的实用工时比例，在甲、乙两种产品之间进行分配。

（6）制造费用：

该厂规定制造费用按产品的实用工时比例，在甲、乙两种产品之间进行分配。

（7）完工产品和月末在产品之间的费用分配：

甲产品的消耗定额比较准确、稳定，但各月在产品数量变动较大，因而采用定额比例法分配完工产品费用和月末在产品费用。直接材料费用按定额原材料费用比例分配,其他各项费用均按定额工时比例分配。

甲产品 3 月初在产品的定额资料:定额直接材料费用 14 500 元,定额工时 30 500 小时,其实际费用:直接材料费用 16 050 元,直接燃料及动力费用 7 740 元,直接人工费用 134 050 元,制造费用 17 506 元,合计 175 346 元。甲产品 3 月份投入的定额直接材料费用 7 000 元,定额工时为 56 000 小时。甲产品 3 月份完工 180 件,单件直接材料费用定额为 90 元,单件工时定额 410 小时。

该厂乙产品各月在产品的数量较大,但各月数量比较稳定,因而规定各月在产品费用均按年初数固定不变,到年末时才根据实际情况进行调整。其年初在产品费用:直接材料费用 7 600 元,直接燃料及动力费用 2 200 元,直接人工费用 4 500 元,制造费用 3 290 元,合计 17 590 元。乙产品 3 月份完工 100 件。

要求:

(1) 根据上述资料,编制银行存款付款凭证汇总表和各种生产费用分配表。

(2) 根据银行存款付款凭证汇总表和各种生产费用分配表,登记各种生产费用明细账和产品成本明细账(管理费用明细账此处从略),计算各种产品的生产成本。

(3) 编制有关生产费用分配和产品成本结转的会计分录,并据以登记总账有关科目。

(4) 将"基本生产成本"总账科目的月末余额与各种产品成本明细账的月末在产品成本之和核对相符。

分步法

一、单项选择题

1. 在逐步结转分步法下,完工产品与在产品之间的费用分配,是指(　　)之间的费用分配。

   A. 产成品与月末在产品

   B. 完工半成品与月末在产品

   C. 产成品与广义在产品

   D. 前面步骤的完工半成品与加工中的在产品及最后步骤的产成品与加工中的在产品

2. 在平行结转分步法下,完工产品与在产品之间的费用分配,是指(　　)之间的费用分配。

   A. 产成品与狭义在产品　　　　　B. 各步骤完工半成品与月末加工中在产品

   C. 产成品与广义在产品　　　　　D. 各步骤完工半成品与广义在产品

3. 成本还原的对象是(　　)。

   A. 产成品成本

   B. 产成品成本中的直接人工费用

   C. 产成品成本中所耗上一步骤半成品的综合成本

   D. 产成品成本中的制造费用

4. 采用平行结转分步法计算产品成本的决定性条件是(　　).

   A. 不需要计算半成品成本

   B. 必须是连续式多步骤生产

C. 必须是装配式多步骤生产

D. 需要提供按原始成本项目反映的产成品成本资料

5. 简化分批法是(   )。

A. 不计算在产品成本的分批法

B. 不分批计算在产品成本的分批法

C. 不分批计算完工产品成本的分批法

D. 分批计算完工产品和在产品成本的分批法

6. 如果在一张订单中规定了几种产品,产品的批别应按(   )。

A. 订单   B. 产品的品种

C. 订单或产品品种   D. 产品计划完工的日期

7. 平行结转分步法适用于(   )。

A. 大量、大批,管理上不需要计算半成品成本的多步骤生产

B. 大量、大批,连续式多步骤生产

C. 大量、大批,装配式多步骤生产

D. 大量、大批,管理上需要计算半成品成本的多步骤生产

8. 平行结转分步法中在产品的含义是指(   )。

A. 本步骤在制品   B. 最终产成品   C. 狭义在产品   D. 广义在产品

9. 在一般情况下,下列企业中适合选择平行结转分步法的是(   )。

A. 纺织   B. 采掘   C. 冶金   D. 重型机械制造

10. 下列企业中必须采用逐步结转分步法计算产品成本的是(   )。

A. 采掘企业   B. 有半成品对外销售的企业

C. 发电厂   D. 单件小批生产企业

11. 在采用综合逐步结转分步法的情况下,下步骤耗用的上步骤半成品的成本应转入下步骤产品成本明细账中的(   )。

A. 直接材料项目   B. 直接人工项目

C. 制造费用项目   D. 直接材料或自制半成品项目

12. 采用(   )分步法,为反映原始成本项目,必须进行成本还原。

A. 逐步综合结转   B. 逐步分项结转   C. 逐步结转   D. 平行结转

13. 成本还原是将(   )耗用各步骤半成品的综合成本,逐步分解还原为原始成本项目的成本。

A. 广义在产品   B. 自制半成品   C. 狭义在产品   D. 产成品

14. 分步法中,半成品已经转移,但成本不结转的成本结转方式是(   )。

A. 逐步结转   B. 平行结转   C. 综合结转   D. 分项结转

15. 分步法中,必须进行成本还原的成本结转方式是(   )。

A. 逐步结转   B. 平行结转   C. 综合结转   D. 分项结转

二、多项选择题

1. 成本管理需要提供各生产步骤半成品成本资料的原因有(   )。

A. 计算外销半成品的损益

B. 全面考核和分析商品产品成本计划的执行情况以及企业内部单位的生产耗费水平和资金占用水平

C. 进行同行业半成品成本指标的比较

D. 为计算各种产成品成本提供所耗同一种半成品费用的数据

2. 在逐步结转分步法下,按照结转的半成品成本在下一步骤产品成本明细账中的反映方式,分为(　　)。

　A. 综合结转　　　　　　　　　　B. 分项结转

　C. 按实际成本结转　　　　　　　D. 按计划成本结转

3. 按计划成本综合结转半成品成本的优点有(　　)。

　A. 可以简化和加速成本计算工作

　B. 便于各步骤进行成本的考核和分析

　C. 不必进行成本还原

　D. 便于从整个企业角度考核和分析产品成本计划的执行情况

4. 采用分项结转法结转半成品成本的缺点有(　　)。

　A. 不便于各步骤完工产品的成本分析

　B. 成本结转工作比较复杂

　C. 需要进行成本还原

　D. 不便于从整个企业角度考核和分析产品成本计划的执行情况

5. 平行结转分步法的特点有(　　)。

　A. 各步骤不计算半产品成本

　B. 各步骤不结转半成品成本

　C. 可以全面反映各步骤生产耗费水平

　D. 必须将各步骤发生的费用在产成品与广义在产品之间进行分配

6. 在平行结转分步法下,下列关于完工产品与在产品之间的费用分配,说法正确的有(　　)。

　A. 产成品与广义在产品

　B. 产成品与狭义在产品

　C. 各步骤完工半成品与月末加工中的在产品

　D. 应计入产成品的"份额"与广义在产品

7. 某一生产步骤的广义在产品包括(　　)。

　A. 尚在本步骤加工的在产品

　B. 本步骤已完工转入半成品库的半成品

　C. 已从半成品库转到以后各步骤进一步加工,尚未最后制成的半成品

　D. 尚在本步骤之前的生产步骤加工的在产品

8. 与逐步结转分步法相比较,平行结转分步法的缺点有(　　)。

　A. 成本计算的及时性较差

　B. 不能使各步骤的生产耗费情况均得到全面的反映

　C. 不能为各步骤在产品的实物管理和资金管理提供核算资料

D. 不能直接提供按原始成本项目反映的产成品成本资料

9. 采用平行结转分步法计算产品成本的原因有（　　）。

A. 管理上不需要计算半成品成本

B. 为了加速和简化成本计算工作

C. 为了加强成本管理上的经济责任制

D. 为了全面分析各步骤生产耗费水平

10. 在下列成本计算方法中，成本计算期与会计报告期一致的有（　　）

A. 分批法　　　　　　　　　　　　　　B. 品种法

C. 逐步结转分步法　　　　　　　　　D. 平行结转分步法

三、判断题

1. 逐步结转分步法只适用于大批、大量的连续式生产。　　　　　　　　（　　）

2. 平行结转分步法只适用于大批、大量的装配式生产。　　　　　　　　（　　）

3. 逐步结转分步法，是在不需要计算各步骤半成品成本的情况下，为了简化成本计算工作而采用的一种成本计算方法。　　　　　　　　　　　　　　　　　　　（　　）

4. 平行结转分步法是为了计算半成品成本而采用的一种分步法。　　　（　　）

5. 成本还原的对象是本月产成品成本中所耗上一步骤半成品的综合成本。（　　）

6. 成本还原的依据通常是本月所产该种半成品的成本结构。　　　　　（　　）

7. 在需要进行成本还原的情况下，如果各月所产半成品的成本结构变动较大，且半成品的定额成本或计划成本比较准确，也可以按照半成品的定额成本或计划成本的成本结构进行还原。　　　　　　　　　　　　　　　　　　　　　　　　　　　　　（　　）

8. 在逐步结转分步法下，半成品成本随着半成品实物的转移而结转，因而能为在产品的实物管理和资金管理提供资料。　　　　　　　　　　　　　　　　　　　　　（　　）

9. 在逐步结转分步法下，采用综合结转法结转半成品成本，不利于各步骤的成本管理。

（　　）

10. 在逐步结转分步法下，采用综合结转法结转半成品成本，便于从整个企业角度分析和考核产品成本的构成和水平。　　　　　　　　　　　　　　　　　　　　　（　　）

四、计算题

1. 某企业大量生产甲产品。生产分为两个步骤，分别由第一车间、第二车间两个车间进行。第一车间为第二车间提供半成品，第二车间将半成品加工成产成品。该企业为了加强成本管理，采用分步法按照生产步骤（车间）计算产品成本。

该企业本月（10月）第一车间和第二车间发生的生产费用（不包括所耗半成品的费用）：

第一车间：直接材料费用 63 000 元，直接人工费用 30 000 元，制造费用 61 000 元。

第二车间：直接人工费用 37 000 元，制造费用 88 500 元。

本月初半成品库结存半成品 400 件，其实际总成本为 103 000 元。本月第一车间完工入库半成品 500 件，第二车间从半成品库领用半成品 700 件。出库半成品单位成本按加权平均法计算。本月完工入库产成品 350 件。在产品按定额成本计价。

月初在产品定额总成本：

第一车间:直接材料费用 19 000 元,直接人工费用 11 000 元,制造费用 23 000 元,合计 53 000 元。

第二车间:半成品费用 61 000 元,直接人工费用 12 000 元,制造费用 25 000 元,合计 98 000 元。

月末在产品定额总成本:

第一车间:直接材料费用 28 000 元,直接人工费用 13 000 元,制造费用 26 000 元,合计 67 000 元。

第二车间:半成品费用 26 000 元,直接人工费用 5 000 元,制造费用 14 000 元,合计 45 000 元。

要求:

(1) 根据上述资料,登记产品成本明细账和自制半成品明细账,按实际成本综合结转半成品成本,计算产成品成本。

(2) 编制结转半成品成本和产成品成本的会计分录。

2. 华光公司大量生产 C 产品。生产分为两个步骤,分别由第一车间、第二车间两个车间进行。为了加强成本管理,该公司采用逐步结转分步法计算成本,两个步骤之间的半成品按计划成本结转。半成品的计划单位成本为 45 元;两个车间的完工产品与在产品之间的费用分配都采用在产品成本按定额成本计价法。其他有关资料如下:

(1) 第一步骤产品成本明细账中的部分资料见下表。

产品成本明细账

半成品名称:C

车间名称:第一车间　　　　　　　　　　产量:1 000 件　　　　　　　　　　金额单位:元

成本项目	月初在产品成本 (定额成本)	本月 费用	生产费用 合计	完工半成 品成本	月末在产品成本 (定额成本)
直接材料	2 500	15 000			2 200
直接人工	1 500	12 500			1 100
制造费用	2 500	16 500			2 000
合计	6 500	44 000			5 300
单位成本					

(2) 半成品通过半成品库收发,半成品成本明细账中的部分资料见下表。

自制半成品明细账

半成品名称:C　　　　　　　　　　计划单位成本:45　　　　　　　　　　金额单位:元

月份	月初余额			本月增加			合计					本月减少	
	数量	计划成本	数量	数量	计划成本	实际成本	数量	计划成本	实际成本	成本差异	差异率	数量	计划成本	实际成本
6													
7													

（3）第二步骤产品成本明细账部分资料见下表。

产品成本明细账

半成品名称:C

车间名称:第一车间　　　　　　　　　　产量:920 件　　　　　　　　　　金额单位:元

成本项目		月初在产成本 （定额成本）	本月 费用	生产费 用合计	产成品成本		月末在产品成本 （定额成本）
					总成本	单位成本	
半成品	计划成本						
	成本差异						
	实际成本	4 500					3 600
直接人工		2 100	18 237	20 337			1 800
制造费用		1 680	16 230	18 000			1 440
合　计							
单位成本							

要求:

（1）计算第一车间生产的 C 半成品成本,登记第一车间的产品成本明细账。

（2）结转第一车间本月完工的 C 半成品的成本,计算本月发出 C 半成品的单位成本和总成本,登记自制半成品明细账。

（3）计算第二车间生产的 C 产成品成本,登记第二车间的产品成本明细账。

（4）编制结转半成品成本及产成品成本的会计分录。

3. 江南公司大量生产甲产品。生产分为两个步骤,分别由第一车间、第二车间两个车间进行。该公司采用逐步结转分步法计算成本,两个步骤之间的半成品按实际成本分项结转。两个车间的完工产品与在产品之间的费用分配都采用在产品成本按定额成本计价法。其他有关资料如下:

（1）第一步骤产品成本明细账中的部分资料见下表。

产品成本明细账

半成品名称:甲

车间名称:第一车间　　　　　　　　　　产量:1 000 件　　　　　　　　　　金额单位:元

成本项目	月初在产品成本 （定额成本）	本月费用	生产费用 合计	完工半成 品成本	月末在产品成本 （定额成本）
直接材料	8 000	120 000			7 200
直接人工	9 000	125 000			7 500
制造费用	7 200	96 000			6 000
合　计					
单位成本					

（2）半成品通过半成品库收发,发出半成品的单位成本按加权平均法计算(本月第二车间领用半成品 900 件),半成品成本明细账中的部分资料见下表。

自制半成品明细账

半成品名称:甲　　　　　　　　　　　　　　　　　　　　　　　金额单位:元

月份	摘要	数量(件)	成本项目			合计
			直接材料	直接人工	制造费用	
6	月初余额	100	7 900	11 000	9 500	28 400
	本月增加					
	合计					
	单位成本					
	本月减少	900				
	月末余额					

(3) 第二步骤产品成本明细账部分资料见下表。

产品成本明细账

半成品名称:C

车间名称:第一车间　　　　　　　产量:950 件　　　　　　　金额单位:元

成本项目	月初在产品成本(定额成本)	本月本车间费用	本月耗用半成品费用	生产费用合计	产品成本	月末在产品成本(定额成本)
直接材料	17 000					10 200
直接人工	10 500	273 000				7 450
制造费用	8 400	218 400				6 300
合计						

要求:

(1) 计算第一车间生产的甲半成品成本,登记第一车间的产品成本明细账。

(2) 结转第一车间本月完工的甲半成品的成本,计算本月发出甲半成品的单位成本和总成本,登记自制半成品明细账。

(3) 计算第二车间生产的甲产成品成本,登记第二车间的产品成本明细账。

(4) 编制结转半成品成本及产成品成本的会计分录。

分批法

一、单项选择题

1. 在下列产品成本计算法中,必须设置基本生产成本二级账的是(　　　)。

　A. 品种法　　　　　B. 分步法　　　　　C. 分类法　　　　　D. 简化分批法

2. 在下列产品成本计算方法中,对间接计入费用进行累计分配的是(　　　)。

　A. 品种法　　　　　B. 分步法　　　　　C. 分类法　　　　　D. 简化分批法

3. 在简化分批法下,产品完工前,产品成本明细账中(　　　)。

　A. 不登记任何费用　　　　　　　　　　B. 只登记直接计入费用

　C. 只登记间接计入费用　　　　　　　　D. 只登记间接计入费用和生产工时

4. 在简化分批法下,累计间接费用分配率(　　　)。

　A. 只是横向分配的依据

　B. 既是横向分配的依据,也是纵向分配的依据

C. 只是纵向分配的依据

D. 只是在各批在产品之间分配费用的依据

5. 某企业采用分批法计算产品成本。3 月份投产的产品情况是：1 日，投产甲产品 4 件，乙产品 3 件；16 日，投产甲产品 5 件，丙产品 3 件；25 日，投产甲产品 4 件，定产品 5 件。该企业 3 月份应开设的产品成本明细账的张数是（　　）。

　A. 3 张　　　　　　　B. 5 张　　　　　　　C. 4 张　　　　　　　D. 6 张

6. 简化分批法与分批法的主要区别是（　　）。

　A. 不分批计算完工产品成本　　　　　B. 不分批计算在产品成本

　C. 分批核算原材料费用　　　　　　　D. 不分配间接费用

7. 采用简化分批法，在产品完工之前，产品成本明细账（　　）。

　A. 不登记任何费用　　　　　　　　　B. 只登记直接费用和生产工时

　C. 只登记原材料费用　　　　　　　　D. 只登记间接费用，不登记直接费用

8. 在简化分批法下，累计间接费用分配率（　　）。

　A. 只是在各产品之间分配间接费用的依据

　B. 只是在各批在产品之间分配间接费用的依据

　C. 既是各批产品之间，也是完工产品和在产品之间分配间接费用的依据

　D. 只是完工产品与在产品之间分配间接费用的依据

9. 分批法适用于（　　）。

　A. 小批生产　　　　B. 大批生产　　　　C. 大量生产　　　　D. 多步骤生产

10. 分批法一般是按照客户的订单来组织生产的，所以又称（　　）。

　A. 订单法　　　　　B. 系数法　　　　　C. 分类法　　　　　D. 定额法

二、多项选择题

1. 分批法适用于（　　）。

　A. 小批生产　　　　B. 单件生产　　　　C. 大量生产　　　　D. 大批生产

2. 在分批法下，如果批内产品跨月陆续完工的情况不多，完工产品占全部批量的比重很小，先完工的产品可以（　　）从产品成本明细账中转出。

　A. 按计划单位成本计价　　　　　　　B. 按定额单位成本计价

　C. 按近期相同产品单位成本计价　　　D. 按实际单位售价计价

3. 采用简化分批法计算产品成本，必须同时具备的条件有（　　）。

　A. 同一月份投产的批数很多　　　　　B. 月末未完工的批数较多

　C. 各月间接计入费用的水平相差不多　D. 各月间接计入费用的水平相差较多

4. 简化分批法的主要特点有（　　）。

　A. 在产品完工前，产品成本明细账中不登记任何费用

　B. 必须设置基本生产成本二级账

　C. 不分批计算在产品成本

　D. 各项累计间接费用分配率既是横向分配的依据，也是纵向分配的依据

5. 在简化分批法下，累计间接费用分配率是（　　）。

　A. 各批完工产品之间分配间接计入费用的依据

B. 全部完工产品批别与全部月末在产品批别之间分配间接计入费用的依据

C. 某批产品的完工产品与月末在产品之间分配间接计入费用的依据

D. 各批月末在产品之间分配间接计入费用的依据

6. 采用分批法计算产品时,如果批内产品跨月陆续完工的情况不多,完工产品数量占全部批量的比重小,先完工的产品可以(　　)从产品成本明细账中转出。

A. 按计划单位成本计价　　　　　　　B. 按定额单位成本计价

C. 按近期相同产品的实际单位成本计价　D. 按实际单位成本计价

7. 简化分批法适用范围的应用条件是(　　)。

A. 同一月份投产的产品批数很多　　　B. 月末完工产品批数较少

C. 各月间接费用水平相差不多　　　　D. 各月生产费用水平相差不多

8. 采用简化分批法,生产成本二级账登记(　　)。

A. 直接费用　　　B. 间接费用　　　C. 生产工时　　　D. 期间费用

9. 分批法和品种法的主要区别有(　　)。

A. 成本计算对象不同　　　　　　　　B. 成本计算期不同

C. 生产周期不同　　　　　　　　　　D. 会计期间不同

10. 采用简化分批法,各月(　　)。

A. 只计算完工产品成本　　　　　　　B. 只对完工产品分配间接费用

C. 不分批计算在产品成本　　　　　　D. 不在完工产品与在产品之间分配费用

三、判断题

1. 分批法主要适用于小批、单件,管理上不要求分步计算成本的多步骤生产。　(　　)

2. 在小批、单件生产中,按批、按件计算产品成本,也就是按用户的订单计算产品成本。

(　　)

3. 在分批法下,对于大型复杂的单件产品,由于其价值大、生产周期长,也可以按照产品的组成部分分批组织生产,计算成本。　(　　)

4. 在分批法下,为了经济合理地组织生产,计算成本,可以将同一时期内几张订单规定的相同产品,合并为一批。　(　　)

5. 在分批法下,如果一张订单中规定有几种产品,应将其作为一批组织生产,计算成本。

(　　)

6. 在分批法下,如果批内产品跨月陆续完工的情况不多,月末完工产品数量占全部批量较少,则完工产品可以按计划成本或定额成本计算。　(　　)

7. 为了避免批内产品的跨月陆续完工情况,减少完工产品与月末在产品之间的费用分配工作,在合理组织生产的前提下,可以适当缩小产品的批量。　(　　)

8. 在简化分批法下,必须设置基本生产成本二级账。　(　　)

9. 在简化分批法下,累计间接计入费用分配率是根据基本生产成本二级账所提供的资料求得的。　(　　)

10. 简化分批法,由于只对完工产品分配间接计入费用,而分批计算在产品成本,因而又称为不分批计算在产品成本的分批法。　(　　)

四、计算题

1. 华光公司小批生产甲、乙两种产品,采用分批法计算成本,有关资料如下:

(1) 1月份投产的批号:

0101批号:甲产品11台,本月投产,本月完工5台,2月全部完工。

0102批号:甲产品12台,本月投产,本月完工1台,2月全部完工。

(2) 1月份和2月份各批号生产费用资料,见下表。

生产费用分配表

金额单位:元

月份	批号	成本项目		
		直接材料	直接人工	制造费用
1	0101	45 650	38 000	25 000
	0102	48 198	18 400	9 600
2	0101		15 000	9 825
	0102		42 590	19 993

0101批号的甲产品1月份完工数量占全部批量比重较大,完工产品与月末在产品之间采用约当产量比例法分配费用。原材料是在生产开始时一次投入,在产品的完工程度按50%计算。

0102批号的乙产品1月份完工数量少,完工产品按计划单位成本计价转出。其每台计划成本:直接材料费用4 000元,直接人工费用5 000元,制造费用2 500元。

要求:

(1) 根据上述资料,采用分批法计算各批产品1月份完工产品和月末在产品成本,并登记产品成本明细账(表中数字要列出计算过程)。

(2) 计算0101批号甲产品和0102批号乙产品的整批产品的总成本和单位成本。

2. 某工业企业生产组织属于小批生产,产品批数多,而且月末有许多批号未完工,因而采用简化的分批法计算产品成本。

(1) 9月份生产的批号:

2020批号:甲产品5件,8月投产,9月20日全部完工。

2021批号:乙产品10件,8月投产,9月完工6件。

2022批号:丙产品5件,8月末投产,尚未完工。

2023批号:定产品6件,9月初投产,尚未完工。

(2) 各批号9月末累计直接材料费用(原材料在生产开始时一次投入)和工时:

2020批号:直接材料费用18 000元,工时902小时。

2021批号:直接材料费用24 000元,工时2 150小时。

2022批号:直接材料费用15 800元,工时830小时。

2023批号:直接材料费用11 080元,工时822小时。

(3) 9月末,该厂全部产品累计直接材料费用68 880元,工时4 704小时,直接人工费用18 816元,制造费用28 224元。

(4) 9月末,完工产品工时2 302小时,其中乙产品1 400小时。

要求：

(1) 根据上述资料，登记基本生产成本二级账和各批产品成本明细账。

(2) 计算累计间接费用分配率。

(3) 计算各批完工产品成本。

3. 红光公司采用简化分批法计算产品成本。6月份各批产品成本明细账中有关资料如下：

4011 批号甲产品：1月投产 20 件，本月全部完工，累计直接材料费用 25 000 元，累计消耗工时 4 500 小时。

5021 批号乙产品：5月投产 15 件，本月完工 10 件，累计直接材料费用 15 000 元，累计消耗工时 3 000 小时。

6031 批号丙产品：本月投产 10 件，全部未完工，累计直接材料费用 18 000 元，累计消耗工时 1 500 小时。

各批产品的直接材料费用都是在生产开始时一次投入的。各批产品各项生产费用及生产工时的累计情况见下表。

基本生产成本二级账

金额单位：元

月	日	摘要	直接材料费用	工时(时)	直接人工费用	制造费用	合计
6	30	生产费用累计	58 000	9 000	135 000	108 000	301 000
	30	累计间接计入费用分配率					
	30	完工产品成本					
	30	在产品成本					

要求：

(1) 根据以上资料计算本月各项累计间接费用分配率，并据以对完工产品分配间接费用，计算各批完工产品成本(写出计算过程)。

(2) 将累计生产费用在全部完工产品与月末在产品之间进行分配，登记基本生产成本二级账。

定额法

一、单项选择题

1. 直接材料脱离定额差异是(　　)。

A. 数量差异　　　　　　　　B. 价格差异

C. 一种定额变动差异　　　　D. 原材料成本差异

2. 定额法的主要缺点是(　　)。

A. 只适用于大批大量生产的机械制造企业

B. 较其他成本计算方法核算工作量大

C. 不能合理、简便地解决完工产品和月末在产品之间的费用分配问题

D. 不便于成本分析工作

3. 在完工产品成本中，如果月初在产品定额变动差异是正数，说明(　　)。

A. 定额提高了　　　　　　　B. 定额降低了

  C. 本月定额管理和成本管理不力   D. 本月定额管理和成本管理取得了成绩

4. 产品成本计算的定额法,在适用范围上( )。

  A. 与生产的类型没有直接关系   B. 与生产的类型有直接关系

  C. 只适用于大批大量生产的机械制造业 D. 只适用于小批单件生产的企业

5. 产品生产过程中各项实际生产费用脱离定额的差异,称为( )。

  A. 定额成本   B. 脱离定额差异   C. 材料成本差异 D. 定额变动差异

6. 定额变动差异是指修复定额以后的,原定额成本与新的定额成本之间的差异,只有
  ( )存在定额变动差异。

  A. 月初在产品   B. 月末在产品   C. 本月投入产品 D. 本月完工产品

7. 在采用定额法下,为了有利于分析和考核材料消耗定额的执行情况,日常材料的核算
  都是按( )进行的。

  A. 计划成本   B. 实际成本   C. 定额成本   D. 标准成本

8. 直接材料脱离定额差异是( )。

  A. 数量差异   B. 一种定额变动差异

  C. 价格差异   D. 原材料成本差异

9. 成本计算定额法的适用范围( )。

  A. 与产品的生产类型直接相关   B. 与产品的生产类型无关

  C. 与成本管理制度的健全与否无关 D. 与产品的定额成本无关

10. ( )的脱离定额差异与制造费用的脱离定额差异,二者的计算方法基本相同。

  A. 直接材料   B. 计件形式生产工人工资

  C. 自制半成品   D. 计时形式生产工人工资

二、多项选择题

1. 在脱离定额差异的核算中,与直接材料脱离定额差异核算方法相同或类似的有
  ( )。

  A. 自制半成品   B. 计件工资形式下的生产工人工资

  C. 计时工资形式下的生产工人工资 D. 制造费用

2. 在定额法下,产品的实际成本是( )的代数和。

  A. 按现行定额计算的产品定额成本 B. 脱离现行定额差异

  C. 直接材料成本差异   D. 月初在产品定额变动差异

3. 定额法的主要优点有( )。

  A. 有利于加强成本控制,便于成本定期分析

  B. 有利于提高成本的定额管理和计划管理水平

  C. 能够较为合理、简便地解决完工产品和月末在产品之间的费用分配问题

  D. 较其他成本计算方法核算工作量小

4. 产品成本计算的辅助方法有( )。

  A. 品种法   B. 分步法   C. 分类法   D. 定额法

5. 采用定额法计算产品成本,产品的实际成本由( )等组成。

  A. 定额成本   B. 脱离定额差异   C. 材料成本差异 D. 定额变动差异

6. 定额法的主要优点有（ ）。

A. 有利于加强成本控制，对成本定期进行分析

B. 有利于提高成本的定额管理和计划管理水平

C. 有利于在完工产品和月末在产品之间进行费用分配

D. 成本计算工作量比较小

7. 采用定额法计算产品成本的企业应具备的条件有（ ）。

A. 定额管理制度比较健全

B. 对定额管理制度的建立健全没有严格要求

C. 各月在产品数量变化比较大

D. 制定的各项消耗定额比较准确且能保持稳定

8. 定额法是以预先制定的产品定额成本为标准，根据（ ）计算产品成本的一种方法。

A. 定额成本　　　　B. 计划成本　　　　C. 定额差异额　　　　D. 定额差异率

三、判断题

1. 定额成本是一种目标成本，是企业进行成本控制和考核的依据。（ ）

2. 定额法是一种单纯计算产品实际成本的成本计算方法。（ ）

3. 编制定额成本计算表时，所采用的成本项目和成本计算方法，应与编制计划成本、计算实际成本时所采用的成本项目和成本计算方法一致。（ ）

4. 限额领料单所列领料限额，就是本期实际投产产品的材料定额消耗量。（ ）

5. 在定额法下，退料单是一种差异凭证。（ ）

6. 进行材料切割核算时，回收废料超过定额的差异可以冲减材料费用。（ ）

7. 在计件工资形式下，生产工人工资属于直接计入费用，因而其脱离定额差异的核算与原材料相似。（ ）

8. 在计时工资形式下，生产工人工资脱离定额的差异一般不能按照产品进行日常核算。（ ）

9. 在生产两种或两种以上产品的车间中，制造费用脱离定额的差异不能按照产品进行日常核算。（ ）

10. 直接材料定额费用是定额消耗量与计划单位成本的乘积。（ ）

四、计算题

1. 福东公司大批量生产甲产品，该产品各项消耗定额比较准确、稳定，采用定额计算产品成本，公司规定，该产品的定额变动差异和材料成本差异由完工产品成本负担，脱离定额差异成本按比例在完工产品与月末在产品之间进行分配。脱离定额差异资料如下：

（1）甲产品定额成本及脱离定额差异资料见下表。

金额单位：元

摘要		成本项目			合计
		直接材料	直接人工	制造费用	
月初在产品成本	定额成本	10 000	2 000	6 000	18 000
	定额差异	−785	140	−900	−1 545

（续表）

摘要		成本项目			合计
		直接材料	直接人工	制造费用	
本月生产费用	定额成本	50 000	8 500	31 000	89 500
	定额差异	−1 000	700	1 640	1 340

（2）福东公司甲产品 8 月份所耗 A 原材料，成本差异率为节约 2%。

（3）甲产品从本月 1 日起实行新的材料消耗定额，单位产品旧的材料费用定额为 40 元，新的材料费用定额为 38 元，该产品月初在产品按旧定额计算的材料定额费用为 10 000 元。

（4）甲产品本月份完工 200 件，在产品 100 件。定额成本资料见下表。

金额单位：元

摘要	成本项目			合计
	直接材料	直接人工	制造费用	
单位产品定额成本	275	47.25	171	493.25

要求：计算本月甲产品成本和在产品成本，并将计算结果填入下表的基本生产成本明细账。

基本生产成本明细账

完工产品：
产品名称：甲产品　　　　　　　　　　　　　　　　　　　　　　在产品数量：

金额单位：元

摘要		行次	成本项目			合计
			直接材料	直接人工	制造费用	
月初在产品	定额成本	1				
	脱离定额差异	2				
月初在产品定额变动	定额成本调整	3				
	定额变动差异	4				
本月生产费用	定额成本	5				
	脱离定额差异	6				
	材料成本差异	7				
生产成本合计	定额成本	8				
	脱离定额差异	9				
	材料成本差异	10				
	定额变动差异	11				
脱离定额差异分配率		12				
产成品成本	定额成本	13				
	脱离定额差异	14				
	材料成本差异	15				
	定额变动差异	16				
	实际成本	17				
月末在产品成本	定额成本	18				
	脱离定额差异	19				

2. 甲产品采用定额法计算成本。本月有关甲产品直接材料费用的资料如下：

(1) 月初在产品定额费用为 1 000 元,月初在产品脱离定额的差异为节约 50 元,月初在产品定额费用调整后降低 20 元。定额变动差异全部为节约 500 元。

(2) 本月定额费用为 24 000 元,本月脱离定额的差异为节约 500 元。

(3) 本月直接材料成本差异率为节约 2%,材料成本差异全部由完工产品成本负担。

(4) 本月完工产品的定额费用为 22 000 元。

要求：(1) 计算月末在产品的直接材料定额费用。

(2) 计算完工产品和月末在产品的直接材料实际费用(脱离定额差异按定额费用比例在完工产品和月末在产品之间分配)

分类法

一、单项选择题

1. 产品成本计算的分类法适用于(　　)。

　　A. 品种、规格繁多的产品

　　B. 可以按照一定标准分类的产品

　　C. 品种、规格繁多,而且可以按照产品结构、所用原材料和工艺过程的不同划分为若干类别的产品

　　D. 只适用大批大量生产的产品

2. 采用分类法的目的在于(　　)。

　　A. 分类计算产品成本　　　　　　　　B. 简化各种产品的成本计算工作

　　C. 简化各类产品的成本计算工作　　　D. 准确计算各种产品的成本

3. 按照系数比例分配同类产品中各种产品成本的方法是(　　)。

　　A. 一种完工产品和月末在产品之间分配费用的方法

　　B. 一种单独的产品成本计算方法

　　C. 一种简化的分类法

　　D. 一种分配间接费用的方法

4. 下列各项中,属于产品成本计算的辅助方法的是(　　)。

　　A. 品种法　　　　　B. 分步法　　　　　C. 分类法　　　　　D. 分批法

5. 在产品品种、规格繁多,又可按一定要求和标准划分若干类别的企业或车间,产品成本计算一般可以采用(　　)。

　　A. 分批法　　　　　B. 分步法　　　　　C. 分类法　　　　　D. 定额法

6. 企业利用同种原材料,在同一生产过程中同时生产出的几种地位相同的主要产品称为(　　)。

　　A. 半成品　　　　　B. 联产品　　　　　C. 副产品　　　　　D. 等级品

7. 采用分类法的目的,在于(　　)。

　　A. 分类计算产品成本　　　　　　　　B. 简化各种产品的成本的计算工作

　　C. 简化各类产品成本的计算工作　　　D. 准确计算各种产品成本

8. 采用净实现价值分配法计算联产品成本。净实现价值等于产品销售价格减去(　　)。

A. 该产品可归属成本　　　　　　　　B. 该产品联合成本

C. 补充联产品成本　　　　　　　　　D. 代用联产品成本

9. 企业在生产主要产品的过程中,附带生产出来的一些次要产品称为(　　　)。

A. 联产品　　　　B. 等级品　　　　C. 副产品　　　　D. 次品

10. 在分离后再发生的加工成本称为(　　　)。

A. 联合成本　　　B. 可归属成本　　C. 可分成本　　　D. 共同成本

二、多项选择题

1. 按照系数比例分配同类产品中各种成本的方法(　　　)。

A. 是一种单独的产品成本计算方法

B. 是完工产品和月末在产品之间分配费用的方法

C. 是分类法的一种

D. 是一种简化的分类法

2. 可以或者应该采用分类法计算成本的产品包括(　　　)。

A. 联产品

B. 由于工人操作所造成的质量等级不同的产品

C. 品种、规格繁多,但可按规定标准分类的产品

D. 品种、规格繁多,且数量少、费用比重小的一些零星产品

3. 采用分类法计算成本的优点有(　　　)。

A. 可以简化成本计算工作

B. 可以分类掌握产品成本情况

C. 可以使类内的各种产品成本的计算结果更为准确

D. 便于成本日常控制

4. 类内各种(规格)产品成本的分配采用系数分配法时,各种(规格)产品系数确定的依据有(　　　)等。

A. 产品定额耗用量　B. 产品定额成本　　C. 产品售价　　　D. 产品生产地点

5. 下列可采用分类法进行产品成本计算的有(　　　)。

A. 联产品

B. 等级产品

C. 标准产品

D. 产品品种、规格繁多,但可按一定标准分类的产品

6. 采用分类法计算产品成本,一般可以将(　　　)等方面相同或相似的产品归为一类。

A. 产品的结构、性质　　　　　　　　B. 产品耗用的原材料

C. 产品的生产工艺过程　　　　　　　D. 产品的销售和使用对象

7. 类内不同品种、规格之间费用分配的标准有(　　　)等。

A. 定额耗用量　　　B. 定额成本　　　C. 产品售价　　　D. 产品排列顺序

8. 采用分类法计算成本的优点有(　　　)。

A. 可以简化成本计算工作

B. 可以分类掌握产品成本情况

C. 可以使类内的各种产品成本的计算结果更为准确

D. 便于成本日常控制

9. 联产品的成本是由( )之和组成的。

A. 联合成本 B. 可归属成本 C. 制造成本 D. 销售成本

10. 联产品联合成本的分配方法有( )等。

A. 系数分配法 B. 相对销售价值分配法

C. 实物量分配法 D. 人工成本分配法

三、判断题

1. 只要产品的品种、规格繁多,就可以采用分类法计算产品成本。 ( )

2. 分类法是以产品类别为成本计算对象的一种产品成本计算的基本方法。 ( )

3. 按照系数分配计算类内各种产品成本的方法,是一种简化的分类法。 ( )

4. 在按系数在类内各种产品之间分配费用的情况下,若系数是按消耗定额或费用定额计算确定的,则按系数分配的结果与直接按定额消耗量或定额比例分配的结果相同。 ( )

5. 分类法的适用与否与产品的生产类型有着直接的关系。 ( )

6. 联产品必须采用分类法计算成本。 ( )

7. 产品内部结构、所用原材料、工艺技术过程完全相同,但由于工人操作而造成的质量等级不同的产品,可以应用分类法的原理,按照不同售价在它们之间分配费用。 ( )

8. 采用分类法计算出的类内各种产品的成本具有一定的假定性。 ( )

9. 主产品,副产品在分离前应合为一类产品计算成本。 ( )

10. 副产品在与主产品分离后,还需要单独进行加工的,应按其分离后继续加工的生产特点和管理要求单独计算成本。 ( )

四、计算题

1. 某企业生产的 A、B、C、D、E 五种产品耗用的原材料和产品的生产工艺过程比较接近,因而归为一类(甲类产品),采用分类法计算产品成本。6 月份有关成本计算资料见下表。

各种产品定额资料

产品	材料消耗定额	工时消耗定额
A	15	9.6
B	12	8.8
C	10	8
D	9	7.6
E	8	7.2

本月各产品的实际产量

	A	B	C	D	E
产量	200	240	480	360	300

月初在产品成本和本月生产费用

金额单位:元

摘要	成本项目			合计
	直接材料	直接人工	制造费用	
月初在产品成本	20 000	30 000	18 800	68 800
本月生产费用	146 880	383 040	255 360	785 280

要求:(1) 月末在产品成本按年初固定成本计算,计算本月完工产品成本。(最终结果用表格表示)

(2) 采用系数分配法计算甲类产品内各种产品的成本。(最终结果用表格表示)

2. 503 工厂生产联产品 A、B、C 三种主要产品。本月实际产量:A 产品 40 000 千克,B 产品 20 000 千克,C 产品 15 000 千克。各产品单位售价:A 产品 15 元,B 产品 24 元,C 产品 12 元,分离前联合成本为 1 008 000 元。

要求:(1) 按系数分配法计算各种产品的成本(以 A 产品的单位售价为标准)。计算过程与结果填入下表。

联产品成本计算表(系数分配法)

金额单位:元

产品名称	实际产量(千克)	系数	标准产量	平均单位成本	应分摊成本	单位成本
A						
B						
C						
合计						

(2) 按实物量分配法计算各种产品的成本。计算过程与结果填入下表。

联产品成本计算表(实物量分配法)

金额单位:元

产品名称	实际产量(千克)	占总产量比重	应分摊成本	单位成本
A				
B				
C				
合计				

(3) 按相对售价分配法计算各种产品的成本。计算过程与结果填入下表。

联产品成本计算表(相对售价分配法)

金额单位:元

产品名称	产量(千克)	单价	销售总价	比例	应分摊成本	单位成本
A						
B						
C						
合计						

模块四　成本报表的编制与分析

 知识目标：

1. 了解成本报表的作用和种类。

2. 掌握各种产品成本报表和各种费用报表的编制方法。

3. 熟悉成本分析的一般方法和程序。

4. 掌握全部商品产品成本计划完成情况分析、可比产品成本降低计划完成情况分析、主要产品单位成本分析、各种费用报表分析以及成本效益分析的方法。

5. 掌握技术经济指标变动对成本影响的分析方法。

6. 掌握作业成本分析方法。

7. 掌握期中成本预报的步骤和方法。

 能力目标：

1. 能够掌握产品成本报表、主要产品单位成本报表、制造费用明细表、管理费用明细表、销售费用明细表、财务费用明细表的填列方法及编制。

2. 能够明确成本分析的意义、内容。

3. 能够掌握比较分析法、比率分析法、因素分析法、趋势分析法的运用。

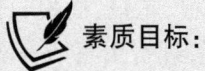 素质目标：

1. 培养学生遵守法律、法规和国家统一的会计制度。

2. 培养学生的团队精神，能够互相帮助完成学习任务。

3. 培养学生良好的职业态度，做到不旷课、认真完成任务、不抄袭。

4. 培养学生的敬业精神，工作有始有终，能正确面对困难和挫折。

5. 培养学生解决问题的能力，能够查错、纠错。

项目一　成本报表的编制

成本报表

任务一　成本报表概述

一、成本报表的含义

成本报表是指根据成本核算及其他有关资料定期编制,用以反映和监督企业一定时期产品成本水平和构成情况,以及各项费用支出情况的报告文件。编制和分析成本报表是成本会计工作的一项重要内容。

与企业对外报送的会计报表不同,成本报表是服务于企业内部经营管理目的的报表。因此,相对于对外报表而言,在编报时间、格式与内容上,成本报表具有一定的灵活性。一般来说,各种成本报表主要由企业根据其生产类型和管理上的具体要求来确定编报时间、格式和内容。

二、成本报表的种类

企业中的成本报表具有灵活性、多样性、实用性等特点,为了加强管理,便于信息使用者更好使用,有必要对其进行科学合理的分类,一般可以按以下标志进行分类。

（一）按报表反映的经济内容分类

（1）反映成本计划执行情况的报表,一般包括以下几种报表:

①产品生产成本表,产品生产成本表是指反映企业在报告期内生产的全部产品总成本和单位成本的报表。②主要产品单位成本表,主要产品单位成本表是指反映企业在报告期内生产各种主要产品单位成本的构成及其变动情况的会计报表。③制造费用明细表,制造费用明细表反映企业在报告期内发生的制造费用及其构成情况。

（2）反映费用支出情况的报表,主要有销售费用明细表、管理费用明细表和财务费用明细表等。

（3）反映经营情况的报表,主要有生产情况表、材料耗用表、材料差异分析表等。

（二）按报表编制的时间分类

（1）定期报表。成本报表按编报时间可分为年报、季报、月报、旬报、周报、日报等。例如,产品生产成本表、主要产品单位成本表、制造费用明细表、管理费用明细表、营业费用明细表、财务费用明细表等就属于定期成本报表。

（2）不定期报表。这类报表是针对成本管理中出现的某些问题或急需解决的问题而随时按要求编制的,如有关成本费用表等。

三、成本报表的作用

编制和分析成本报表是企业成本会计工作的重要内容之一。

成本报表有针对性地综合反映企业生产经营、技术水平、管理水平情况,对考核各项费用计划的执行情况、掌握成本变动趋势和规律,加强成本管理以及提高经济效益有十分重要的意义。具体来说,其作用体现在以下几个方面。

(一)综合反映企业报告期内的产品成本水平

产品的生产过程同时也是生产的耗费过程。生产经营过程要发生各种耗费,产品成本和费用是综合反映生产耗费的指标。企业的材料、人工及各种费用耗费,都直接或间接地在产品成本和费用中体现。通过编制成本报表,能够及时发现企业在生产、技术、质量、管理等方面取得的成绩和存在的问题,并在此基础上进行成本费用分析,达到降低产品成本、提高经济效益的目的。

(二)评价和考核企业内部成本管理业绩的重要依据

利用成本报表资料,经过相关指标的计算、分析,可以了解企业成本管理的情况,明确各有关部门和人员执行成本计划、预算的成绩和责任,以便总结经验教训,为全面完成企业成本降低任务而努力,并为以后编制成本计划提供依据。

(三)加强成本控制的重要工具

通过编制成本报表,可以为企业管理者及时提供成本信息,使管理者及时掌握成本计划执行的情况及存在的差异,为成本控制服务,为企业预测、决策服务。

(四)为预测、决策、编制成本计划提供依据

利用本期成本报表提供的资料,分析并揭示成本升降的真实原因和预测成本变化趋势,采取针对性的措施,为制订下期成本计划提供重要参考资料;有关部门根据对未来成本的预测,确定产品价格,为制定有关生产经营决策提供重要依据。

任务二　各类成本报表的结构和编制方法

一、成本报表编制概述

成本报表一般根据企业生产特点与管理需要自行设置,并可随着情况的变化对报表的种类、格式进行调整。

在设置成本报表时应考虑以下四个方面:

(1)报表的专题性。

(2)报表指标内容的实用性。

(3)报表格式的针对性。

(4)成本报表的编制要求。

二、成本报表的编制要求

为了充分发挥成本报表在经济管理中的积极作用,企业按照一定的要求正确编制各种成本报表。编制要求如下:

(1)数字真实、计算准确。

(2)内容完整。

(3)编报及时。

（4）计算口径和填报方法保持各会计期间的一致性。

三、成本报表的编制方法

各种成本报表反映的内容包括：本期产品的实际成本、本期经营管理费用的实际发生额、实际成本或实际费用的累计数等。为了考核和分析成本计划的执行情况，这些报表一般还反映有关的计划数和某些补充资料。

成本报表中的实际成本、费用，应根据有关的产品成本或费用明细账的实际发生额填列。表中的累计实际成本、费用，应根据本期报表的本期实际成本、费用加上上期报表的累计实际成本、费用计算填列；如果有关的明细账中记有期末累计实际成本、费用，可以直接根据有关明细账的相应数据填列。

成本报表中的计划数，应根据有关的计划填列；表中其他资料和补充资料，应按报表编制规定填列。表中的成本、费用等指标的实际数，一般根据有关的产品成本或费用明细账的实际发生额填列。表中的实际成本、费用等指标的累计数，一般根据本期报表的本期成本、费用实际数加上上期报表的实际成本、费用累计数计算填列；如果有关的明细账簿中记有期末实际成本、费用累计数，可以直接根据该数据填列。表中的成本、费用等指标计划或预算数，一般根据有关的计划或预算填列。表中的其他资料和补充资料，应根据报表相应的编制规定填列。

四、产品生产成本表（按成本项目反映）的编制

表 4-1　商品产品成本表（按成本项目反映）

年　　　月　　　　　　　　　　　　　　　　　　　　金额单位：元

成本项目	行次	本年计划	本月实际	本年累计实际
生产费用：				
直接材料				
其中：原材料				
直接人工				
燃料及动力				
制造费用				
生产费用合计				
加：在产品、自制半成品期初余额				
减：在产品、自制半成品期末余额				
产品生产成本合计				

在表 4-1 中：

（1）本年计划数，应根据成本计划有关资料填列。

（2）生产费用总额和各成本项目金额的本月实际数，应根据各种产品成本明细账的本月合计数，按成本项目分别汇总填列。

（3）本年累计实际数，应根据本月实际数与上月份本表的本年累计实际数之和填列。

（4）上年实际数，应根据上年 12 月份本表的本年累计实际数填列。

（5）在产品、自制半成品期初余额，应根据各种产品成本明细账的期初余额与各种自

制半成品明细账的期初余额汇总之和填列。

（6）在产品、自制半成品期末余额，应根据各种产品成本明细账的期末余额与各种自制半成品明细账的期末余额汇总之和填列。

产品生产成本（按成本项目反映）表中的产品生产成本的本月实际数合计与本年累计实际数合计，应分别与全部产品生产成本（按产品种类反映）表中的产品生产成本的本月实际数合计与本年累计实际数合计核对相符。

五、全部产品生产成本表（按产品种类反映）的编制

（一）结构

商品产品成本表将全部商品产品划分为可比产品和不可比产品两大类。分别列出它们的单位成本、本月总成本、本年累计总成本。

商品产品成本表针对可比产品的单位成本、本月总成本和本年累计总成本，又分别列出上年实际平均数、本年计划数、本月实际数和本年累计实际平均数，这样做便于分析可比产品成本降低任务的完成情况。其相关计算公式如下：

$$可比产品成本降低额 = 可比产品按上年实际平均单位成本计算的总成本 - 可比产品本年累计实际总成本$$

$$可比产品成本降低率 = \frac{可比产品成本降低额}{可比产品按上年实际平均单位成本计算的总成本} \times 100\%$$

$$产值成本率 = \frac{产品总成本}{产值} \times 10\%$$

（二）内容

商品产品成本表的格式和内容，如表 4-2 所示。

表 4-2　商品产品成本表

2021 年 12 月　　　　　　　　　　　　　　　　　　　　金额单位:元

产品名称	计量单位	实际产量		单位成本			本月总成本				本年累计总成本		
		本月	本年累计	上年实际平均	本年计划	本月实际	本年累计实际平均	按上年实际平均单位成本计算	按本年计划单位成本计算	本月实际	按上年实际平均单位成本计算	按本年计划单位成本计算	本年实际
		1	2	3	4	5=9÷1	6=12÷2	7=1×3	8=1×4	9	10=2×3	11=2×4	12
可比产品合计								43 050	40 600	37 025	476 200	448 400	417 000
其中:甲	件	30	320	1 010	970	880	900	30 300	29 100	26 400	323 200	310 400	288 000
乙	件	25	300	510	460	425	430	14 750	11 500	10 625	153 000	138 000	129 000
不可比产品								10 800	10 440		102 000		100 300
其中:丙	件	18	170		600	580	590	10 800	10 440		102 000		100 300
产品成本合计								51 400	47 456		550 400		517 300

在表 4-2 中：

（1）产品名称，应根据企业确定的可比产品和不可比产品，以及主要产品和非主要产品分项列示。

（2）实际产量，分为两栏分别反映本月和年初起到本月末的各种主要商品产品及非主要产品的实际产量，应根据"成本计算单"或"基本生产成本明细账"的记录计算填列。

（3）单位成本，反映各种主要商品产品的上年实际、本年计划、本月实际和本年累计实际单位成本。

（4）本月总成本的相关计算公式如下：

$$\begin{gathered}\text{按上年实际平均单位}\\\text{成本计算的本月总成本}\end{gathered} = \text{本月实际产量} \times \text{上年实际平均单位成本}$$

$$\text{本月实际总成本} = \text{本月实际产量} \times \text{本月实际单位成本}$$

由于在实际工作中，各月份的各种产品的总成本可以从各成本计算单中取得，本表中的第 9 栏和第 12 栏数字也可以根据有关账户实际成本资料进行填列。

（5）本年累计总成本，本年累计总成本反映各种主要商品产品本年累计实际产量的上年实际、本年计划、本月实际的总成本，以便考核年度内产品成本计划的完成情况。其计算公式如下：

$$\text{按上年实际平均单位成本计算的本年累计总成本} = \text{本年累计实际产量} \times \text{上年实际平均单位成本}$$

$$\text{按今年计划单位成本计算的本年累计总成本} = \text{本年累计实际产量} \times \text{本月计划单位成本}$$

$$\text{本月实际总成本} = \text{本年累计实际产量} \times \text{本月实际单位成本}$$

（三）商品产品成本表一般是根据企业成本核算资料汇总填列的

为保证产品成本信息的可比性和管理的需要，全部商品产品成本按可比产品和不可比产品分列。可比产品是指在以前年度生产过，且有完整历史成本资料的产品，具有连续性和完整性的特点。

同时，为了考核企业生产耗费的经济效果和查明可比产品成本降低任务的完成情况，以及为财务管理提供必要数据，在全部商品产品成本表中还可列示若干补充资料，如可比产品成本降低额、可比产品成本降低率等指标，这取决于企业经营和管理的要求。

通过商品产品成本表的编制，可以使企业经营管理者考核企业全部商品产品和主要商品产品成本计划的执行情况，以便分析产品成本增减变化的原因，寻求降低产品成本的途径以及了解产销动态。

六、主要产品单位成本表（按成本项目反映）的编制

主要产品单位成本表按产品品种分别编制，除反映产品名称、规格、产量、售价外，更主要的是按成本项目反映单位产品成本及各成本项目的历史先进水平、上年实际平均水平、本年计划、本月实际和本年累计实际平均成本的构成。主要产品单位成本表（按成本项目反映）如表 4-3 所示。

表 4-3　主要产品单位成本表

产品名称:甲产品　　　　　　　　　　　　　　　　　　　　　月实际产量:300

规格:　　　　　　　　　　　　　　　　　　　　　　　　　本年实际产量:3 150

计量单位:件　　　　　　　　金额单位:元　　　　　　　　　2021 年 12 月

成本项目	历史先进水平	上年实际水平	本年计划	本年实际	本年累计实际平均
直接材料	313	365	343	318	325
直接人工	45	58	55	45	46
制作费用	60	110	96	71	72
产品生产水平	418	533	494	434	443

在表 4-3 中:

(1) 各成本项目的历史先进水平的数字,应根据成本历史资料填列。

(2) 各成本项目的上年实际平均单位成本的数字,应根据上年度的成本资料填列。

(3) 各成本项目的本年计划单位成本的数字,应根据本年计划资料填列。

(4) 各成本项目的本期实际单位成本,应根据实际成本资料填列。

(5) 各成本项目的本年累计实际平均单位成本的数字,应根据本年 1 月至本期为止该种产品的各该项目总成本除以累计产量后的商数填列。

(一) 产品名称及产量

产品名称及产量主要列示产品名称、规格型号、计量单位、销售单价、本月计划产量、本月实际产量、本年累计计划产量和本年累计实际产量等内容。

(二) 单位成本情况

单位成本情况主要列示各种主要产品成本项目的历史先进水平、上年实际平均、本年计划、本月实际、本年累计实际平均等单位成本。

(三) 主要技术经济指标

主要技术经济指标列示与企业的生产技术特点有密切联系的经济指标。由于各企业生产技术特点不同,用来考核各企业的技术经济指标也不相同,一般包括各项消耗指标、设备利用率指标和生产率指标等。

七、制造费用明细表的结构和编制方法

制造费用明细表是反映企业在报告期内发生的各种制造费用情况的报表。制造费用明细表的结构是根据制造费用项目内容,分别反映各项目制造费用的"本年计划数""上年实际数"和"本年实际数"资料。制造费用明细表如表 4-4 所示。

表 4-4　制造费用明细表

金额单位:元

成本项目	行次	上年实际	本年计划	本年实际
职工薪酬费	1	14 000	13 500	15 500
职工福利费	2	3 000	2 200	2 350
折旧费	3	21 000	21 000	21 500
修理费	4	10 500	11 000	10 200
办公费	5	1 600	1 750	1 550

（续表）

成本项目	行次	上年实际	本年计划	本年实际
机物料消耗费	6	6 300	6 500	6 200
水电费	7	5 000	5 000	5 500
合计		61 450	60 950	62 800

在表 4-4 中：

（1）本年计划栏的数字，应根据企业本年度的财务计划、费用预算的有关数字进行填列。

（2）上年实际栏的数字，应根据上年报表数字填列，表内所列项目和上年度的费用项目在名称或内容上不一致时，应对上年度数字按表内规定的项目进行调整，并在表后的附注中予以文字说明。

（3）本年实际栏的数字，填列自年初起至报告期末的累计实际数，应根据"制造费用"明细账有关项目累计数字进行填列。

利用该表可考核企业制造费用的构成和变动情况。制造费用明细表中的各种明细项目的划分，可参照财政部有关制度的规定，也可根据企业经营管理的需要增加或减少。

八、期间费用明细表的结构和编制方法

期间费用明细表具体包括管理费用明细表、财务费用明细表和销售费用明细表，是反映企业在报告期内发生的各种期间费用情况的报表。期间费用明细表的结构和内容同制造费用明细表基本相同。在期间费用明细表项目中：

（1）本年计划栏的数字，应根据企业本年的财务成本计划资料进行填列。

（2）上年实际栏的数字，应根据上年报表资料进行填列。

（3）本年实际栏的数字，应根据"销售费用"明细账或"管理费用"明细账有关项目的累计数进行填列。

成本分析

项目二　成　本　分　析

任务一　成本分析概述

一、成本分析的含义

成本分析是成本核算工作的继续和延伸，是成本管理的重要组成部分。它贯穿企业成本管理工作的全过程，包括事前分析、事中分析和事后分析。成本报表分析属于事后分析。

成本报表分析是以产品成本水平及其变动情况的资料和其他相关资料为依据，采用科学的方法，通过分析各项指标的变动及指标之间的关系，揭示企业各项成本指标计划完成的情况和成本变动原因、经营管理缺陷及业绩的一种管理活动。

通过成本报表分析,可以对企业成本计划的执行情况进行有效的控制,对执行结果进行评价,肯定成绩,指出存在问题,以便采取措施,为提高成本管理工作水平服务、为编制下期成本计划和做出新的经营决策提供参考依据。

二、成本分析的作用

企业成本是反映企业生产经营管理工作质量和劳动耗费水平的综合性价值指标。企业在生产经营过程中,原材料、能源消耗的多少,劳动率的高低,产品质量的优劣,生产技术状况、设备和资金利用效果以及生产组织管理水平等,都会直接或间接地反映到企业成本中。因此,加强成本分析,有利于揭示企业在生产经营中存在的问题,以总结经验,改善管理工作。成本分析的作用包括以下几个方面。

1. 可以考核企业成本计划的执行情况,评价企业过去的成本管理工作

制造业企业的经济活动错综复杂,成本计划的执行情况,一般很难简单地根据成本核算的资料直接作出总结,而是要在核算资料的基础上,通过深入分析,才能对企业过去的成本管理工作作出正确评价。

2. 可以揭示成本升降的原因,进一步提高企业管理水平

成本是制造业企业经济活动的综合性指标,它集中反映了企业生产经营活动的成果。如果企业在各方面贯彻了节约制度,提高了劳动生产率和设备利用率,从各方面减少费用支出,势必在成本上综合地反映出来。通过成本分析,用科学的方法,从指标、数字着手,在各项经济指标相互联系中系统地对比分析、揭露矛盾、找出差距、揭示成本升降的原因,从而不断地提高企业管理水平。

3. 可以促使企业挖掘降低成本的潜力,寻求降低成本的途径和方法

对制造业企业成本计划执行情况进行评价,找出成本升降的原因,归根到底,是为了挖掘潜力,寻求进一步降低成本的途径和方法。在成本分析中,通过揭示矛盾,找出差距,总结经验,能把企业的潜力充分挖掘出来,使其经济效益越来越好。

三、成本分析的内容

成本分析主要包括:主要产品单位成本的分析、技术经济指标变动对单位成本影响的分析、降低成本的主要措施分析及成本效益分析等。

任务二 成本报表分析的方法

成本报表分析是进行成本分析的重要手段,运用得当将对成本分析的整个过程产生有利的影响。成本报表分析的一般方法包括以下几种。

一、整体分析法

整体分析法主要包括水平分析法、垂直分析法和趋势分析法。

1. 水平分析法

水平分析法是将反映企业报告期成本的信息（特别指成本报表信息资料）与反映企业前期或历史某一种成本状况的信息进行全面、综合对比,研究企业经营业绩或成本状况的发展变动情况的一种成本分析方法。

2. 垂直分析法

垂直分析法是通过计算成本报表中各项目占总体的比重或结构,反映报表中的项目与总体的关系及其变动情况的一种成本分析方法。

3. 趋势分析法

趋势分析法是根据企业连续几年或几个时期的分析资料,运用指数或完成率的计算,确定分析期各有关项目的变动情况和趋势的一种成本分析方法。

二、指标分析法

指标分析法主要包括比较分析法、比率分析法和因素分析法。

1. 比较分析法

比较分析法适用于同质指标的数量对比。采用这种分析方法,应注意相比指标的可比性。可比的共同基础包括经济内容、计算方法、计算期和影响指标形成的客观条件等方面。若此指标不可比,应先按可比的口径进行调整,然后再进行对比。比较分析法有以下几种对比形式:

（1）以成本的实际指标与计划或定额指标对比,分析成本计划或定额的完成情况。

（2）以本期实际成本指标与前期（上期、上年同期或历史最高水平）的实际成本指标对比,观察企业成本指标的变动情况和变动趋势。

（3）以本企业实际成本指标（或某项技术经济指标）与国内外同行业先进指标对比,可以在更大范围内找出差距,推动企业改进经营管理。

比较分析法,是通过实际数与基数的对比来揭示实际数与基数之间的差异,借以了解经济活动的成绩和问题的一种分析方法。

2. 比率分析法

比率分析法主要有相关指标比率分析法、构成比率分析法和动态比率分析法。

（1）相关指标比率是将两个性质不同但又相关的指标进行对比求出的比率,如产值成本率、成本利润率等。

（2）构成比率是某项经济指标的各个组成部分占总体的比重,如各成本项目占总成本的比率等。

（3）动态比率是将不同时期的同类指标进行对比求出的比率,据以分析增减速度和变动趋势,如定基比率和环比比率。其计算公式如下:

$$定基比率 = \frac{分析期的指标数额}{固定期的指标数额}$$

$$环比比率 = \frac{分析期的指标数额}{前一期指标数额}$$

比率分析法是通过计算指标之间的比率,来考察企业经济活动相对效益的一种分析方法。

[例题 4-1] 甲企业 2021 年度利润总额为 430 000 元,成本费用总额为 5 000 000 元。乙企业 2021 年度利润总额为 320 000 元,成本、费用总额为 4 000 000 元。试分析哪一个企业的经营状况好一些。

解:从绝对数看,甲企业实现的利润总额大,但其成本、费用总额也大,我们无法直接进行判断,因此可利用相关比率分析法进行分析。

甲企业成本费用利润率＝430 000÷5 000 000×100％＝8.6％

乙企业成本费用利润率＝320 000÷4 000 000×100％＝8％

产值成本率和销售收入成本率,这两个指标是越低越好,而成本利润率指标则是越高越好。

3. 因素分析法

因素分析法是现代统计学中一种重要而实用的方法,它是多元统计分析的一个分支。使用这种方法能够使研究者把一组反映事物性质、状态、特点等的变量简化为少数几个能够反映事物内在联系的、固有的、决定事物本质特征的因素。因素分析法的作用包括:运用数学方法对可观测的事物在发展中所表现出的外部特征和联系进行由表及里、由此及彼、去粗取精、去伪存真的处理,从而得出客观事物普遍本质的概括。使用因素分析法可以使复杂的研究课题大为简化,并保持其基本的信息量。

因素分析法,又称指数因素分析法,是利用统计指数体系分析现象总变动中各个因素影响程度的一种统计分析方法。因素分析法包括连环替代法、差额分析法。

(1) 连环替代法,是将分析指标分解为各个可以计量的因素,并根据各个因素之间的依存关系,顺次用各因素的比较值(通常即实际值)替代基准值(通常为标准值或计划值),据以测定各因素对分析指标的影响。

例如,某一个财务指标及有关因素的关系由如下式子构成:实际指标:$P_o = A_o \times B_o \times C_o$;标准指标:$P_s = A_s \times B_s \times C_s$;实际与标准的总差异为 $P_o - P_s$,这一总差异同时受到 A、B、C 三个因素的影响,在测定各因素变动指标对指标 R 影响程度时可按顺序进行:

标准指标:$P_s = A_s \times B_s \times C_s$ ①

第一次替代:$A_o \times B_s \times C_s$ ·············· ②

第二次替代:$A_o \times B_o \times C_s$ ·············· ③

第三次替代:$A_o \times B_o \times C_o$ ·············· ④

分析如下:

②－① 说明 A 变动对 P 的影响

③－② 说明 B 变动对 P 的影响

④－③ 说明 C 变动对 P 的影响

最后,将以上三大因素各自的影响数相加就应该等于总差异 $P_o - P_s$。

替代顺序确定的一般原则如下:

第一,先数量指标、后质量指标。

第二,先实物量指标、后价值量指标。

第三,先主要指标、后次要指标。

第四,先分子指标、后分母指标。

[**例题 4-2**] 某企业本年度甲产品直接材料费用如表 4-5 所示。

表 4-5 本年度甲产品直接材料费用

金额单位:元

项目	产品产量 (件)	单位产品消耗量 (千克)	材料单价	材料费用
计划	1 000	50	20	1 000 000
实际	1 200	48	22	1 267 200
差异	200	−2	2	267 200

解:采用连环替代法计算由于产品产量、单位产品材料消耗量和材料单价三个因素变动,甲产品直接材料费用超支 267 200 元的影响程度。

计划数:$1\ 000 \times 50 \times 20 = 1\ 000\ 000$(元)

实际数:$1\ 200 \times 48 \times 22 = 1\ 267\ 200$(元)

差异额 $= 1\ 267\ 200 - 1\ 000\ 000 = 267\ 200$

第一次替代:$1\ 200 \times 50 \times 20 = 1\ 200\ 000$(元)

产量增加对总差异的影响额 $= 1\ 200\ 000 - 1\ 000\ 000 = 200\ 000$(元)

第二次替代:$1\ 200 \times 48 \times 20 = 1\ 152\ 000$(元)

单耗节约对总差异的影响额 $= 1\ 152\ 000 - 1\ 200\ 000 = -48\ 000$(元)

第三次替代:$1\ 200 \times 48 \times 22 = 1\ 267\ 200$(元)

材料单价提高对总差异的影响额 $= 1\ 267\ 200 - 1\ 152\ 000 = 115\ 200$(元)

三因素同时变动影响的差异总额 $= +200\ 000 + (-48\ 000) + 115\ 200 = 267\ 200$(元)

(2) 差额分析法,是连环替代法的一种简化形式,是利用各个因素的比较值与基准值之间的差额,来计算各因素对分析指标的影响。

例如,某一个财务指标及有关因素的关系由如下式子构成:实际指标:$P_o = A_o \times B_o \times C_o$;标准指标:$P_s = A_s \times B_s \times C_s$;实际与标准的总差异为 $P_o - P_s$,$P_o - P_s$ 这一总差异同时受到 A、B、C 三个因素的影响,它们各自的影响程度可分别由以下公式计算求得:

A 因素变动的影响:$(A_o - A_s) \times B_s \times C_s$

B 因素变动的影响:$A_o \times (B_o - B_s) \times C_s$

C 因素变动的影响:$A_o \times B_o \times (C_o - C_s)$

最后,将以上三大因素各自的影响数相加就应该等于总差异 $P_o - P_s$。

[**例题 4-3**] 某企业本年度甲产品直接材料费用如表 4-6 所示。

表 4-6 本年度甲产品直接材料费用

金额单位:元

项目	产品产量 (件)	单位产品消耗量 (千克)	材料单价	材料费用
计划	1 000	50	20	1 000 000
实际	1 200	48	22	1 267 200
差异	200	−2	2	267 200

解:采用差额分析法计算如下:

产品产量变动影响的差异额＝(1 200－1 000)×50×20＝200 000(元)

单位产品材料消耗量变动影响的差异额＝(48－50)×1 200×20＝－48 000(元)

材料单价变动影响的差异额＝1 200×48×(22－20)＝115 200(元)

采用因素分析法时应注意的问题如下：

第一，因素分解的关联性。

第二，因素替代的顺序性。

第三，顺序替代的连环性，即计算每一个因素变动时，都是在前一次计算的基础上进行，并采用连环比较的方法确定因素变化影响结果。

第四，计算结果的假定性，连环替代法计算的各因素变动的影响数，会因替代计算的顺序不同而有差别，即其计算结果只是在某种假定前提下的结果，为此，财务分析人员在具体运用此方法时，应注意力求使这种假定是合乎逻辑的假定，是具有实际经济意义的假定，这样，计算结果的假定性，就不会妨碍分析的有效性。

任务三 成本计划完成情况分析

企业商品产品包括可比产品和不可比产品。可比产品是指企业以前正式生产过的、有历史成本资料的产品；不可比产品是指企业以前从未生产过的、没有历史成本资料的产品。由于不可比产品没有历史成本资料，商品产品成本的分析，不能用实际总成本与上年成本比较，只能用实际总成本同计划总成本对比。

商品产品成本计划完成情况的分析，是一种总括性的分析，可以从以下三个角度进行分析。

一、按成本项目分析商品产品成本计划完成情况

按成本项目分析是将全部商品产品的总成本按成本项目汇总，将实际总成本与计划总成本对比，确定每个成本项目的降低额和降低率。

现以新天公司为例进行分析，其商品产品成本分析表如表 4-7 所示。

表 4-7 商品产品成本分析表

金额单位：万元

成本项目	商品产品成本		降低指标	
	计划	实际	降低额	降低率
直接材料	4 554.78	5 039.8	－485.02	－10.65％
直接人工	2 277.39	2 250.4	26.99	1.19％
制造费用	1 927.03	1 800.6	126.43	6.56％
生产成本	8 759.2	9 090.8	－331.6	－3.79％

从表 4-7 可以看出，总成本实际比计划上升了 331.6 万元，上升了 3.79％，但从三个成本项目中可以看出直接人工实际比计划下降了 1.19％，制造费下降了 6.56％，但直接材料比计划上升了 485.02 万元，上升了 10.65％，说明实际成本比计划上升是因为直接材

料成本上升了,为此,下一步应重点分析直接材料上升的原因。

二、按成本性态分析商品产品成本计划完成情况

按成本性态分析是将商品产品成本按成本习性(性态)划分为变动成本和固定成本,确定变动成本和固定成本的降低额和降低率。

现以新天公司为例进行分析,其商品产品成本分析表如表 4-8 所示。

表 4-8 商品产品成本分析表

金额单位:万元

成本构成	商品产品成本		降低指标	
	计划	实际	降低额	降低率
变动成本:				
直接材料	4 554.78	5 039.8	−485.02	−10.65%
直接人工	2 277.39	2 250.4	26.99	1.19%
变动制造费用	793.94	820.7	−26.79	−3.37%
固定成本:				
固定制造费用	1 133.09	979.9	153.19	13.52%
生产成本	8 759.2	9 090.8	−331.6	−3.79%

从表 4-8 可以看出,该公司实际成本比计划上升,主要是因为变动成本上升了;变动成本上升主要是因为直接材料和变动制造费用上升了;同时,还可看出,实际制造费用虽比计划下降,但其中的变动制造费用却上升了 26.76 万元,上升了 3.37%,应引起重视,进一步分析其上升的原因。

三、按产品种类分析商品产品成本计划的完成情况

按产品种类分析,是将全部商品产品成本按产品品种汇总,将实际成本与计划成本对比,确定每种产品的成本降低情况。

现以新天公司为例进行商品产品成本的分析,其成本报表如表 4-9 所示。

表 4-9 生产产品成本报表

金额单位:元

产品名称	计量单位	产量		单位成本			计划总成本(产量)		本年总成本(产量)		
		计划	实际	上年实际	本年计划	本年实际	按上年实际平均单位成本计算	按本年计划单位成本计算	按上年实际平均单位成本计算	按本年计划单位成本计算	按本年实际单位成本计价
一、可比产品											
甲产品	件	140	140	23.68	23	22.32	3 315.2	3 220	3 315.2	3 220	3 124.8
乙产品	件	90	100	50.52	50.52	54.76	4 548.6	4 546.8	5 054	5 052	5 476
二、不可比产品							7 863.8	7 766.8	8 369.2	8 272	8 600.8
丙产品	件	70	280	1.74	1.75		121.8		487.2	490	
全部商品产品成本							7 888.6		8 759.2	9 090.8	

根据上表编制商品产品生产成本分析表,如表 4-10 所示。

表 4-10 商品产品生产成本分析表

金额单位:元

产品名称	计划总成本	实际总成本	降低额	降低率
一、可比产品				
其中:甲产品	3 220	3 124.8	95.2	2.96
乙产品	5 052	5 476	−424	−8.39
二、不可比产品				
其中:丙产品	487.2	490	−2.8	−0.57
全部产品成本	8 759.2	9 090.8	−331.6	−3.79

从表 4-10 可以看出,该企业全部商品产品总成本实际比计划增加了 331.6 万元,上升了 3.79%,说明企业全部商品产品成本计划完成得相当不好。除甲产品的成本有一定下降外,乙产品和丙产品的成本都较计划上升,特别是乙产品较计划上升了 424 万元,上升了 8.39%,为此,应进一步分析乙产品成本上升的主要原因。

商品产品计划完成情况分析图,如图 4-1 所示。

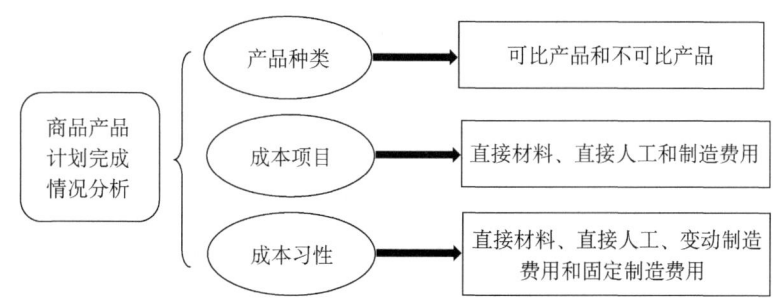

图 4-1 商品产品计划完成情况分析图

任务四 技术经济指标变动对产品成本影响的分析

产品成本是反映企业生产经营和管理工作水平的重要综合指标,企业各项技术经济指标的变动,都会或多或少、直接或间接地反映产品成本。为了深入分析企业产品成本升降的原因,寻找降低产品成本的途径,挖掘企业降低产品成本的潜力,在成本分析中应当进一步分析技术经济指标变动对产品成本的影响。

企业技术经济指标与生产经营活动的特点紧密相关,每个企业都有适应本企业生产经营活动特点的技术经济指标体系。但是,一般来说,一个企业的技术经济指标体系,不论其表现形式如何,总是包括产品产量(及产品品种)、产品质量、劳动生产率、设备利用率、原材料、燃料及动力的消耗等基本指标。下面,主要介绍这些基本技术经济指标变动对产品成本影响的分析。

一、产品产量变动对成本影响的分析

产品产量是企业的重要技术经济指标,企业设备利用率、劳动生产率和产品质量等指标的变动都会影响产品产量。在主要产品成本降低任务完成情况的分析中,曾分析过产品产量变动对主要产品成本降低额的影响。从技术经济指标的角度看,产品产量变动对成本水平的影响主要是指对产品成本中固定制造费用的影响。在固定制造费用总额不变的情况下,增加产品产量可以降低单位产品成本中的固定制造费用;当产品产量的增长幅度超过固定制造费用总额的增长幅度时,增加产品产量也可以降低单位产品成本中的固定制造费用。产品产量变动形成的成本降低率和降低额可以用下列公式计算:

$$\text{产量变动形成的成本降低率} = \left(1 - \frac{1}{\text{产量计划完成率}}\right) \times \text{计划固定制造费用占产品成本的百分比}$$

$$\text{产量变动形成的成本降低额} = \text{实际产量按计划单位成本计算的总成本} \times \text{产量变动的成本降低率}$$

[例题 4-4] 金枫工厂生产的甲产品本年计划产量为 540 件,计划单位成本为 1 164 元,计划制造费用总额中的固定制造费用为 113 140.8 元,计划单位成本中固定制造费用为 209.52 元(113 140.8÷540),占产品成本的 18%(209.52÷1 164×100%)。甲产品本年实际产量为 625 件,产量计划完成率为 115.74%(625÷540×100%)。

要求:根据以上资料,计算甲产品产量变动形成的成本降低率和降低额。

解:(1)产品产量变动形成的成本降低率:

$$\left(1 - \frac{1}{115.74\%}\right) \times 18\% \approx 2.448\%$$

(2)产品产量变动形成的单位成本降低额:

$$1\ 164 \times 2.448\% \approx 28.4947(\text{元})$$

(3)产品产量变动形成的总成本降低额:

$1\ 164 \times 625 \times 2.448\% = 17\ 809.2(\text{元})$ 或 $28.4947 \times 625 \approx 17\ 809.2(\text{元})$ 或 $(625 - 540) \times 209.52 = 17\ 809.2(\text{元})$

二、产品质量变动对成本影响的分析

反映产品质量的指标比较多,产品质量变动对成本影响的计算也比较复杂。这里,主要介绍废品率变动对产品成本影响的分析。其计算公式如下:

$$\text{废品率} = \frac{\text{废品数量}}{\text{合格品数量} + \text{废品数量}} \times 100\%$$

因为废品所发生的生产成本的计算比较复杂,所以废品率变动对成本影响的计算比较复杂。但是,生产过程中产生的废品损失总是由合格产品成本负担。废品率变动对产品成本的影响,在废品承担的生产成本与合格品相同的条件下,可以将废品率变动前和变动后的合格产品单位成本中的废品损失进行比较,来计算废品率变动形成的成本降低额和降低率。合格产品单位成本中废品损失所占的比重,可以用下列公式计算:

$$废品损失 = \frac{废品率 \times (1 - 产品残料价值占废品生产成本的百分比)}{1 - 废品率} \times 100\%$$

[例题 4-5]　金源工厂生产的丙产品划分为合格品和废品,上月合格产品产量为 1 045 件,废品为 55 件,上月合格产品单位成本为 2 000 元,其中,废品损失为 96 元,占产品成本的 4.8%;本月合格产品产量为 1 200 件,废品为 50 件;上月废品残料价值占废品生产成本的 8.8%。

要求:根据上述资料,计算废品率变动对产品生产成本的影响(假定其他条件不变,只有废品率变动)。

解:

(1) 上月废品率 $= \dfrac{55}{1\,045 + 55} \times 100\% = 5\%$

(2) 本月废品率 $= \dfrac{50}{1\,200 + 50} \times 100\% = 4\%$

(3) 上月废品损失占单位成本的百分比 $= \dfrac{5\% \times (1 - 8.8\%)}{1 - 5\%} \times 100\% = 4.8\%$

(4) 本月废品损失占单位成本的百分比 $= \dfrac{4\% \times (1 - 8.8\%)}{1 - 4\%} \times 100\% = 3.8\%$

(5) 废品率变动形成的单位成本降低额 $= 2\,000 \times (4.8\% - 3.8\%) = 20(元)$

(6) 废品率变动形成的成本降低率 $= \dfrac{20}{2\,000} \times 100\% = 1\%$

分析计算结果表明:金源工厂丙产品废品率由上月的 5% 下降为本月的 4%,使产品单位成本中的废品损失减少 20 元,产品单位成本因此降低了 1%。

三、工人劳动生产率变动对成本影响的分析

影响产品成本中直接人工费用的因素有工人劳动生产率和工人平均工资(薪酬)两个因素。只有当工人劳动生产率的增长超过工人平均工资(薪酬)的增长时,才可以形成成本的降低额和降低率。因此,分析工人劳动生产率变动对成本影响时,应当同时考虑工人平均工资(薪酬)变动的影响,具体计算公式如下:

$$工人劳动生产率的增长超过工人平均工资(薪酬) = \frac{1 - (1 + 工人平均工资(薪酬)增长的百分比)}{1 + 工人劳动生产率增长的百分比} \times 计划直接人工占成本的百分比$$

$$工人劳动生产率的增长超过工人平均工资(薪酬)增长形成的成本降低额 = 实际产量按计划单位成本计算的总成本 \times 工人劳动生产率和工人平均工资(薪酬)变动形成的成本降低率$$

[例题 4-6]　金源工厂生产的丁产品本年计划单位成本为 2 000 元,其中,直接人工费用为 500 元,占产品成本的 25%。丁产品本年实际产量为 500 件,工人劳动生产率本年实际比本年计划增长 12%,工人平均工资(薪酬)本年实际比本年计划增长 7.52%。

要求:计算工人劳动生产率的增长超过工人平均工资(薪酬)的增长形成的成本降低率和成本降低额。

解:(1) 形成的成本降低率 $= \dfrac{1 - (1 + 7.52\%)}{1 + 12\%} \times 25\% = 1\%$

（2）形成的单位成本降低额＝2 000×1％＝20(元)

（3）形成的总成本降低额＝20×500＝10 000（元）或（2 000×5）×1％＝10 000(元)

四、材料利用情况变化对成本影响的分析

企业改进产品设计、减轻单位产品的净重、合理使用代用材料以及提高原材料利用率等,都可以改变材料利用情况,减少材料消耗,降低产品成本。

（一）改进产品设计,减轻产品净重对产品成本的影响

产品净重是指构成产品实体的原材料重量。通过改进产品设计,使产品在稳定和提高质量的前提下减轻净重,是节约材料消耗、降低产品成本的重要途径。改进产品设计、减轻产品净重形成的成本降低额和降低率,可以采用下列公式计算:

$$\text{减轻产品净重形成的成本降低率} = \frac{1 - \text{改进后产品净重}}{\text{改进前产品净重}} \times \text{改进前直接材料占产品成本的百分比}$$

$$\text{减轻产品净重形成的成本降低额} = \text{改进前产品单位成本} \times \text{减轻产品净重形成的成本降低率}$$

$$\text{或} = \text{改进前产品直接材料成本} \times \frac{1 - \text{改进后产品净重}}{\text{改进前产品净重}}$$

（二）合理使用代用材料对产品成本的影响

在保证产品质量的前提下,通过充分技术论证,合理使用价格较低的代用材料,可以降低产品成本中的直接材料成本。合理采用代用材料形成的成本降低额和降低率,可以采用下列公式计算:

$$\text{使用代用材料形成的单位成本降低额} = \text{原材料消耗量} \times \text{该材料的价格} - \text{代用材料的消耗量} \times \text{代用材料价格}$$

$$\text{使用代用材料形成的成本降代率} = \frac{\text{使用代用材料形成的成本降低额}}{\text{产品形成的单位成本}} \times 100\%$$

（三）提高原材料利用率对产品成本的影响

原材料利用率在不同类型的企业有不同的表达形式。一般来说,原材料利用率是指生产过程中利用的原材料数量与投入生产的原材料数量的比率。其计算公式为:

$$\text{原材料利用率} = \frac{\text{生产中利用原材料的数量}}{\text{生产中投入原材料的数量}} \times 100\%$$

上述公式中,生产中利用原材料的数量有两种表示方法:一是以产品产量或加工后产品净重来表示;二是以产品中原材料重量来表示。在生产过程中,企业最初投入生产的原材料数量,总是大于生产中利用原材料的数量。它们之间的差距越小,说明加工过程中原材料的损耗越小。生产过程中原材料利用的越充分,原材料利用率也就越高。

项目三　成本核算与管理的新发展

任务一　作业成本法

一、作业成本法的含义

作业成本法是以作业为核算对象,通过成本动因确认和计量作业量,将间接费用和辅助费用更准确地分配到产品和服务中的一种成本核算方法。

作业成本法的指导思想是:"成本对象消耗作业,作业消耗资源"。依据作业成本法的指导思想,企业的全部经营活动是由一系列相互关联的作业组成的,企业每进行一项作业都要消耗一定的资源,而企业生产的产品、提供的服务需要通过一系列的作业来完成。因而,产品的成本实际上就是企业全部作业所消耗资源的总和。在计算成本时,首先按经营活动中发生的各项作业来归集成本,计算作业成本;然后按各项作业成本与成本对象(产品或服务)之间的因果关系,将作业成本追溯到成本对象,最终完成成本核算过程。作业是成本计算的核心和基本对象,产品成本或服务成本是全部作业的成本总和,是实际耗用企业资源成本的终结。

在作业成本法下,直接成本可以直接计入有关产品,与传统的成本核算方法并无差异,只是直接成本的范围比传统成本法下的计算要大,凡是可方便追溯到产品的材料、人工和其他成本都可以直接归属于特定产品,尽量减少不准确的分配;不能追溯到产品的成本,应先追溯有关作业或分配到有关作业,计算作业成本,再将作业成本分配到有关产品。

由此可见,作业成本法把直接成本和间接成本(包括期间费用)作为产品(服务)消耗作业的成本同等地对待,拓宽了成本的计算范围,使计算出来的产品(服务)成本更准确真实。

二、作业成本法的特点

(1) 在传统的成本核算方法下,产量被认为是能够解释产品成本变动的唯一动因,并以此作为分配基础进行间接费用的分配。而制造费用是一个由多种不同性质的间接费用组成的集合,这些性质不同的费用虽然有一部分是随产量变动的,但多数并不随产量变动,因此用单一的产量作为分配制造费用的基础显然是不合适的。企业应以制造费用发生的成本动因分别设立作业中心,按作业中心建立制造费用成本库。

(2) 制造费用分配标准由单一标准改为多个标准,提高了产品成本中制造费用项目的准确性。在作业成本法下,一个车间发生的制造费用被细分为各个成本动因的费用,各个成本动因就按各自的标准进行分配。

(3) 作业成本法是更广泛的完全成本法,并且在这种方法下,所有的成本均是变动的。在作业成本法下,对于营销、产品设计等领域发生的成本,只要与特定产品相关就可通过有关作业分配至有关产品(或其他成本对象)中,而不同于传统的完全成本法将其列为期间费用,一次性扣除。同时,某些原先被视为变动成本的成本在作业成本法的观点下,它们虽然不随产量增加而增加,但会随其他因素的变化而改变,因此均被视为变动成本。

(4) 根据生产技术和生产组织的不同特点,在采用品种法、分批法、分步法时结合使用作业成本法。由于作业成本法是更准确的分配制造费用,对于直接材料和直接工资项目仍要按产品为对象归集。对于多步骤生产,仍要在全厂范围内采用其他的成本计算方法,才能计算出产品的生产成本。因此成本计算对象从全厂范围来讲,仍是最终的完工产品或半成品,只是制造费用分配的对象是作业中心。成本计算期和是否计算在产品成本、半成品成本也依所采用的全厂成本计算方法而定。

综上所述,作业成本法的独到之处,在于它把资源的消耗首先追溯到作业,然后使用不同层面和数量众多的作业动因将作业成本追溯到产品。采用不同层面和数量众多的成本动因进行成本分配,要比采用单一分配基础更加合理,更能保证成本的准确性。

三、作业成本法的基本核算程序

根据作业成本法"作业消耗资源、产出消耗作业"的逻辑,资源应该通过资源动因分配给作业形成作业成本,而作业成本通过作业动因分配给最终成本对象。

(一) 确认作业

作业是企业为了特定的目的而消耗的活动或事项,企业可编制从收到原材料到完成产品检测全过程的详细作业流程图,对记录在流程图中的每项作业进行分析,确认产品生产的各项作业。作业成本法下根据业务内容区分出不同类型的作业,如材料整理准备、机器设备调整准备、机器设备维修保养、产品运送、产品质量检验等。

确认作业有两种形式:一种形式是根据企业日常生产流程,自上而下进行分解;另一种形式是通过与员工所在车间或者部门确认他们所做的工作,并逐一认定各项作业。在实务中,这两种形式往往需要结合起来运用。经过这样的程序,可以把生产过程中的全部作业识别出来,并加以认定。一般来说,一个企业认定过百项作业是非常常见的,企业规模越大,作业量就越多。作业认定后,应将作业组织划分为互相排斥的作业类别,包括单位级作业、批次级作业、产品(品种)级作业和生产(能力)维持级作业四类。

1. 单位级作业

单位级作业是指每一单位产品至少要执行一次的作业。这类作业的成本包括直接材料、直接人工工时、机器成本和直接能源消耗等。单位级作业是每产出一个单位的产品或半成品需进行一次的作业。在多种产品、多种零件生产的情况下,一般是以机器工时或人工工时等来计量的。这类作业是随着产量变动而变动的。

2. 批次级作业

批次级作业是指同时服务于每批产品或许多产品的作业。它们的成本取决于批次,而不是每批中单位产品的数量。

3. 产品(品种)级作业

产品(品种)级作业是指服务于某一类型产品的作业。这些作业的成本依赖于该产品的生产线,而不是产品数量或批次。产品(品种)级作业成本可以按零件数量为基础分配至每一种产品,然后分配给不同的批次,最后根据产品的数量在单个产品之间进行分配。

4. 生产(能力)维持级作业

生产(能力)维持级作业是指服务于整个企业的作业。它们是为了维护生产能力而进行的作业,不依赖于产品的数量、批次和种类等因素。由于生产(能力)维持级作业很难计算产量,也很难明确是被哪些产品所消耗,所以是作业成本法实施中的一个难题。本质上来说它们属于固定成本,并不随产量、批次、品种等的变动而变动,应该作为期间费用处理。但是大部分实行了作业成本法核算的公司还是将这项作业分摊到了各产品名下。分摊时一般采用设备数量、厂房面积等作为分的基础。这些成本首先被分配到不同产品品种,然后分配到成本对象,最后分配到单个产品。

(二)资源成本分配到作业

资源成本借助于资源成本动因分配到各项作业。资源成本动因和作业成本之间通常有因果关系。常见的资源成本动因包括:机器小时、安装小时、平方米、搬运距离和次数、雇佣人数、电表、功率、运行时间、订单数量等。

(三)作业成本分配到成本对象

在确定作业成本之后,应先根据作业成本动因计算单位作业成本,再根据作业量计算成本对象应负担的作业成本。单位作业成本的计算公式为:

$$单位作业成本 = \frac{本期作业成本总成本}{作业量}$$

在单位作业成本公式中,"作业量"的动因包括以下三个。

1. 业务动因

业务动因通常以执行的次数作为作业动因,并假定执行每次作业的成本(包括耗用的时间和单位时间耗用的资源)相等。

$$分配率 = \frac{归集期内作业成本总成本}{归集期内总作业次数}$$

$$某产品应分配的作业成本 = 分配率 \times 该产品耗用的作业次数$$

2. 持续动因

持续动因是指执行一项作业所需的时间标准。当不同产品所需作业量差异较大的情况下,持续动因的假设前提是,执行作业的单位时间内耗用的资源是相等的。

$$分配率 = \frac{归集期内作业成本总成本}{归集期内总作业时间}$$

$$某产品应分配的作业成本 = 分配率 \times 该产品耗用的作业时间$$

3. 强度动因

有些产品、劳务或顾客需要一些具有特殊性的作业,在作业执行过程中资源的耗费并不具备执行动因或数量动因的条件,这时需要对作业进行个别追踪记录,直接把作业成本归属于成本计算对象。这种成本动因称强度动因,直接归属作业成本,不需要计算成本动因率。应用强度动因进行成本的数量归属是最精确的,也是最符合逻辑的,但花费成本最多。只有那些作业成本较大、每次执行时资源消耗又无规律可循的作业,才应用强度动因。如同样是由安装调试作业中心执行的某次产品的安装调试作业,由于技术要求高、需聘请外来专家、租用外单位的高级仪器、作业时间集中等,跟一般作业区别较大,不宜采用执行动因或数量动因,应直接把成本归属到产品中去。

四、作业成本法的优缺点

(一) 作业成本法的优点

1. 可以提供相对准确的产品和产品成本信息

作业成本法缩小了传统的制造费用分配范围,从按生产部门统一分配改为按费用性质分设若干个成本库;同时,与传统成本核算方法相比,作业成本法分配基础(成本动因)发生了质变。它不再采用单一的数量分配基准,而是采用多元分配基准,同时集财务变量与非财务变量于一体,并且特别强调非财务变量(如调整准备次数、运输距离、质量检测次数等)。因此,作业成本法提高了成本的可归属性,可以为成本管理提供相对准确的产品或劳务成本信息。

2. 可以有效地改进企业战略决策

在作业成本法下,间接成本不是均衡地在产品间进行分配,因而有助于改进产品定价决策,并为是否停产老产品,引进新产品和指导销售提供准确的信息。所以说,作业成本法不仅是一种先进的成本核算方法,也是管理咨询的工具,更是一种提高企业发展能力、获利能力、工作效率的管理技术。

3. 有助于改善企业成本控制

作业成本法提供了了解产品作业过程的途径,使管理人员知道成本是如何发生的,从成本动因上改进成本控制,包括改进产品设计和生产流程等,可以消除非增值作业、提高增值作业的效率,有助于持续降低成本和不断消除浪费。作业成本法对成本的控制落实到每一项作业,并将费用控制从以人工为基础的弹性预算,转向以作业为基础的弹性预算。按作业编制预算,把以差异分析为基础的变动预算转向以成本动因为基础的变动预算,可以解决传统预算编制中责任不清、预算标准欠合理的问题,使预算真正成为控制成本的重要工具。

4. 为战略管理提供信息支持

战略管理需要相应的成本信息支持。作业成本法与价值分析概念一致,可以为其提供信息支持。

(二) 作业成本法的缺点

1. 作业的区分存在困难

企业生产经营活动复杂多样,各项活动相互联系、相互依存,但不是所有作业的界限都能够清晰划分,所以在作业的区分上存在困难。

2. 成本动因的选择具有主观性

作业成本法在确认资源和作业,以及为资源库和作业库选择最佳的成本动因等方面,经常带有主观判断,具有一定程度的武断性,这为管理者人为操纵成本提供了可能的同时也降低了公司间报告结果的可比性,与现行会计准则的要求有一定的差距。

3．成本动因的确认存在困难

作业成本法要求以作业中心为基础来设置责任中心，选取合适的成本动因，按成本进行归集。然而在实际中，因素与成本变动完全相关或相关性较大的清晰度不高。如果选择的动因过少，则成本数据不准确；如果选择过多，则增加的实施成本会大于实施作业成本法产生的效益。

4．没有合并对同类生产能力的计量

作业所消耗的各种资源具有不同的计量单位，将成本归集到作业时难以反映资源消耗的数量，无法将耗用资源的价值归集到作业中去。因此运用作业成本法既无法看出资源的利用效果，也不能反映各种生产能力之间的差异。

5．工作量大，代价昂贵

作业成本法首先将企业在生产经营中发生的全部资源耗费逐项分配到作业中，形成作业成本库；其次，将作业成本库的成本按作业动因分配到产品，核算过程十分繁琐且工作量大。因此企业要想在激烈的竞争中求胜，就要不断进行技术革新及产品结构的调整，这样就要重新进行作业划分，无形中增加了采用作业成本法的耗费。

任务二　目标成本法

一、目标成本法的含义

目标成本法是指企业以市场为导向，以目标售价和目标利润为基础来确定产品的目标成本，从产品设计阶段开始，通过各部门、各环节与供应商的通力合作，共同实现目标成本的一种成本管理方法。首先，确定客户会为产品或者服务支付的额度；其次，以此来设计能够产生期望利润水平的产品或者服务和营运流程。目标成本法使成本管理模式从"客户收入＝成本价格＋平均利润贡献"转变到"目标成本＝目标利润贡献－客户收入"。

目标成本法是一种全过程、全方位、全人员的成本管理方法。全过程是指供应链产品生产到售后服务的一切活动，包括供应商、制造商、分销商在内的各个环节；全方位是指从生产过程管理到后勤保障、质量控制、企业战略、员工培训、财务监督等企业内部各职能部门各方面的工作以及企业竞争环境的评估、供应链管理等；全人员是指从高层经理人员到中层管理人员、基层服务人员、一线生产员工。目标成本法在作业成本法的基础上来考察作业的效率、人员的业绩、产品的成本，弄清楚每一项资源的来龙去脉，每项作业对整体目标的贡献。总之，传统成本法局限于事后的成本反映，而没有对成本形成的全过程进行监控；作业成本法局限于对现有作业的成本监控，没有将供应链的作业环节与客户的需求紧密结合。而目标成本法则保证供应链成员企业的产品以特定的功能、成本及质量生产，然后以特定的价格销售，并获得令人满意的利润。

目标成本法是由以下三大环节形成的闭环成本管理体系：

（1）确定目标，层层分解。

（2）实施目标，监控考绩。

（3）评定目标，奖惩兑现。

二、目标成本法的特点

目标成本法是一种以市场为导向、对有独立的制造过程的产品进行利润计划和成本管理的方法。它的出发点是以大量市场调查为基础,根据客户认可的价值和竞争者的预期反应,先估计出在未来某一时点市场上的目标售价,然后减去企业的目标利润,从而得到目标成本。目标成本法的特点是将成本管理工作前移,改变了成本管理的出发点,即从生产现场转移到产品设计与规划上,从起点抓起,使成本大幅度降低。

三、目标成本法的基本核算程序

(一) 确定应用对象

企业应根据目标成本法的应用目标、应用环境及可应用条件,综合考虑产品的产量、销量和盈利能力等因素,确定实施目标成本法的应用对象。企业通常将开发的新产品作为目标成本法的应用对象,或选择那些功能与设计能力上升空间很大的产品(产销量大但盈利水平低)作为应用对象,这类产品对企业经营业绩具有重大影响。

(二) 成立跨部门团队

企业可以建立专门实施目标成本法的团队,由该团队负责完成成本规划、成本设计、成本确认、成本实施等工作,在团队之下再分各小组,小组间根据管理层授权协同合作完成相关工作。

(1) 成本规划小组,该小组由销售人员及财务人员组成,负责设定目标利润、考虑目标成本及制定新产品开发或老产品改进的方针等。该小组的职责主要是收集相关信息、计算市场驱动产品成本等。

(2) 成本设计小组,该小组由生产技术人员及财务人员组成,负责确定产品的技术性能、规格,对比各种成本因素,进行设计图上成本降低或成本优化的预演等。该小组主要负责可实现目标成本的设定和分解等。

(3) 成本确认小组,该小组由相关部门负责人、生产技术人员及财务人员组成,负责分析设计方案或试制品的评价结果,确认目标成本,进行生产准备、设备投资等。该小组主要负责对可实现目标成本的设定与分解进行评价和确认等。

(4) 成本实施小组,该小组由有关部门负责人及财务人员组成,负责确认实现成本策划的各种措施,分析成本控制中出现的各种差异,并提出对策,对整个生产过程进行分析、评价等。该小组主要负责落实目标成本责任、考核成本管理业绩等。

(三) 收集相关信息

目标成本法的应用需要企业研究与开发、工程、供应、生产、营销、财务等部门收集与应用对象相关的信息,这些信息包括:产品成本构成及料、工、费等财务和非财务信息;产品功能及设计、生产流程与工艺等技术信息;材料的主要供应商、供求状况、市场价格及变动趋势等信息;产品的主要消费者群体、分销方式和渠道、市场价格及变动趋势等信息;本企业及同行业标杆企业产品盈利水平等信息及其他相关信息。

(四) 计算市场容许成本

市场容许成本是指目标售价减去目标利润之后的余额。其计算公式为:

市场容许成本 = 目标售价 — 目标利润

目标售价的设定应综合考虑客户认可的产品价值、同类竞争产品的预期功能和售价，以及企业针对该产品的战略目标等因素。目标利润的设定应综合考虑利润预期、历史数据、市场定位等因素。

（五）以市场为导向设定目标成本

1. 根据新产品计划和目标售价编制新品开发提案

一般新品上市前就要正式开始规划目标成本，对每种新品设一名负责产品开发的经理，以产品开发经理为中心，对产品计划构想加以推敲。新品开发提案的内容包括新品样式规格、开发计划、目标售价及预计销量等。其中，目标售价及预计销量应与业务部门充分讨论后加以确定，讨论内容包括市场变化趋势、竞争产品情况、新品所增加新机能的价值等。新品开发提案经高级主管所组成的产品规划委员会核准后，进入制定目标成本阶段。

2. 采用跨部门团队方式，利用价值工程寻求最佳产品设计组合

为实现产品规划目标，在开发设计阶段，应以产品开发经理为中心，结合相关部门人员加入，组成跨职能的成本规划委员会，成员包括来自设计、生产技术、采购、业务、管理、财务等部门的人员。成本规划活动目标到各设计部后，各设计部就可以从事产品价值和价值工程分析。根据产品规划书，设计出产品原型，结合原型，把成本降低的目标分解到各个产品构件上。在分析各构件是否能满足性能的基础上，运用价值工程降低成本。如果成本的降低能够达到目标成本的要求，就可以转入基本设计阶段，否则还需要运用价值工程重新加以调整，以达到目标要求。进入基本设计阶段，运用同样的方法，压缩成本，转入详细设计，最后进入工序设计。在工序设计阶段，成本降低额达到后，压缩成本暂时告一段落，可以转入试产阶段。试产阶段是对前期成本规划与管理工作的分析与评价，致力于解决可能存在的潜在问题。一旦在试产阶段发现产品成本超过目标成本要求，必须重新返回设计阶段，运用价值工程进行再次改进。只有在目标成本达到的前提下，才能进入最后的生产。

（六）分解可实现目标成本

企业应按主要功能对可实现的目标成本进行分解，确定产品所包含的每一零部件的目标成本。在分解时，首先应确定主要功能的目标成本，其次寻求实现这种功能的方法，并把主要功能和主要功能级别的目标成本分配给零部件，形成零部件级的目标成本。同时，企业应将零部件级目标成本转化为供应商的目标售价。

（七）落实目标成本责任、考核成本管理业绩

企业应将设定的可实现目标成本、功能级目标成本、零部件级目标成本和供应商的目标售价进一步量化为可控制的财务和非财务指标，落实到各责任中心，形成各责任中心的责任成本和成本控制标准，并赋予相应权限，将达成的可实现目标成本落到实处。与此同时，企业还应依据各责任中心的责任成本和成本控制标准，按照业绩考核制度和办法，定期进行成本管理业绩的考核与评价，打造激励机制，为各责任中心和人员的目标实现奠定基础。

（八）在生产阶段运用持续改善成本法以达到设定的目标成本

新品投产的前三个月是检查目标成本达成情况的关键阶段，此时应进行成本规划业

绩的评估,确认责任归属,以此来评价目标成本规划活动的成果。至此,新品目标成本规划活动正式告一段落。进入生产阶段,成本管理即转向成本维持和持续改善,使之能够对成本对象耗费企业资源的状况更适当地加以计量和核算,使目标成本处于正常控制状态。之后企业应定期将产品实际成本与设定的可实现目标成本进行对比,确定其差异及其性质,分析差异的成因,提出消除各种重要不利差异的可行途径和措施,进行可实现目标成本的重新设定、再达成,推动成本管理的持续优化。

四、目标成本法的优缺点

(一) 目标成本法的优点

(1) 目标成本法进行事前控制且容易将考核落实到位,在一开始就界定了成本的责任方。

(2) 目标成本法突出从原材料到产品出货的全过程成本管理,有助于提高成本管理的效率和效果。

(3) 目标成本法强调产品寿命周期成本的全过程和全员管理,有助于提高客户价值和产品市场竞争力。对成本形成的全过程进行监控,保证供应链成员企业的产品以特定的功能、成本及质量生产,以特定的价格销售,并获得令人满意的利润。

(4) 目标成本法寻求成本规划与利润规划活动的有机统一,有助于提升产品的综合竞争力。

(二) 目标成本法的缺点

(1) 目标成本法要求企业具有各类人才,并且需要企业有很强的团队合作意识,管理水平要求较高。

(2) 目标成本分解比较困难,一旦分解不清就容易造成系统内部的混乱。

任务三　标准成本法

一、标准成本法的含义

标准成本法是指以预先制定的标准成本为基础,将标准成本与实际成本进行比较,核算和分析成本差异的一种产品成本计算方法,也是加强成本控制、评价经济业绩的一种成本控制制度。标准成本法的核心是按标准成本记录和反映产品成本的形成过程和结果,以实现对成本的控制。

标准成本有以下两种含义:一种是指"单位产品的标准成本",它是根据产品的标准消耗量和标准单价计算出来的,计算公式为:单位产品标准成本=单位产品标准消耗量×标准单价;另外一种是指"实际产量的标准成本",它是根据实际产品产量和成本标准计算出来的。计算公式为:标准成本=实际产量×单位产品标准成本。

标准成本是目标成本的一种。目标成本是一种预计成本,是指产品、劳务、工程项目等在生产经营活动前,根据预定的目标所预先制定的成本。这种预计成本与目标管理的方法结合起来,就称为目标成本。目标成本一般有计划成本、定额成本、标准成本和估计成本等。其中,标准成本相对来讲是一种较科学的目标成本;计划成本是根据计划消耗定额计算的,表示计划期预定成本;定额成本是根据使用的定额计算的。

标准成本法的主要内容包括:标准成本的制定、成本差异的计算和分析、成本差异的账务处理。其中,标准成本的制定是采用标准成本法的前提和关键,据此可以达到成本事前控制的目的;成本差异的计算和分析是标准成本法的重点,借此可以促成成本控制目标的实现,并据以进行经济业绩考评。

二、标准成本法的特点

(1) 根据企业的生产技术、经营管理和人员素质条件为每一个成本项目制定标准成本。在区分变动性制造费用和固定性制造费用后,必须制定弹性预算下的标准成本。

(2) 与成本核算有关的材料、生产成本、产成品和销售成本账户可按标准成本直接入账,简化了账务处理工作。

(3) 标准成本加上成本差异构成产品的实际生产成本。

(4) 标准成本的制定和分析过程也是企业内部各部门管理水平的检查过程、员工积极性的激励过程和企业业绩的评价过程。成本核算、成本管理和成本控制实现了有机结合。

(5) 标准成本法要根据生产特点和管理要求来处理各生产流程的成本累积过程,所以也要结合使用几种主要的成本核算方法。因此,标准成本法下的成本核算对象、成本核算期和是否计算半成品成本要依据所采用的这些方法而定。

三、标准成本法的基本核算程序

标准成本制度下的成本核算可结合一般成本核算方法的基本程序进行:

(1) 为各成本核算对象按成本项目制定标准成本。

(2) 按成本对象设置产品成本明细账。

(3) 编制各项成本费用分配表,分别反映其标准成本和实际成本,并计算差异。

(4) 将标准成本计入成本明细账,并结转完工产品的标准成本。

(5) 计算、分析各种成本差异,月末编制成本差异汇总表,并结转各种成本差异。

四、标准成本法的优缺点

(一) 标准成本法的优点

(1) 标准成本法极大地方便了企业对供产销各部门的业绩考核,可以进一步分解标准成本,将成本指标分解到每个环节、每个人,并将差异与奖惩挂钩,充分调动各方的积极性。同时,使用标准成本法有利于进行较为客观的、具有科学依据的对比分析,为实现管理目标而进行的经营决策提供准确的数据支持。

(2) 标准成本的制定有科学的依据,能够实现企业产品成本的精细化管理,使企业管理更加科学、规范,符合企业发展的潮流。

(3) 对于所有物料、产成品等在流转环节都使用标准成本,产生的差异直接计入当期损益,极大地减少了会计核算及财产清查的工作量。

（二）标准成本法的缺点

（1）要求企业产品的成本标准比较准确、稳定，在使用条件上存在一定的局限性。

（2）对标准管理水平较高，系统维护成本较高。

（3）标准成本需要根据市场价格波动频繁更新，导致成本差异可能缺乏可靠性，降低成本控制效果。

任务四　大数据时代成本会计的发展

大数据时代，企业发展环境发生了明显的变化，各类企业都积极采用大数据技术促进企业的优化和发展，信息技术以及数据资源在现代企业发展中的重要性更加突出。在这种情况下，企业传统的成本会计工作已经难以满足现代企业进一步发展的需求，迫切需要与时俱进，充分融合大数据思维，利用大数据技术，进一步提高成本会计核算与管理工作质量和效率，更好地发挥其在企业降本增效中的重要作用，更好地促进现代企业的发展。

一、成本会计与企业发展

企业成本会计主要是指在企业发展中对企业生产经营管理有关的各项成本费用进行核算，计算企业生产经营中的单位成本支出和总成本支出，从而为企业各项生产运营工作的开展提供指导。在企业核算过程中成本会计占有重要地位，发挥着重要作用，可以有效反映企业当前的生产运营状况以及企业未来的发展趋势，为企业管理决策提供依据。随着社会经济的不断发展，企业成本会计的内涵更加丰富，除了涵盖企业财务活动情况的成本核算，还涉及对企业未来发展中可能产生的成本支出进行评估，即强调预算管理，基于预算管理指导企业内部控制优化以及财务风险防控，显著提升企业成本管理水平和财务风险防控水平。此外，还要对企业未来发展过程中可能遇到的成本进行预测，对企业的内部经济进行有效控制，防止财务风险等问题发生。成本会计在企业中还包括事后成本风险处理等方面，并且还要对企业生产经营中的资源进行预算和分析，充分改善企业的资源利用情况，实现企业内部资源的优化配置，提高资源利用效率，帮助企业实现经济效益最大化，更好地促进企业长远、高度发展。由此可见，企业成本会计工作在很大程度上决定着现代企业的市场竞争力和盈利能力，对于现代企业的发展具有重大意义。

二、大数据时代下的成本会计

传统的会计岗位主要从事会计核算工作，现阶段随着电子发票的推出、增值税发票的软件升级等，企业可通过互联网合作平台，实现企业与政府之间、产业链之间、内部之间的有效沟通。任何职业都是随着环境的变化而不断发展的，传统的会计核算模式也逐渐被智能化、自动化流程代替。由目前的发展趋势来看，有的企业已经实现自动化报账流程，这些变化导致传统的从事基础岗位的财务人员需求量减少，一方面对基层核算岗位的会计人才需求量在减少，另一方面对会计人才的综合能力要求在提升。会计从业人员要掌握完备的职业技能，能够运用信息化手段，满足内部精细化管理的需要，从而逐步向管理型会计转型。

现代企业管理对成本信息提出了更高的要求,除了要保证成本信息的真实性与完整性,成本信息还要具有及时性、相关性和明晰性。目前,现代成本会计在信息化、智能化的核算手段下,已实现了大数据共享,把上下游的供产销业务链完全连接了起来,这种业财融合的核算体系及管理体制,能够完全按照业务流程,根据管理需求随时获取成本数据,满足不同阶段生产经营管理的需要,这极大地提高了企业的管理效率。

三、现阶段企业成本会计发展存在的问题

在新时代背景下,受到国内和国际双重市场的竞争压力,国内企业的生存和发展压力显著增加。在这种情况下企业管理对于企业发展的重要性更加突出,只有保障企业管理决策的科学性和合理性,才能够更好地指导企业的发展方向。企业成本会计工作可以为现代企业管理决策提供可靠依据,因此其对于现代企业的发展越来越重要,迫切需要提升企业成本会计的质量和效率。目前很多企业没有充分认识到企业成本会计工作的深刻内涵,在成本会计发展过程中还存在一些不足,限制了企业成本会计工作作用的发挥。

（一）企业管理者对于成本会计重视程度不足

企业成本会计可以认为是企业财务会计工作的进一步延伸,是企业财务会计工作的高层次发展。目前一些企业管理者受到传统工作理念以及工作方法的影响,对于企业成本会计没有正确认知,没有深刻理解企业成本会计的丰富内涵,进而导致企业管理者对于企业成本会计重视程度不足。企业管理层主要以实现成本控制指标为目的来看待成本会计,未充分将成本会计工作从具体生产和经营过程中体现出来。成本会计工作需要其他部门共同配合完成,才有利于更好地对公司成本进行预测和控制,但部分企业的成本会计是在企业中独立发展和运行的,各部门之间缺少良好的协作和沟通。这造成成本会计系统在发展过程中难以更好地掌握和了解其他部门的相关资料,也不利于公司更好地掌握各部门经营与发展情况,使成本会计的价值没有充分发挥出来,难以全面为企业发展提供良好的帮助。此外,很多企业依然停留在传统的财务会计管理阶段,导致在企业成本会计组织机构建设、人员配置以及资金投入方面,难以满足企业成本会计发展的需求,在很大程度上影响了企业成本会计水平的提升。

（二）企业组织架构与管理制度存在问题

系统完善的企业制度架构以及管理体系是企业各项工作开展的重要基础,对于企业成本会计工作来说同样如此。要想顺利实现企业成本会计的充分发展,必须要得到企业制度机构以及管理体系的支持。由于目前一些企业的制度架构和管理体系建设明显滞后于企业的发展,部分企业对成本预测和成本控制等方面过于重视,而忽略成本会计工作过程中的其他环节,如企业发展过程中常见的成本计划和决策等工作。由于成本会计在发展过程中缺乏相应的制度,因此,很多企业财务部门在工作的过程中存在一定的缺陷和问题,难以更好地根据成本会计的相关制度,对企业其他部门的资产使用情况进行合理的预测,从而使企业成本会计的发展难以达到理想的目标。另外,虽然有的企业在成本会计发展过程中制定了相应的成本会计制度,但仍然存在成本会计制度缺乏灵活度的问题,依然

采用传统和死板的管理方法来管理成本会计方面的工作。这种方式在一定程度上会降低企业的成本控制执行力度,从而影响企业的经营和决策,导致企业出现财务风险或资源损失等情况发生,增加了企业成本会计发展的难度。

（三）成本会计工作方法方式滞后

企业成本会计工作人员受到工作性质影响,在工作中对其他部门以及其他工作岗位的情况了解较少,特别是对于企业产品研发以及市场发展情况没有深入系统的了解,导致企业在相关信息收集过程中存在一定的片面性。一方面不同部门之间的沟通联系较少,在信息收集过程中难以得到各个部门的理解和配合,降低了信息收集的效率;另一方面在信息收集工作中难以保障信息数据的可靠性和真实性,降低了信息数据质量。一些企业已经有效改善这种现状,推动企业信息系统建设,但是由于不同部门在数据管理中具有不同的数据格式以及使用规范,导致不同部门的数据难以有效融合在一起,影响了数据的开发利用。除此之外,部分企业在成本会计工作过程中,缺乏对技术的研发和投入,甚至还有些企业忽略对其他会计工作方式方法的学习,进而造成成本会计方式方法过于落后。

（四）成本会计人员自身能力不能适应时代的发展

在现代企业发展中,人才对于企业发展的重要性更加突出,在很大程度上决定了企业的发展质量以及发展潜力。目前很多企业由于缺乏有效的奖惩激励机制,导致成本会计人员工作积极性较低,工作理念和工作模式较为落后,没有跟上时代发展的步伐,已经无法满足在新时代背景下现代企业进一步发展的需求。企业成本会计能力不足主要体现在三个方面:一是成本会计人员在工作中缺乏责任意识和风险意识,不能提前主动识别风险和防范风险,只能在事后进行总结分析,严重限制了成本会计工作作用的发挥;二是很多企业的成本会计工作主要集中在数据核算部分,缺乏经济分析能力以及资金筹划能力,在很大程度上降低了成本会计工作质量和效率;三是受体制机制影响,部分企业难以更好地规范和控制企业全部员工,造成企业内部出现做假账以及违法乱纪情况发生,还有企业为实现无税时的优惠价格,在采购的过程中未向相关部门索要发票,进而造成企业在发展过程中难以对成本进行更好的控制和预算,给企业发展和经营带来不良的影响。

四、大数据背景下成本会计的发展与变革趋势

（一）传统成本会计与大数据成本会计理念的转变

在网络信息技术快速发展的过程中,大数据以数据量大、速度快、类型多等优势不断出现在各个行业中。企业和个人通过数据分析和数据挖掘来实现自身利益的最大化。大数据技术为成本会计的发展带来一定的机遇,而且对成本会计管理产生深刻的影响。企业应该积极采取措施,彻底转变财务管理理念。企业管理者应该以身作则,从企业管理者角度积极推动成本会计的发展。通过大数据技术,可以转变传统的核算管理方法,并采用云计算、分布式处理技术以及储存技术等方式来对企业成本核算中的月度、季度以及年度等综合核算。这不仅使成本会计管理变得更加系统化,还大大提高成本会计的核算与控制效率,实现成本会计从数据采集、处理和储存到形成结果的整个过程,促进成本会计向着快捷化和精准化的方向发展,并提高管理会计战略决策和执行力度,推动成本会计的全面发展。在这个过程中,要不断加强人员素质培养,令工作人员掌握信息化手段,对企业

成本会计核算和控制过程中以及经营发展过程中的财务信息和资金使用情况进行分析，从而使企业通过智能系统快速获取数据，减少成本会计的信息处理工作量，提高数据处理的速度和效率。

（二）打造系统完善的成本会计管理信息化体系

系统完善的企业会计信息是现代企业成本会计工作开展的重要基础，为了及时、有效、全面地收集来自企业各个层面、各个环节的相关会计数据，需要相关企业建立健全信息管理中心，构建成本会计管理信息化体系，通过大数据技术让成本会计工作向精细化的方向发展，提高成本管理效率和质量。健全信息管理中心部门，需要结合成本会计的发展情况和管理模式，共同在企业内部建立大数据信息资源库，对企业发展过程中的各类成本信息进行整理。让各部门在大数据背景下实现良好的信息交流和沟通，并及时对数据库进行更新和维护。通过大数据中的可视化分析、数据挖掘算法、数据管理等方法，对成本会计中出现的数据进行提取、分析以及挖掘其中的价值。这不仅有利于实现成本会计工作的标准化流程，也可有效提高分析结果的质量。企业可以对各项业务以及人力安排进行优化和组织，及时掌握成本管理和控制中的生产销售和服务水平，提高成本会计信息精准度和完整性，推动企业内部的改革和发展，真正提高大数据技术对成本会计核算的效率和作用。

（三）优化成本会计核算方法

为进一步提高成本会计核算的效率和质量，企业要合理选择成本会计核算方法。企业可以结合自身的发展需求，积极采用数据挖掘算法、云计算以及分布式处理技术进行成本会计的核算，将核算的整个过程通过数据直观地展示出来。此外，企业可通过大数据背景下的互联网和可拓展的储存系统，对企业经营生产过程中的相关数据进行整理，采集多方面的市场信息，并将双倍余额递减法和年数综合法与大数据技术相结合，更好地分析和了解企业的发展形势以及未来发展方向，实现企业经营成本的节约，提升企业资产价值的最大化水平。

（四）建立健全相关会计制度及管理体系

在大数据背景下，企业可以通过信息技术获取高增长率和多样化的信息资产。为进一步保障企业成本会计核算与管理的效率和质量，企业需要进一步健全相应的制度架构和管理体系，不断提升企业员工的成本意识，积极培养成本会计管理和核算人员的大数据技术的应用能力，才能有效保证数据分析的有效性，提高企业成本会计核算的效率和质量。企业制度架构以及管理体系的完善是一个动态持续的过程，需要基于企业自身发展特点的变化以及外部市场环境的变化，及时进行相应的调整。具体来说，可以在企业业务部门和财务部门之间增设一个部门，专门负责财务部门与业务部门之间的沟通交流，该部门工作人员深入到业务一线，全面系统地了解业务流程以及业务特点，掌握当前业务开展中存在的主要问题，并及时将这些内容反馈给财务部门，为成本会计工作的开展提供方向。同时，为了充分发挥成本会计的重要作用，成本会计需要参与到企业具体的发展中，为各项工作的开展提供指导，具体包括：成本会计参与到企业项目投资中，科学评估项目投资收益和风险，为投资决策提供依据；成本会计参与到产品生产运营中，基于材料数量、人员规模以及设备需求，提高成本预算精度；成本会计参与到销售方案制定中，制定科学合理的账款回收策略,有助于及时回笼资金,保障企业资金的流动性;成本会计参与到内部利润分配中,保障利润分配的公平公正,提升企业员工的积极性。不断优化成本会计管理制度是非常重要的。

模块小结

　　成本报表,是根据企业产品成本和期间费用的核算资料以及其他有关资料编制的,用来反映企业一定时期内产品成本和期间费用水平及其构成情况的报告文件。成本报表是服务于企业内部经营管理的内部管理会计报表,一般不对外报送或公布,与资产负债表、利润表、现金流量表和所有者权益变动表等财务报表比较,具有以下特点:为企业内部经营管理的需要而编制;种类、格式、项目和内容等由企业自行决定;提供的成本信息(成本指标)可以反映企业各方面的工作质量。反映企业费用水平及其构成情况的成本报表,主要有制造费用明细表、销售费用明细表、管理费用明细表和财务费用明细表等。反映企业产品成本水平及其构成情况的成本报表,主要有产品生产和销售成本表、产品生产成本表、主要产品单位成本表等。按成本报表的时间分类,成本报表可以分为年度报表、半年度报表、季度报表、月度报表以及旬报、周报、日报和班报。产品生产成本及销售成本表,是反映企业在一定会计期间各产品按主要产品和非售成本及期末结存产品成本的报表。该表通常按月编制,包括企业全部单位产品生产成本、产品生产总成本和销售总成本、期末结存产品数量和总成本等。产品生产成本表,是反映企业在一定会计期间生产产品所发生的生产费用总额和全部产品生产总成本的报表。生产成本总额,可以按照产品品种和类别反映,也可以按照产品成本项目反映。主要产品单位成本表,是反映企业一定会计期间生产的各种主要产品的单位成本及其构成情况的报表。该表通常按月编制。制造费用明细表,是反映企业及其生产单位一定会计期间发生的制造费用总额及其构成情况的报表。期间费用明细表,是反映企业一定会计期间各项期间费用的发生额及其构成情况的报表,包括销售费用明细表、管理费用明细表和财务费用明细表。期间费用明细表通常按月编制。

　　成本分析,是根据成本核算资料和成本计划资料及其他有关资料,运用一系列专门方法揭示企业费用预算和成本计划的完成情况,查明影响成本计划和费用预算完成的原因,计算各种因素变化的影响程度,并寻找降低成本、节约费用的途径,挖掘企业内部增产节约潜力的一项专门工作。成本分析的内容是全部产品成本计划完成情况分析,主要产品(可比产品)成本降低任务完成情况分析,主要产品单位成本分析,制造费用预算执行情况分析,期间费用预算执行情况分析,技术经济指标对产品成本影响分析。成本分析的方法有比较分析法、比率分析法、因素分析法等。

 技 能 训 练

成本报表的编制与分析

一、单项选择题

1. 下列各项中,不属于成本报表的是(　　)。

　A. 商品产品成本表　　　　　　　　B. 主要产品单位成本表

　C. 现金流量表　　　　　　　　　　D. 制造费用明细表

2. 成本报表属于(　　)。

　A. 对外报表　　　　　　　　　　　B. 对内报表

　C. 既是对内报表,又是对外报表　　　D. 对内还是对外由企业决定

3. 下列各项中,不属于成本分析的基本方法的是(　　)。

　A. 对比分析法　　B. 产量分析法　　C. 因素分析法　　D. 比率分析法

4. 根据实际指标与不同时期的指标对比,揭示差异,分析差异产生原因的分析方法称为(　　)。

　A. 因素分析法　　B. 差量分析法　　C. 对比分析法　　D. 相关分析法

5. 在进行全部商品产品成本分析,计算成本降低率,是用成本降低额除以(　　)。

　A. 按计划产量计算的计划总成本　　B. 按计划产量计算的实际总成本

　C. 按实际产量计算的计划总成本　　D. 按实际产量计算的实际总成本

6. 对可比产品成本降低率不产生影响的因素是(　　)。

　A. 产品品种结构　　　　　　　　　B. 产品产量

　C. 产品单位成本　　　　　　　　　D. 产品总成本

7. 一定时期销售一定数量产品的产品销售成本与产品销售收入的比率是(　　)。

　A. 成本费用利润率　　　　　　　　B. 销售利润率

　C. 销售成本率　　　　　　　　　　D. 产值成本率

8. 采用连环替代法,可以揭示(　　)。

　A. 产生差异的因素和各因素的影响程度　　B. 产生差异的因素

　C. 产生差异的因素和各因素的变动原因　　D. 实际数与计划数之间的差异

二、多项选择题

1. 商品产品成本表可以反映可比产品与不可比产品的(　　)。

　A. 实际产量　　　　　　　　　　　B. 单位成本

　C. 本月总成本　　　　　　　　　　D. 本年累计总成本

2. 制造业企业编制的成本报表有(　　)。

　A. 商品产品成本表　　　　　　　　B. 主要产品单位成本表

　C. 制造费用明细表　　　　　　　　D. 成本计算单

3. 制造业企业编报的成本报表必须做到(　　)。

A. 数字准确　　　　B. 内容完整　　　　C. 字迹清楚　　　　D. 编报及时

4. 下列各项指标中,属于相关比率的有(　　　)。

A. 产值成本率　　　B. 成本降低率　　　C. 成本利润率　　　D. 销售收入成本率

5. 生产多品种的情况下,影响可比产品成本降低额的因素有(　　　)。

A. 产品产量　　　　B. 产品单位成本　　C. 产品价格　　　　D. 产品品种结构

6. 影响可比产品降低率变动的因素可能有(　　　)。

A. 产品产量　　　　B. 产品单位成本　　C. 产品价格　　　　D. 产品品种结构

7. 下列各项中,属于成本报表分析常用的方法的有(　　　)。

A. 对比分析法　　　B. 比例分析法　　　C. 因素分析法　　　D. 趋势分析法

8. 在采用因素分析法进行成本分析时,下列关于确定各因素替代顺序的说法中,正确的有(　　　)。

A. 先替代数量指标,后替代质量指标

B. 先替代质量指标,后替代数量指标

C. 先替代实物量指标,后替代价值量指标

D. 先替代主要指标,后替代次要指标

9. 在进行可比产品成本降低任务完成情况分析时,对于产品单位成本的变动,下列说法正确的有(　　　)。

A. 产品单位成本的变动影响成本降低额

B. 产品单位成本的变动影响成本降低率

C. 产品单位成本的变动不影响成本降低额

D. 产品单位成本的变动不影响成本降低率

10. 在计算可比产品成本计划降低额时,需要计算的指标有(　　　)。

A. 实际产量按上年实际单位成本计算的总成本

B. 实际产量按本年实际单位成本计算的总成本

C. 计划产量按上年实际单位成本计算的总成本

D. 计划产量按本年计划单位成本计算的总成本

三、判断题

1. 商品产品成本表是反映企业在报告期内生产的全部商品产品的总成本的报表。

(　　　)

2. 企业编制的成本报表一般不对外公布,所以,成本报表的种类、项目和编制方法可由企业自行确定。(　　　)

3. 企业编制的所有成本报表中,"商品产品成本表"是最主要的报表。(　　　)

4. 在分析某个指标时,将与该指标相关但又不同的指标加以对比,分析其相互关系的方法称为对比分析法。(　　　)

5. 采用因素分析法进行成本分析时,各因素变动对经济指标影响程度的数额相加,应与该项经济指标实际数与基数的差额相等。(　　　)

6. 在进行全部商品产品成本分析时,需要计算成本降低率,该项指标是用成本降低额除以实际产量的实际总成本计算的。(　　　)

7. 在进行可比产品成本降低任务完成情况的分析时,由于产品产量因素的变动,只影响成本降低额,不影响成本降低率。　　　　　　　　　　　　　　　　　　（　　）

8. 可比产品成本实际降低额是用实际产量的按上年实际单位成本计算的总成本与实际产量按本年实际单位成本计算的总成本计算的。　　　　　　　　　　　　（　　）

9. 不可比产品是指上年没有正式生产过,没有上年成本资料的产品。　　　（　　）

10. 本年累计实际产量与本年计划单位成本之积,称为按本年实际产量计算的本年累计总成本。　　　　　　　　　　　　　　　　　　　　　　　　　　　（　　）

四、计算题

1. 某企业有关产量、单位成本和总成本的资料如下:

相关资料表

金额单位:元

产品名称		实际产量		单位成本		总成本	
		本月	本年累计	上年实际平均数	本年计划	本月实际	本年累计数
可比产品	A产品	100	900	800	780	75 000	684 000
	B产品	30	500	500	480	13 500	235 000
	C产品	80	1 100	700	710	55 200	748 000
不可比产品	D产品	300	3 200		1 150	375 000	3 520 000
	E产品	600	7 800		1 480	894 000	11 076 000

要求:根据上述资料,编制"商品产品成本表"。

产品生产成本表

编制单位:××工厂　　　　　　　2021年×月　　　　　　　金额单位:元

产品名称	计量单位	实际产量		单位成本				本月总成本			本年累计总成本		
		本月	本年累计	上年实际平均	本年计划	本月实际	本年累计实际平均	按上年实际平均单位成本计算	按本年计划单位成本计算	本期实际	按上年实际平均单位成本计算	按本年计划单位成本计算	本年实际
可比产品合计								151 000	149 200	143 700	1 740 000	1 696 000	1 667 000
其中:A产品	件	100	900	800	780	750	760	80 000	78 000	75 000	720 000	675 000	684 000
B产品	件	30	500	500	480	450	470	15 000	14 400	13 500	250 000	240 000	235 000
C产品	件	80	1 100	700	710	690	680	56 000	56 800	55 200	770 000	781 000	748 000
不可比产品合计									1 233 000	1 269 000		15 224 000	14 596 000
其中:D产品	件	300	3 200		1 150	1 250	1 100		345 000	375 000		3 680 000	3 520 000
E产品	件	600	7 800		1 480	1 490	1 420		888 000	894 000		11 544 000	11 076 000
全部产品									1 382 200	1 412 700		16 920 000	16 263 000

补充资料:

(1) 可比产品成本降低额:_____元。

(2) 可比产品成本降低率:_____%。

2. 某企业本年度各种产品计划成本和实际成本资料如下:

成本对比分析表

金额单位:元

项目	本年计划成本	本年实际成本	成本差异额	成本差异率
A产品	1 000 000	980 000		
B产品	2 500 000	2 600 000		
C产品	3 800 000	4 000 000		
合　计				

要求:根据上述资料,采用对比分析法,分析各种产品的成本差额和成本差异率,并将计算结果填入上表中。

3. 某企业生产的 A 产品,本月份产量及其他有关材料费用的资料如下:

产量及其他有关材料费用

金额单位:元

项目	计划数	实际数
产品产量(件)	200	220
单位产品材料消耗量(千克)	30	28
材料单价	500	480
材料费用		

要求:根据上述资料,采用因素分析法分析各种因素变动对材料费用的影响程度。

4. 某企业本年度生产五种产品,有关产品产量及单位成本资料如下:

产量及单位成本资料

金额单位:元

产品类别		实际产量(件)	计划单位成本(元)	实际单位成本(元)
可比产品	A产品	200	150	162
	B产品	300	200	180
	C产品	800	1 200	1 150
不可比产品	D产品	260	380	400
	E产品	400	760	750

要求:根据上述资料,按产品分别计算企业全部商品产品成本计划的完成情况,并将计算结果填入下表中。

全部商品产品成本计划完成情况分析表

金额单位:元

产品名称		总成本		差异	
		按计划计算	按实际计算	降低额（元）	降低率
可比产品	A产品				
	B产品				
	C产品				
	小计				
不可比产品	D产品				
	E产品				
	小计				
合　计					

5. 某企业本年度生产 A、B、C、D 产品,有关资料如下:

产量及单位成本资料

金额单位:元

产品名称	产量（件）		单位成本（元）		
	计划	实际	上年实际	本年计划	本年实际
A产品	2 000	2 300	1 000	980	990
B产品	1 000	900	1 500	1 600	1 480
C产品	5 600	6 000	3 000	2 900	2 800
D产品	7 000	6 900	5 900	5 800	5 500

要求:根据上述资料对可比产品成本降低任务完成情况进行分析,并将计算结果填入下表中。

可比产品成本计划降低任务

金额单位:元

可比产品	计划产量	单位成本		总成本		降低任务	
		上年	计划	上年	计划	降低额	降低率
A产品							
B产品							
C产品							
D产品							
合　计							

可比产品成本实际完成情况

金额单位:元

可比产品	实际产量	单位成本			总成本			降低任务	
		上年	计划	实际	上年	计划	实际	降低额	降低率
A产品									
B产品									
C产品									
D产品									
合　计									

可比产品成本降低任务完成情况分析

金额单位:元

影响因素				计算方法	
顺序	产量	品种构成	单位成本	降低额	降低率
(1)	计划	计划	计划		
(2)	实际	计划	计划		
(3)	实际	实际	计划		
(4)	实际	实际	实际		
各因素的影响: 产量因素的影响 品种构成因素的影响 单位成本构成因素的影响 合　计					

6. 某企业生产的甲产品,材料项目的有关资料如下:

材料项目的有关资料

金额单位:元

材料名称	单位耗用量		材料单价(元)		材料成本(元)		差异
	计划	实际	计划	实际	计划	实际	
A材料	100	95	10	8	1 000	760	−240
B材料	200	210	20	22	4 000	4 620	620
C材料	500	490	8	7	4 000	3 430	−570
合　计					9 000	8 810	−190

要求:根据上述资料,计算材料耗用量和材料价格变动对材料费用的影响。